U0878708

2013

北京区域统计年鉴

北 京 市 统 计 局
国家统计局北京调查总队 编

北京日报报业集团
同心出版社

图书在版编目（CIP）数据

北京区域统计年鉴．2013 / 北京市统计局，国家统计局北京调查总队编．
—北京：同心出版社，2013.11
ISBN 978-7-5477-0673-2

Ⅰ．①北… Ⅱ．①北… ②国… Ⅲ．①统计资料—北京市—2013—年鉴
Ⅳ．①C832.1-54

中国版本图书馆CIP数据核字(2013)第251649号

责任编辑：张 迪

出版发行：同心出版社
地 址：北京市东城区东单三条8-16号东方广场东配楼四层
邮 编：100005
电 话：发行部：（010）65255876
总编室：（010）65252135-8043
印 刷：北京力信诚印刷有限公司
经 销：各地新华书店
版 次：2013年11月第1版
2013年11月第1次印刷
开 本：787×1092 1/16
印 张：15
字 数：400千字
定 价：180.00元

同心版图书，版权所有，侵权必究，未经许可，不得转载

北京市行政区划示意图

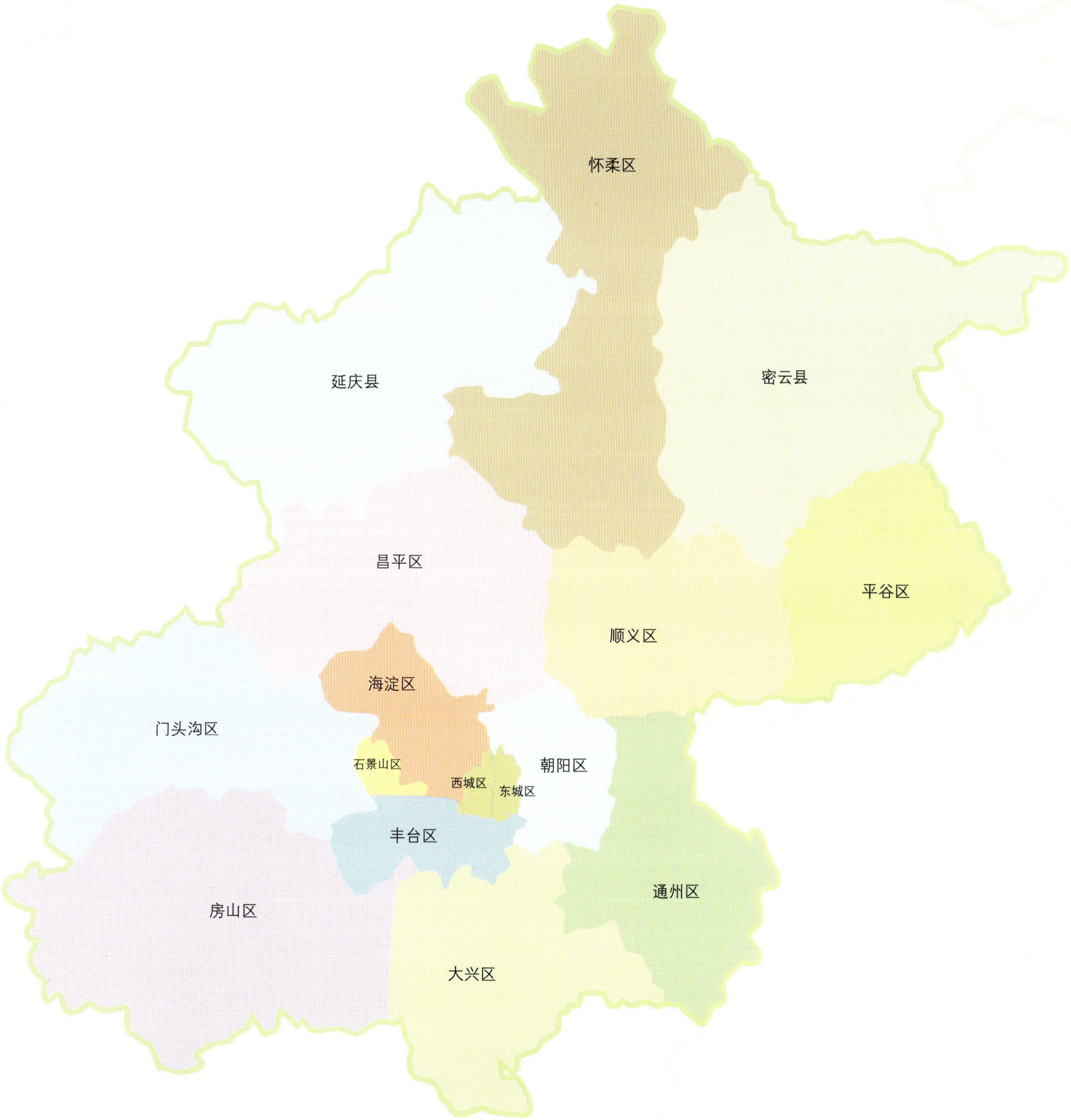

怀柔区
延庆县
密云县
昌平区
平谷区
顺义区
海淀区
门头沟区
石景山区
西城区
东城区
朝阳区
丰台区
通州区
房山区
大兴区

东城区

首都文化中心区　世界城市窗口区

土地面积(平方公里)
41.86

常住人口(万人)
90.8

地区生产总值(单位：亿元)

社会消费品零售总额(单位：亿元)

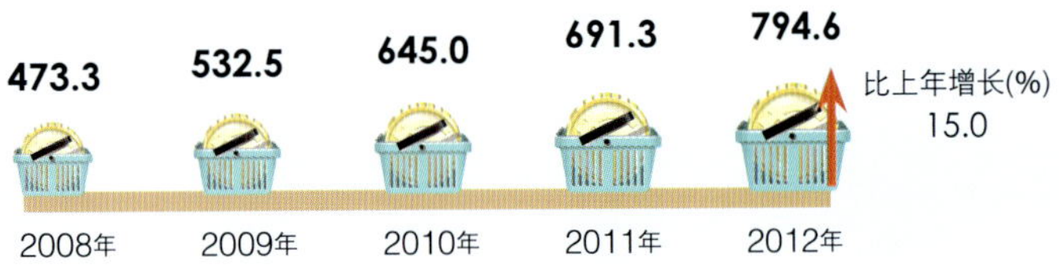

规模以上文化创意产业情况

文化创意产业收入
1331.7亿元
8.4% ↑

行业	收入	比上年增长(%)
文化艺术	56.9亿元	9.6% ↑
新闻出版	153.2亿元	13.4% ↑
广播电视电影	17.7亿元	31.1% ↑
软件、网络及计算机服务	62.3亿元	10.5% ↑
广告会展	216.5亿元	-8.2% ↓
艺术品交易	321.1亿元	24.2% ↑
设计服务	11.5亿元	5.4% ↑
旅游、休闲娱乐	192.3亿元	18.4% ↑
其他辅助服务	300.2亿元	-1.1% ↓

比上年增长(%)

地方公共财政预算收入(单位：亿元)

2008年	2009年	2010年	2011年	2012年
87.1	93.3	102.8	122.3	134.8

比上年增长(%) 10.3

城镇居民人均可支配收入(单位：元)

2008年	2009年	2010年	2011年	2012年
26037	28274	30684	34626	38559

比上年增长(%) 11.4

西城区

服务立区　金融强区　文化兴区

土地面积(平方公里)
50.53

常住人口(万人)
128.7

地区生产总值(单位：亿元)

社会消费品零售总额(单位：亿元)

重点领域发展情况

金融业增加值
1102.2亿元
17.4% ↑

旅游综合收入
376.3亿元
12.3% ↑

规模以上文化创意产业收入合计
760.3亿元
12.4% ↑ —— 比上年增长(%)

德胜科技园高新技术企业总收入
764.9亿元
7.2% ↑

地方公共财政预算收入（单位：亿元）

2008年	2009年	2010年	2011年	2012年
197.8	192.5	213.6	279.8	309.1

比上年增长(%) 10.5

城镇居民人均可支配收入（单位：元）

2008年	2009年	2010年	2011年	2012年
26861	29099	31633	35740	39772

比上年增长(%) 11.3

朝阳区

全面建设“新四区” 科学发展新朝阳

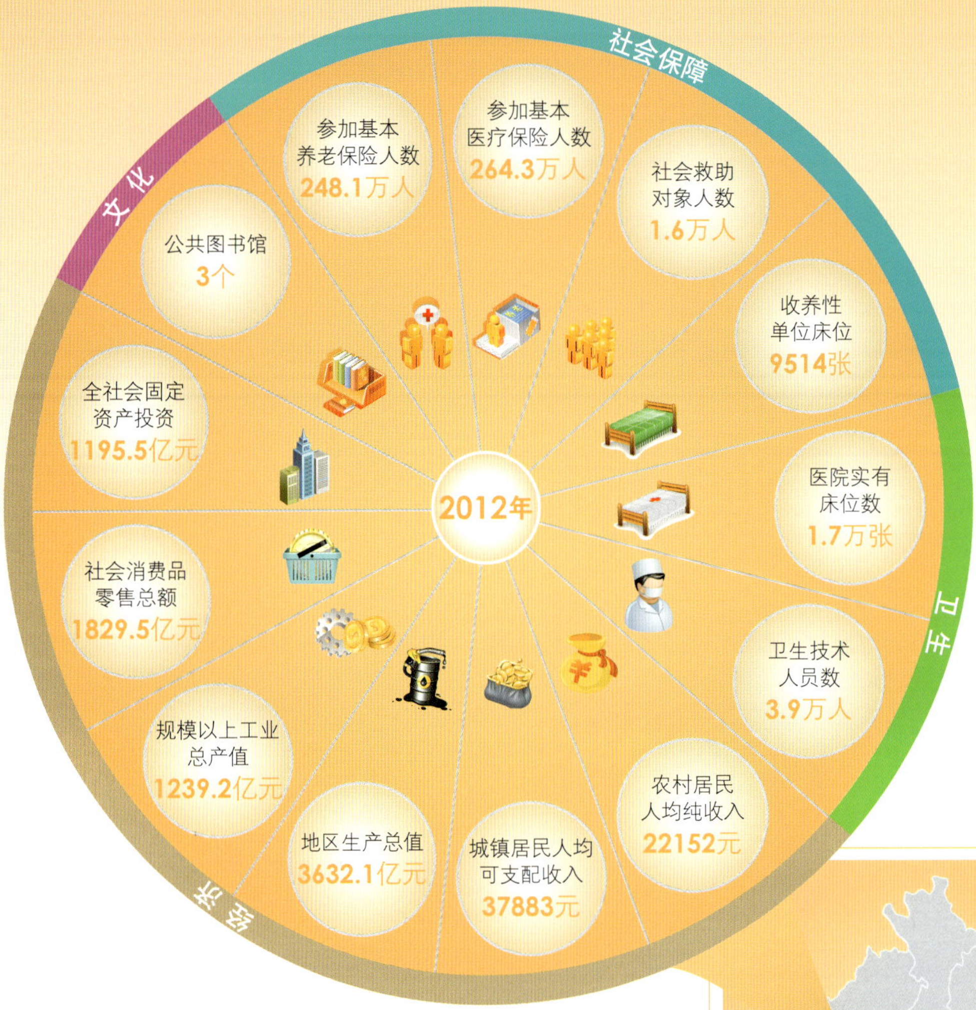

土地面积(平方公里)
455.08

常住人口(万人)
374.5

地区生产总值(单位：亿元)

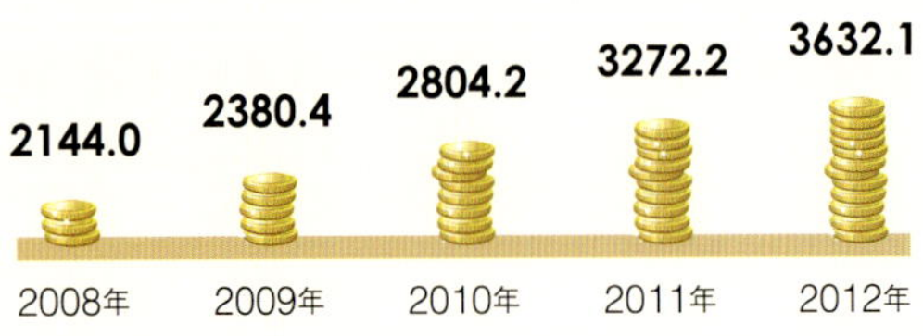

进出口总值(单位：亿美元)

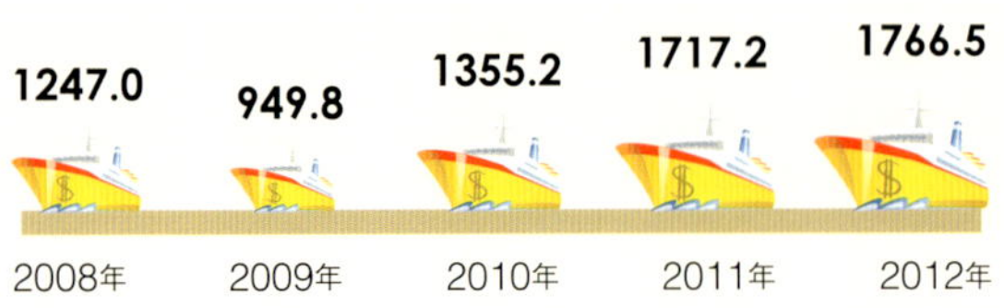

重点产业发展情况

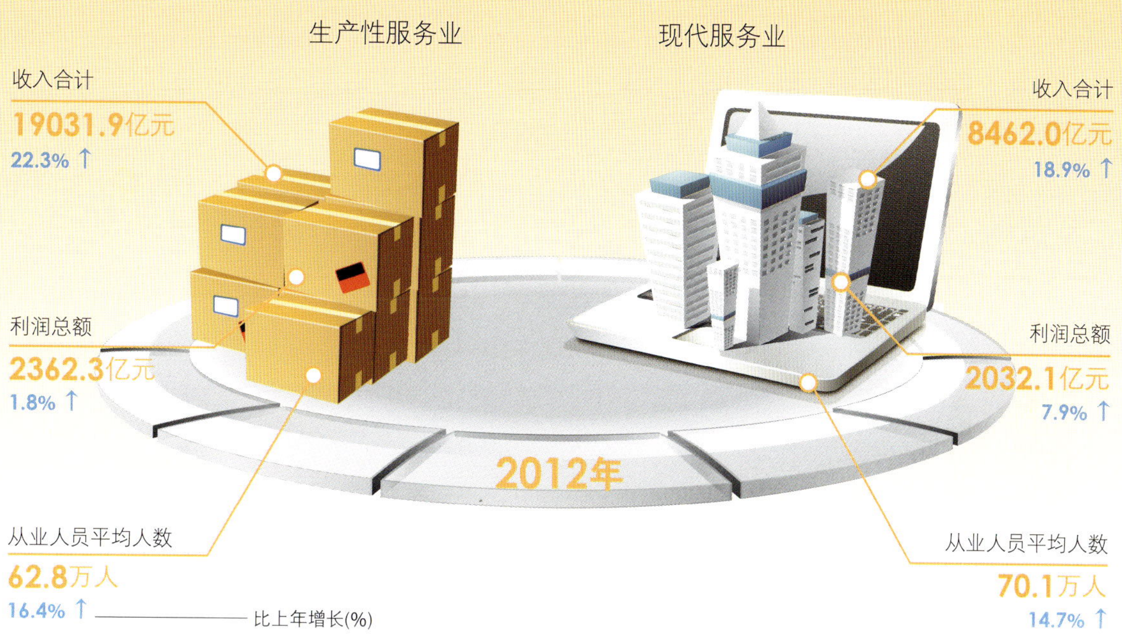

实际利用外资金额(单位：亿美元)

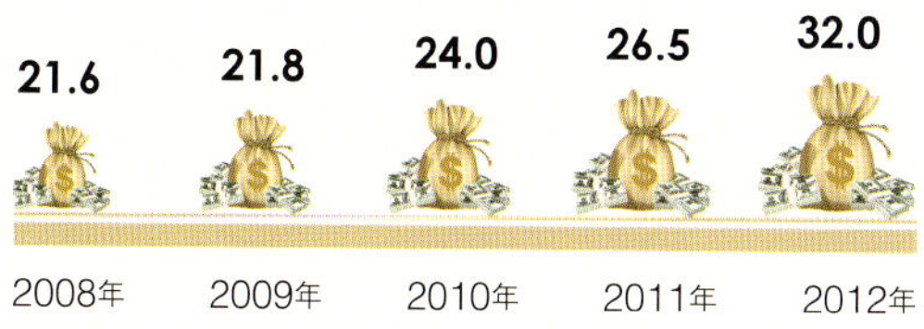

城乡居民收入(单位：元)

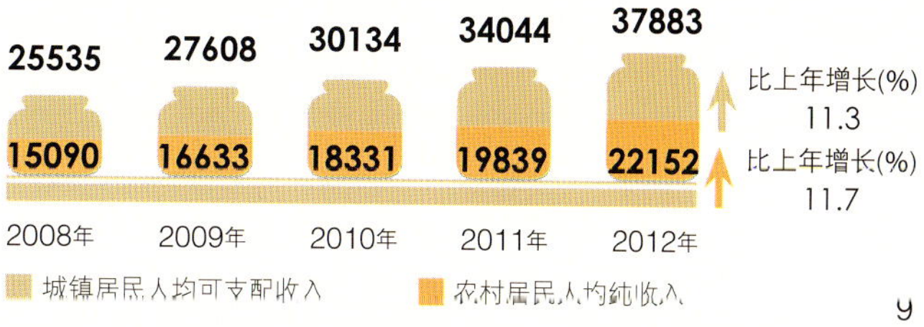

丰台区

丰收的沃土 成功的舞台

土地面积(平方公里)
305.80

常住人口(万人)
221.4

地区生产总值(单位：亿元)

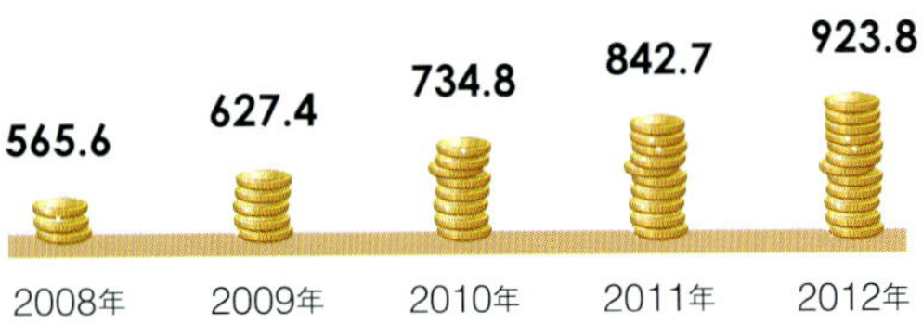

全社会固定资产投资(单位：亿元)

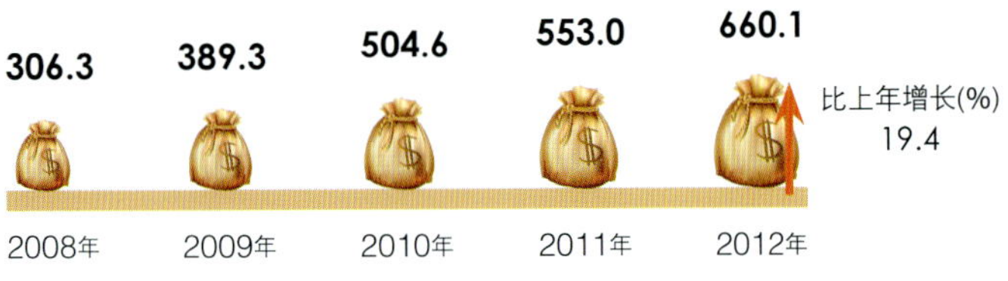

中关村科技园区丰台园各技术领域情况

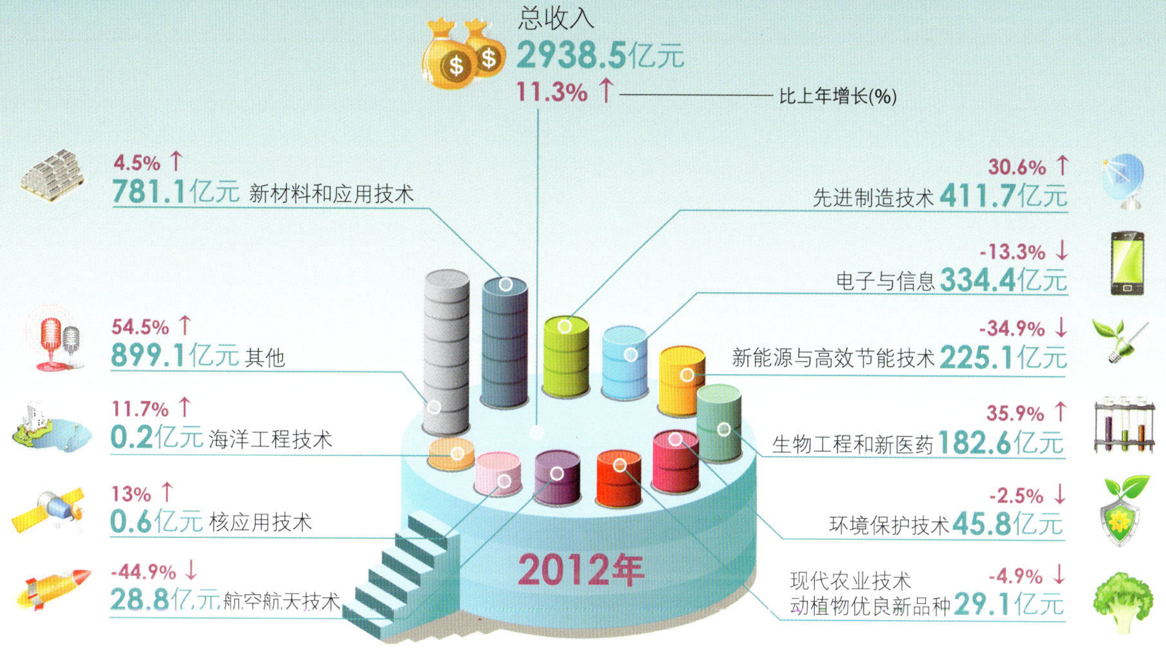

规模以上工业总产值(单位：亿元)

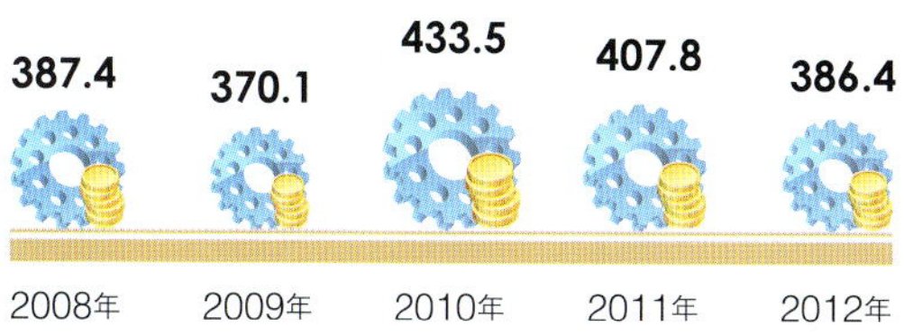

城乡居民收入(单位：元)

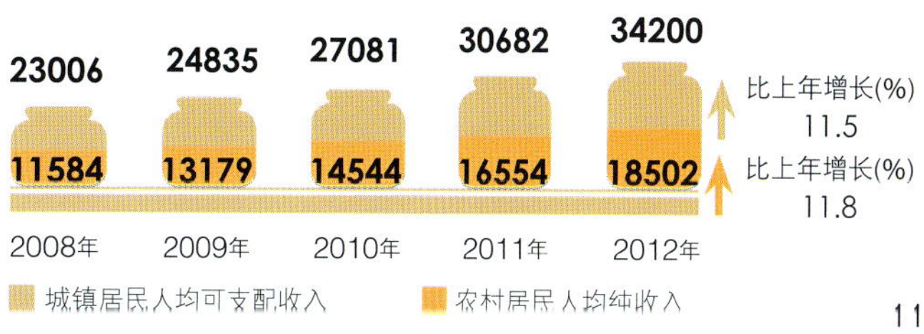

石景山区

创意创智 CRD 宜商宜居石景山

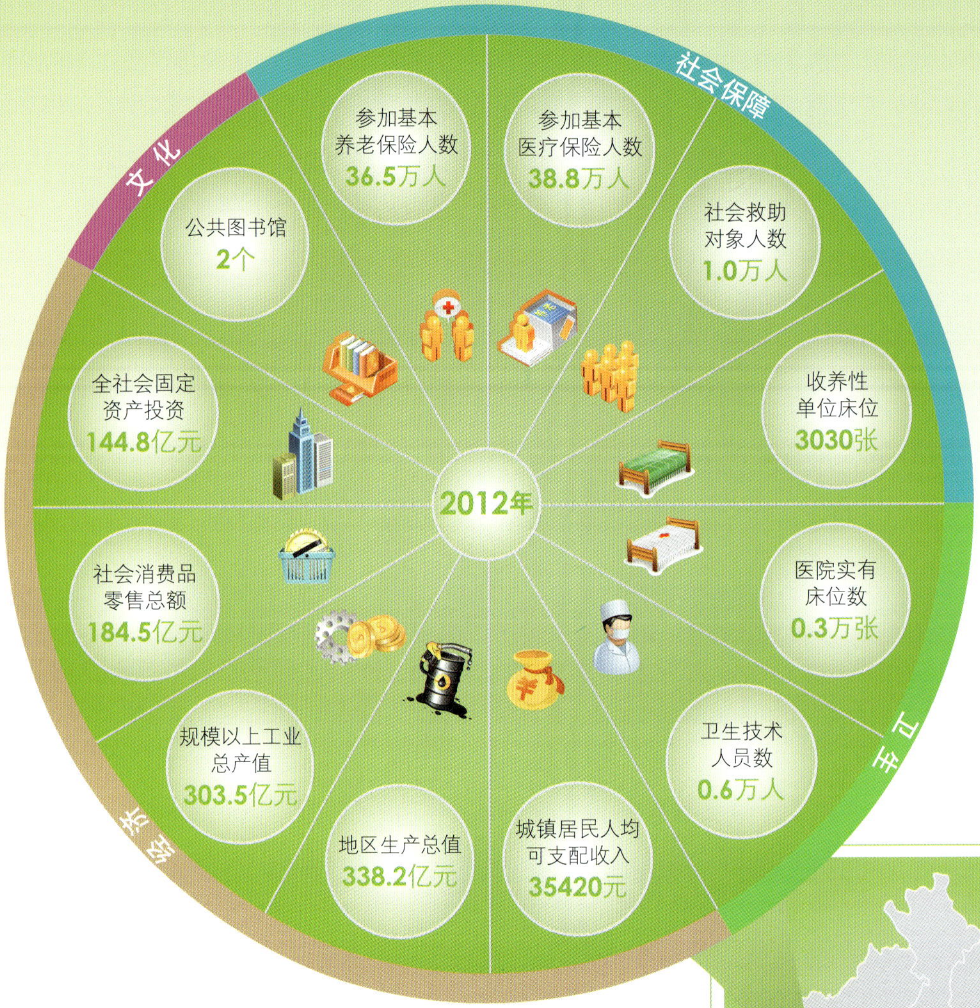

土地面积(平方公里)
84.32

常住人口(万人)
63.9

地区生产总值(单位：亿元)

第三产业增加值(单位：亿元)

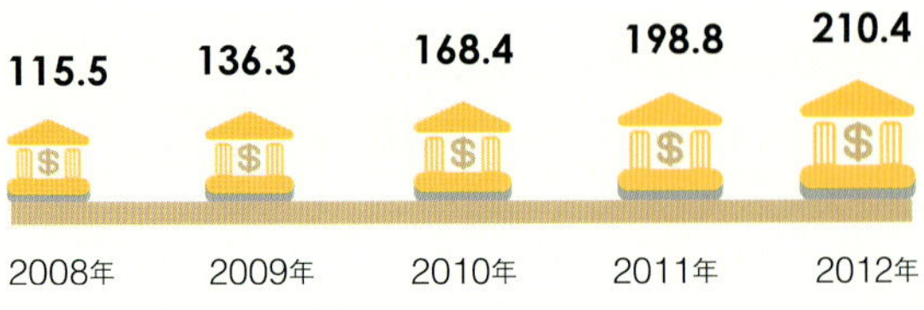

规模以上文化创意产业情况

规模以上文化创意产业收入(单位：亿元)

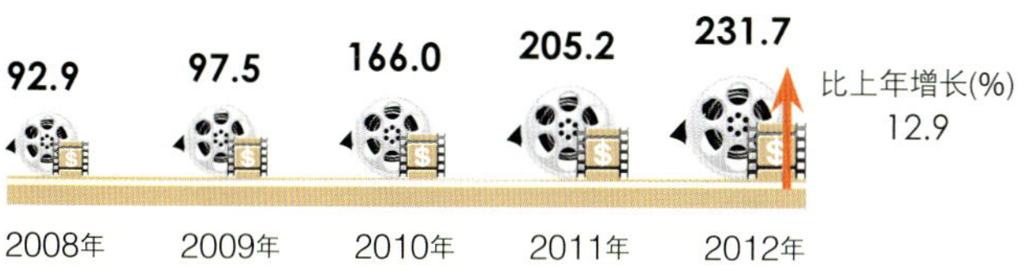

城镇居民人均可支配收入(单位：元)

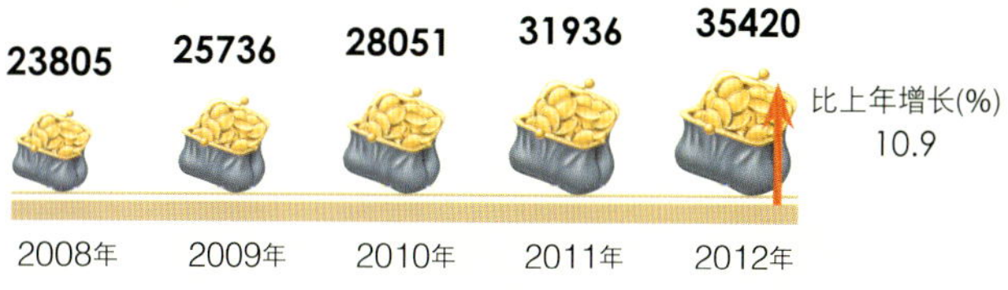

海淀区

科技之海 文化之淀

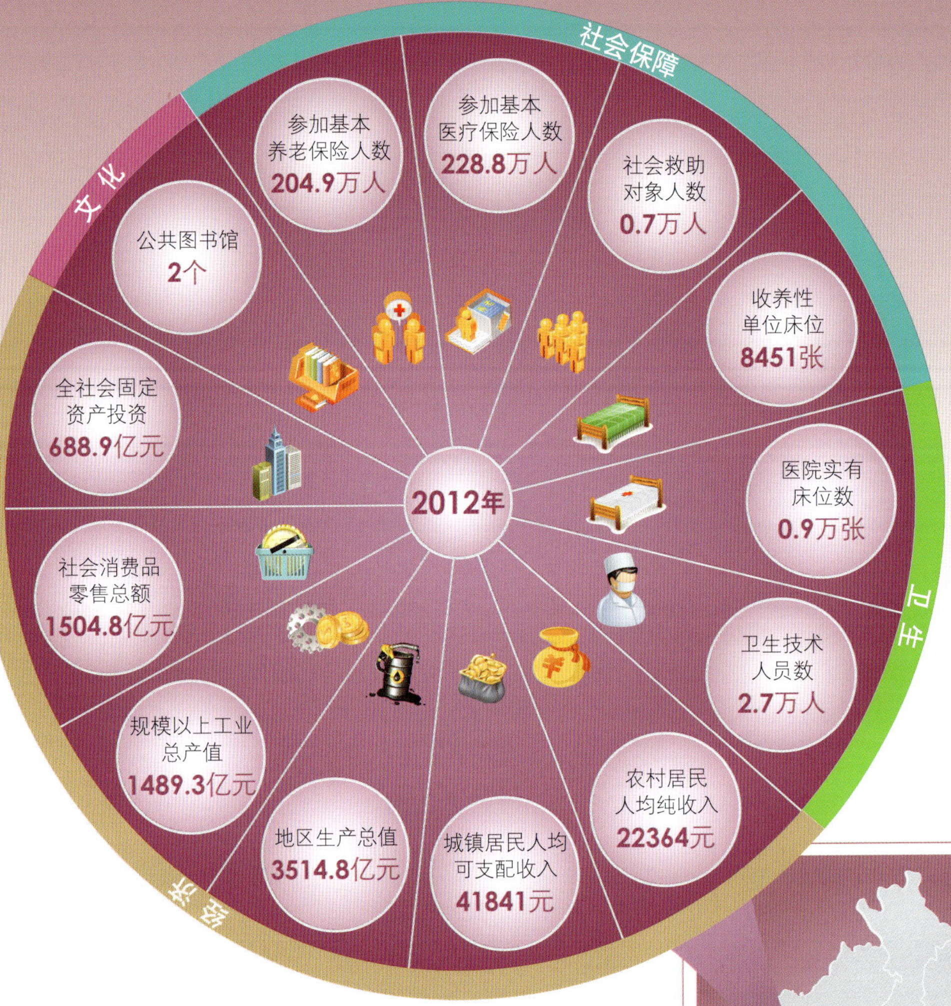

土地面积(平方公里)
430.73

常住人口(万人)
348.4

地区生产总值(单位：亿元)

地方公共财政预算收入(单位：亿元)

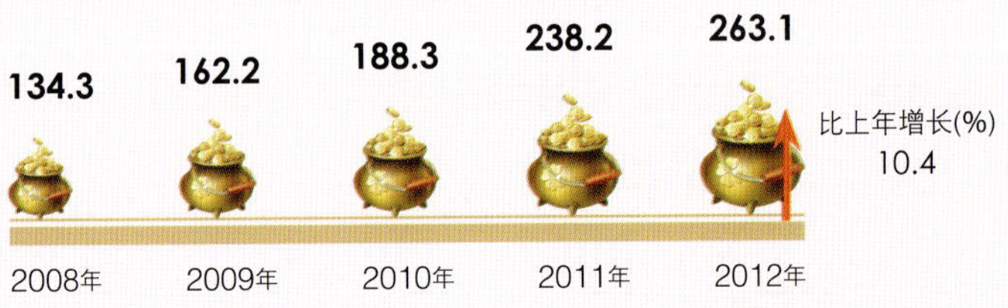

重点领域发展情况

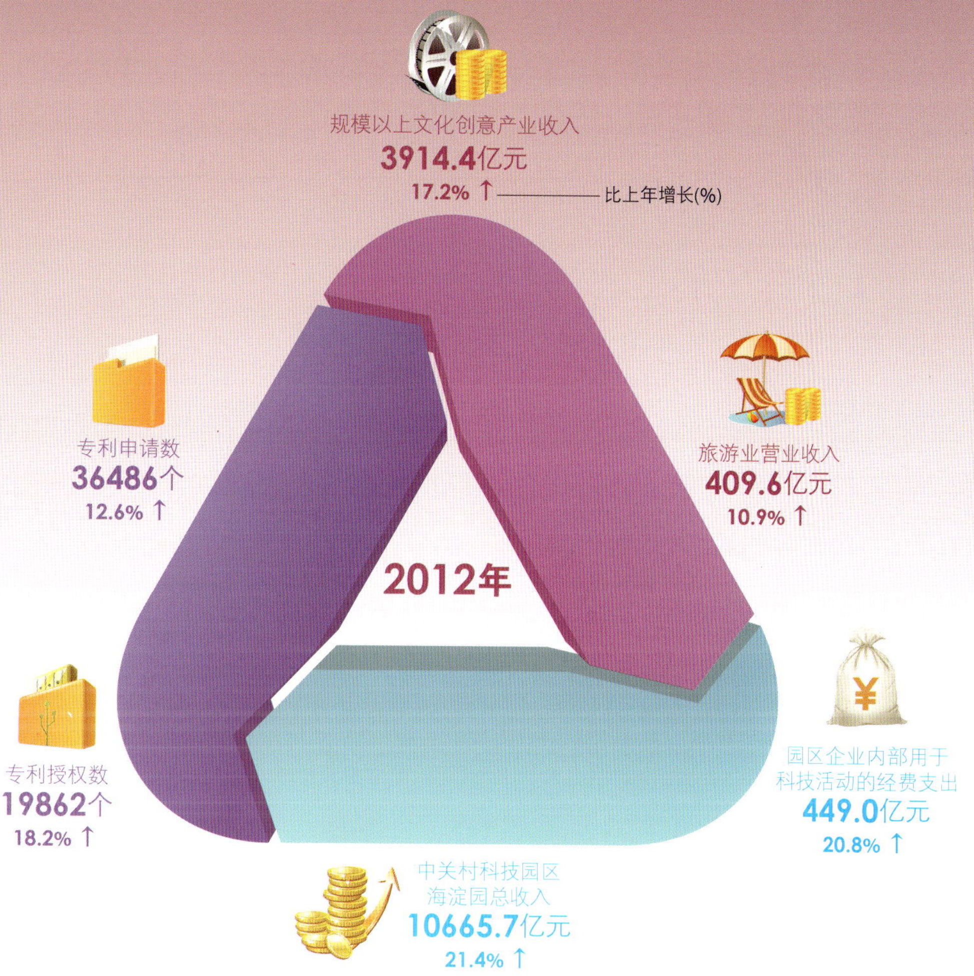

社会消费品零售总额(单位：亿元)

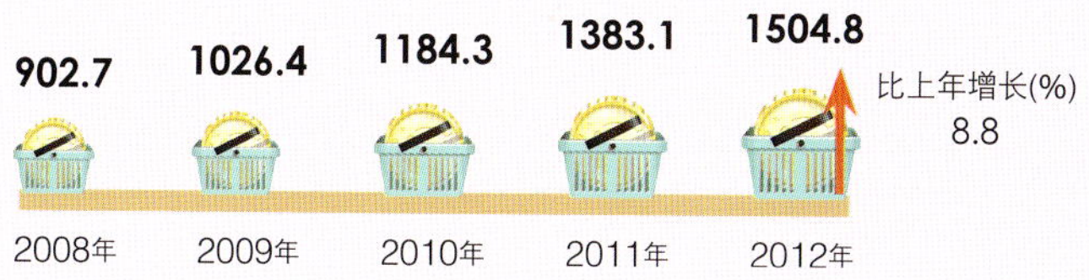

城乡居民收入(单位：元)

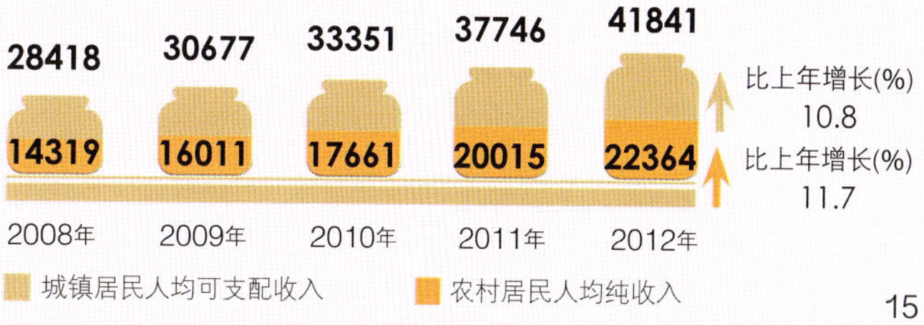

房山区

首都高端制造业新区和现代生态休闲新城

土地面积(平方公里)

1989.54

常住人口(万人)

98.6

地区生产总值(单位：亿元)

全社会固定资产投资(单位：亿元)

房山五大园区情况

规模以上工业总产值（单位：亿元）

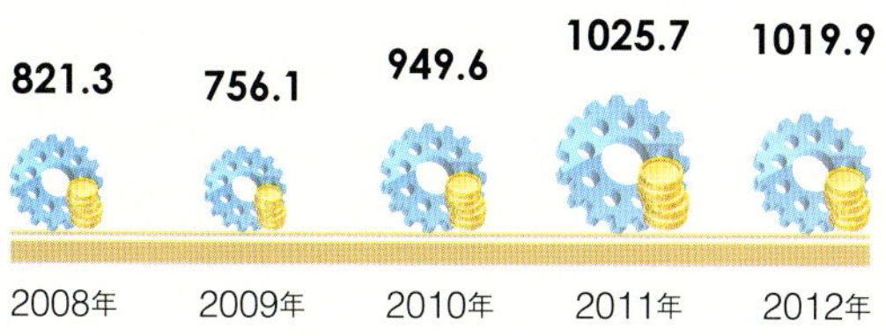

城乡居民收入（单位：元）

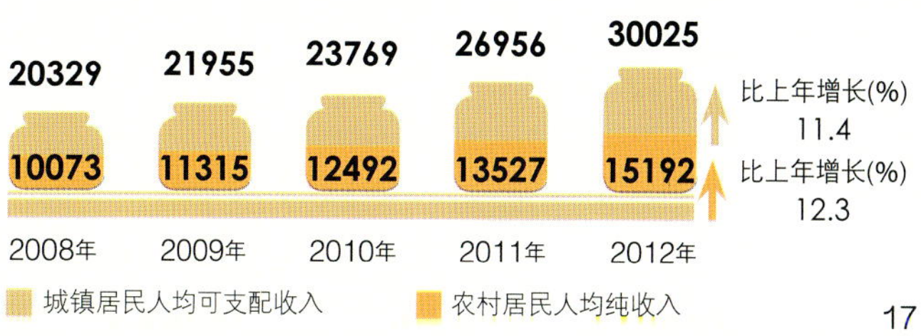

通州区

打造功能完备的城市副中心
建设“魅力 实力 活力 和谐 幸福”新城

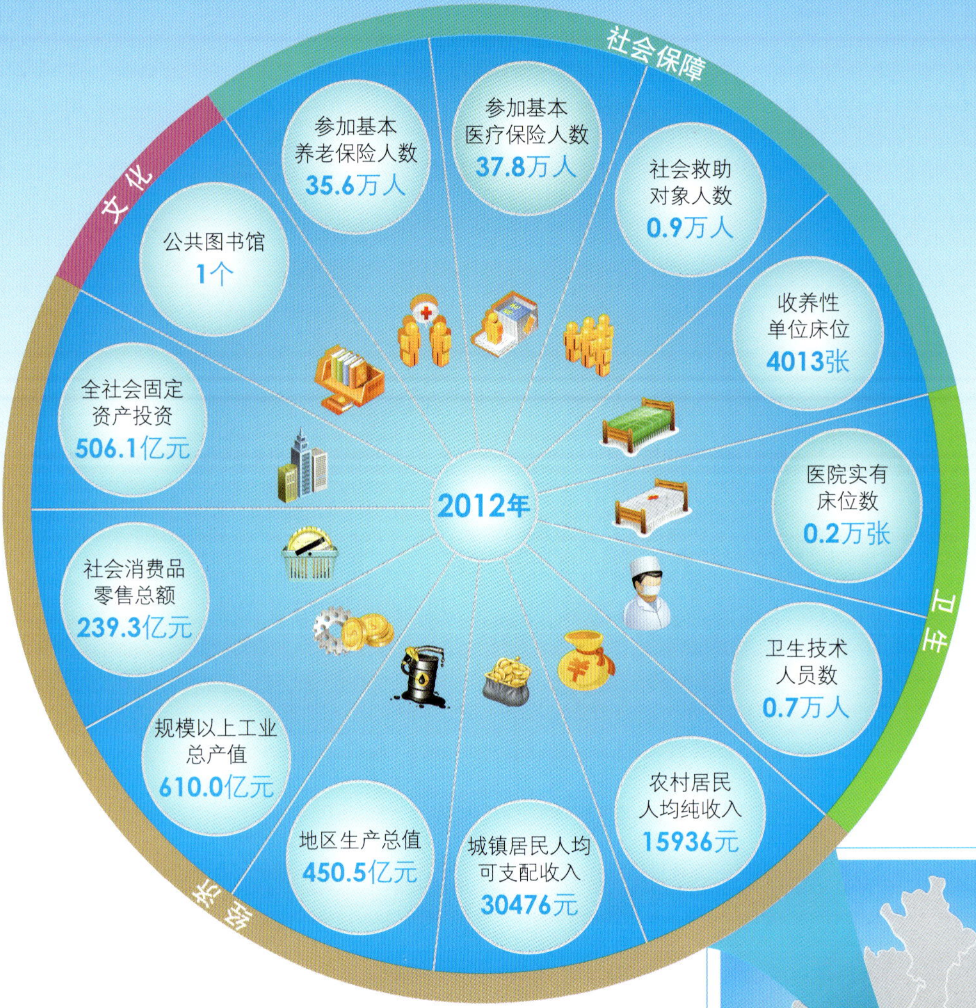

土地面积(平方公里)
906.28

常住人口(万人)
129.1

地区生产总值(单位：亿元)

房地产开发投资(单位：亿元)

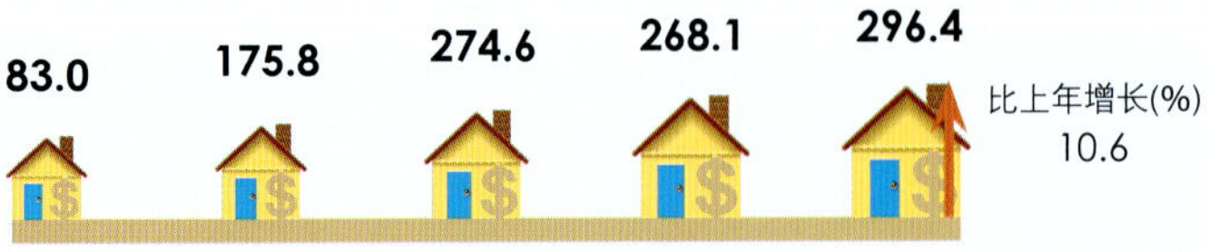

重点产业发展情况

汽车制造业情况

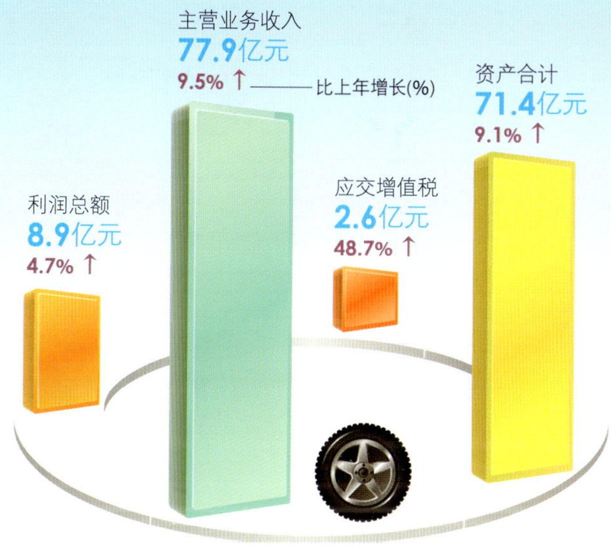

医药制造业情况

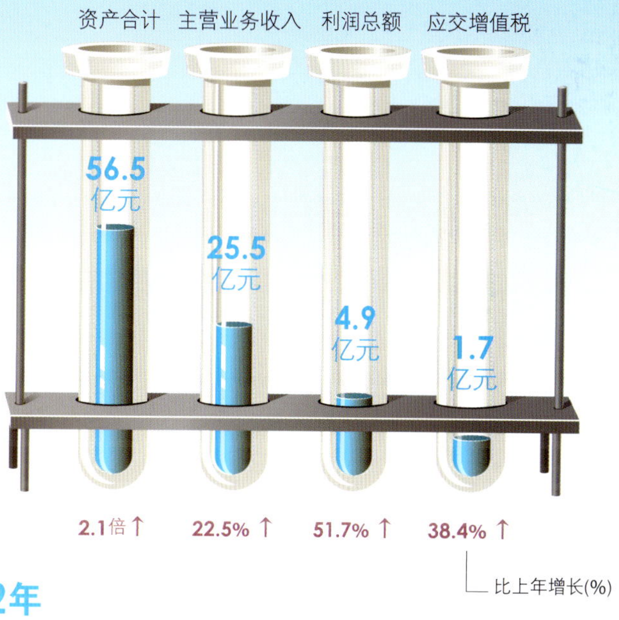

2012年

建筑业总产值(单位：亿元)

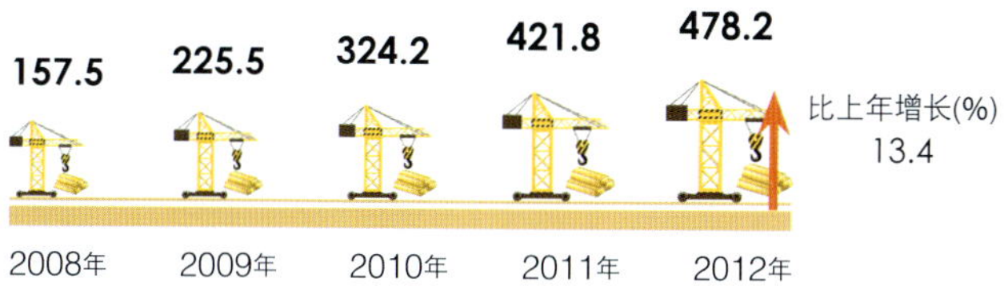

城乡居民收入(单位：元)

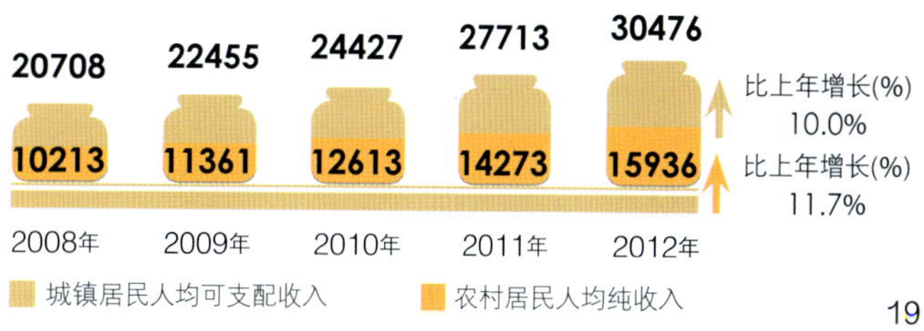

顺义区

打造临空经济区 建设世界空港城

土地面积(平方公里)
1019.89

常住人口(万人)
95.3

地区生产总值(单位：亿元)

地方公共财政预算收入(单位：亿元)

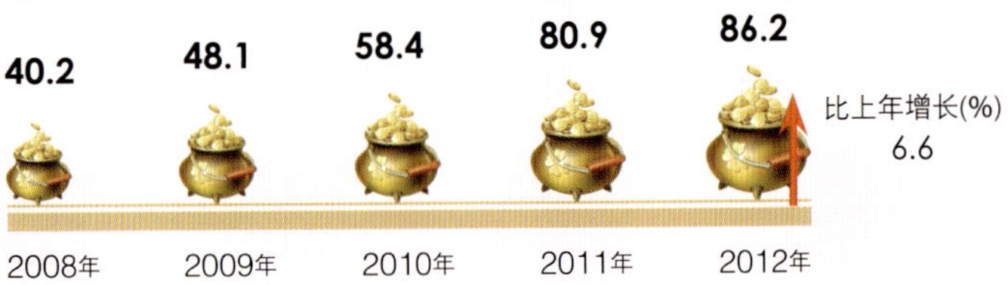

规模以上工业重点行业情况

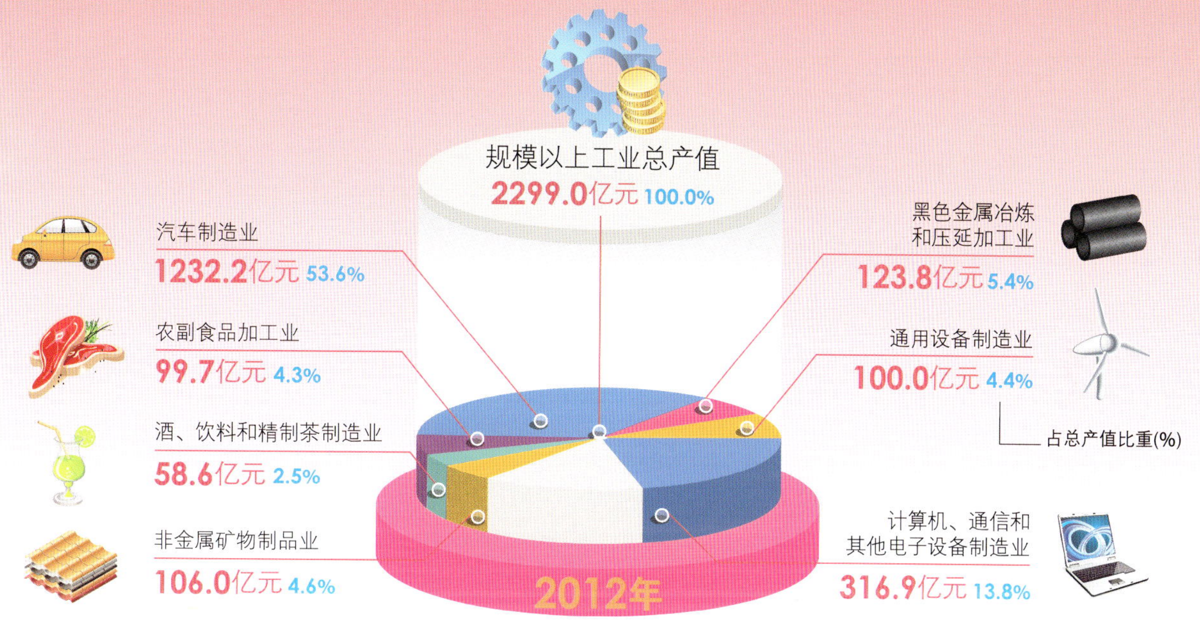

规模以上工业总产值(单位：亿元)

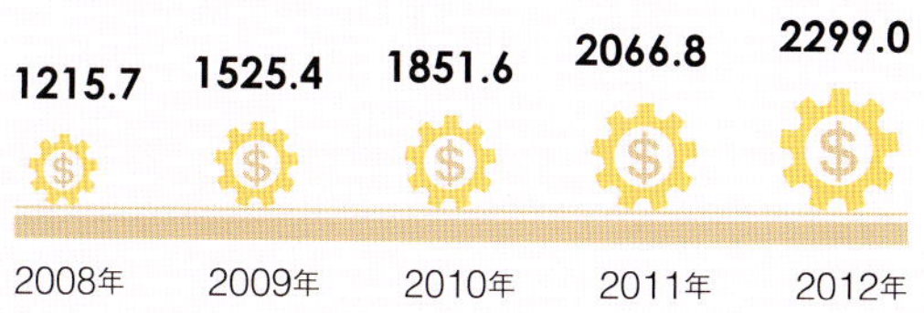

城乡居民收入(单位：元)

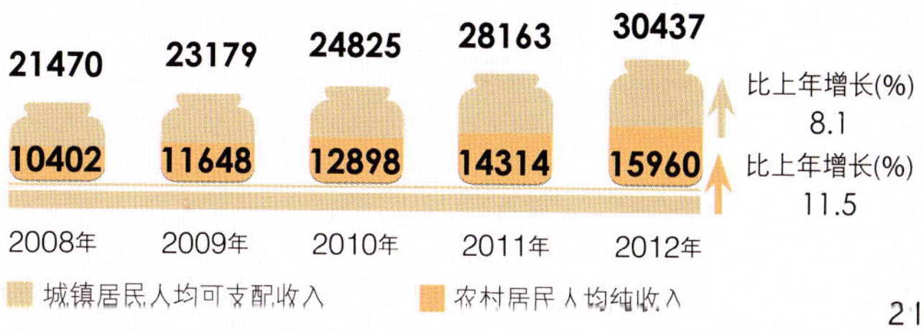

昌平区

京北创新中心 国际科教新城

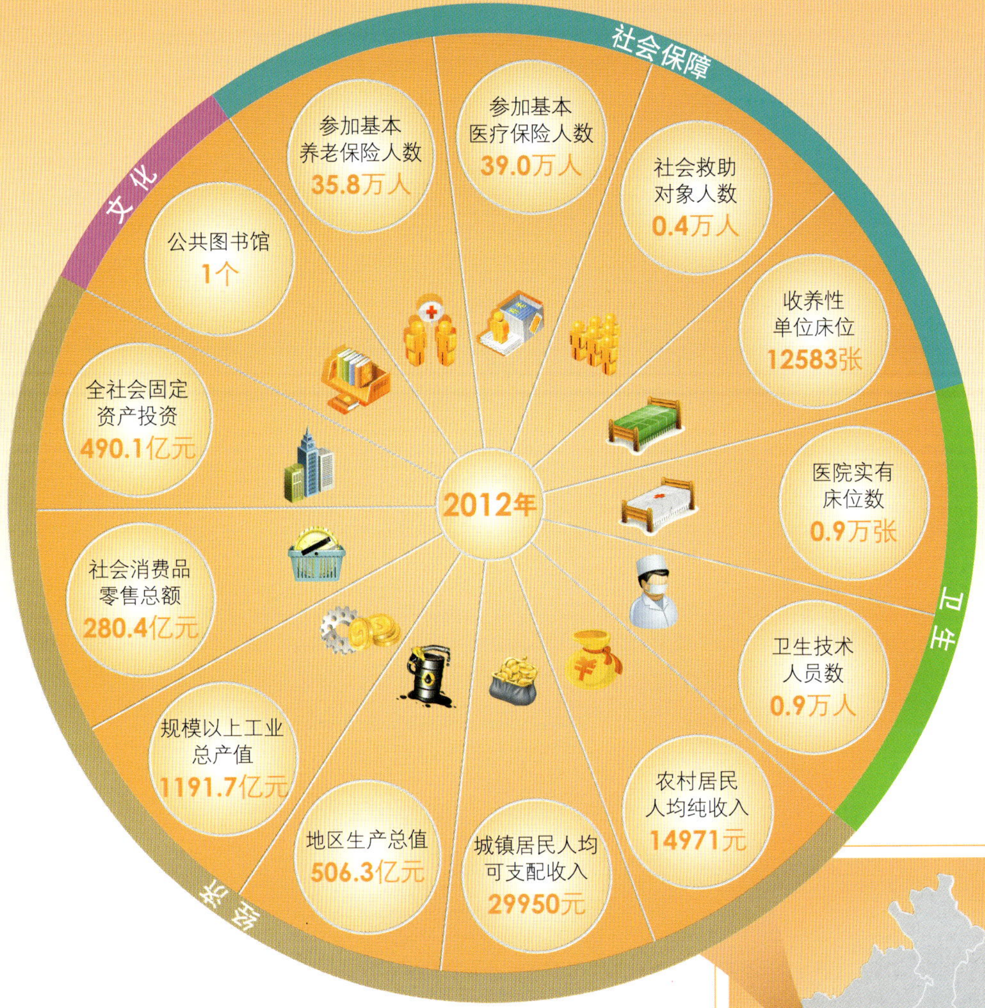

土地面积(平方公里)

1343.54

常住人口(万人)

183.0

地区生产总值(单位：亿元)

地方公共财政预算收入(单位：亿元)

规模以上工业重点行业情况

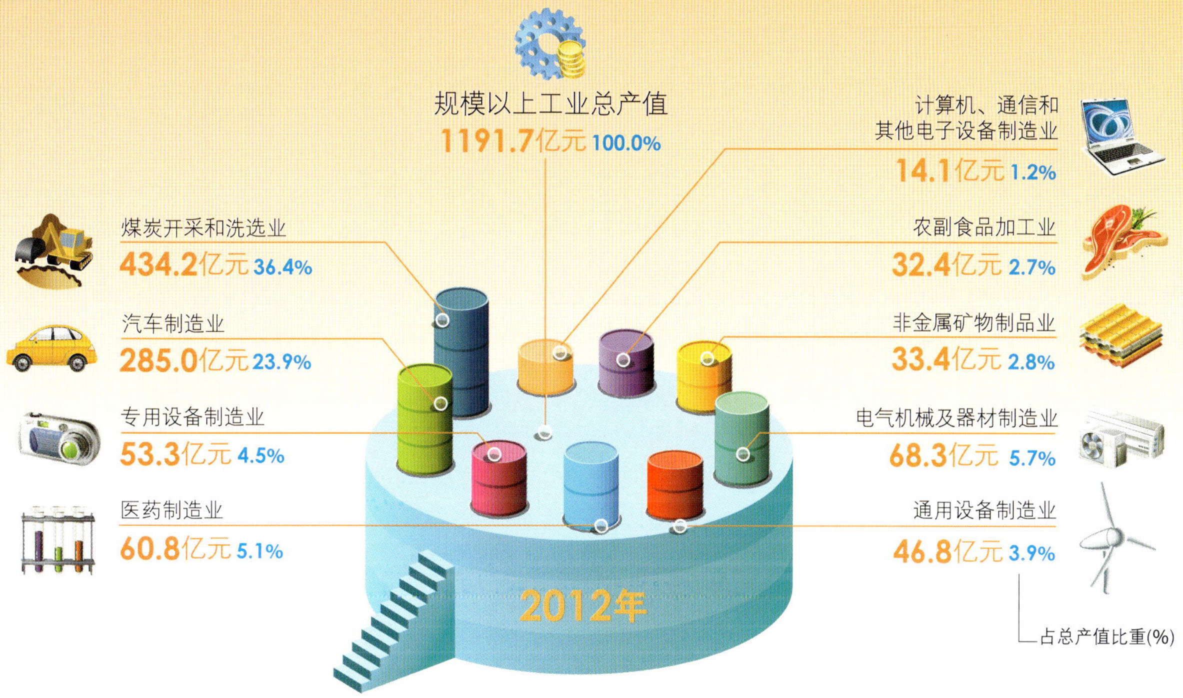

规模以上工业总产值（单位：亿元）

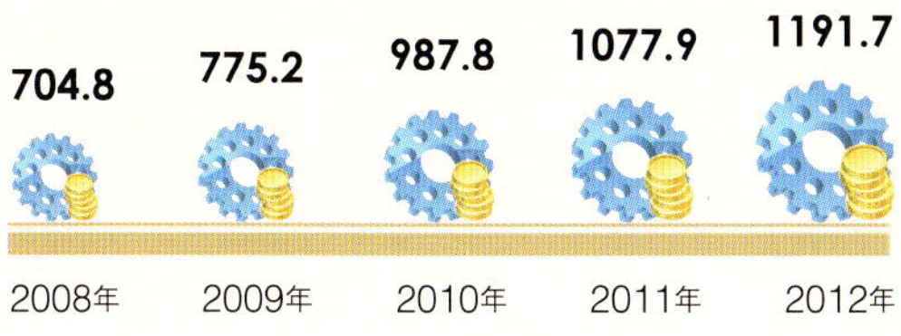

城乡居民收入（单位：元）

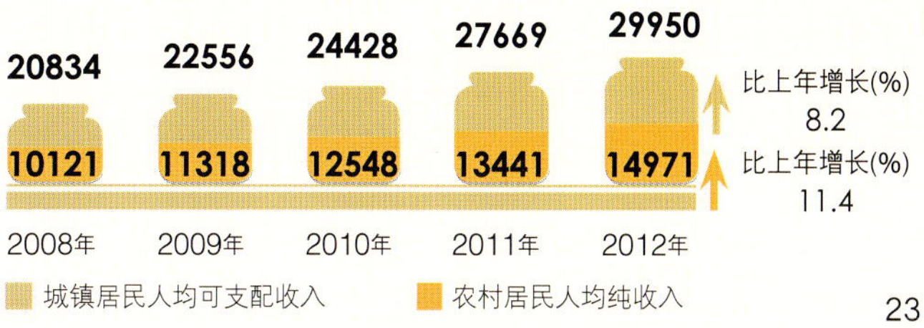

大兴区

三座新城矗立 高端产业集聚
环境宜业宜居 人民文明富裕

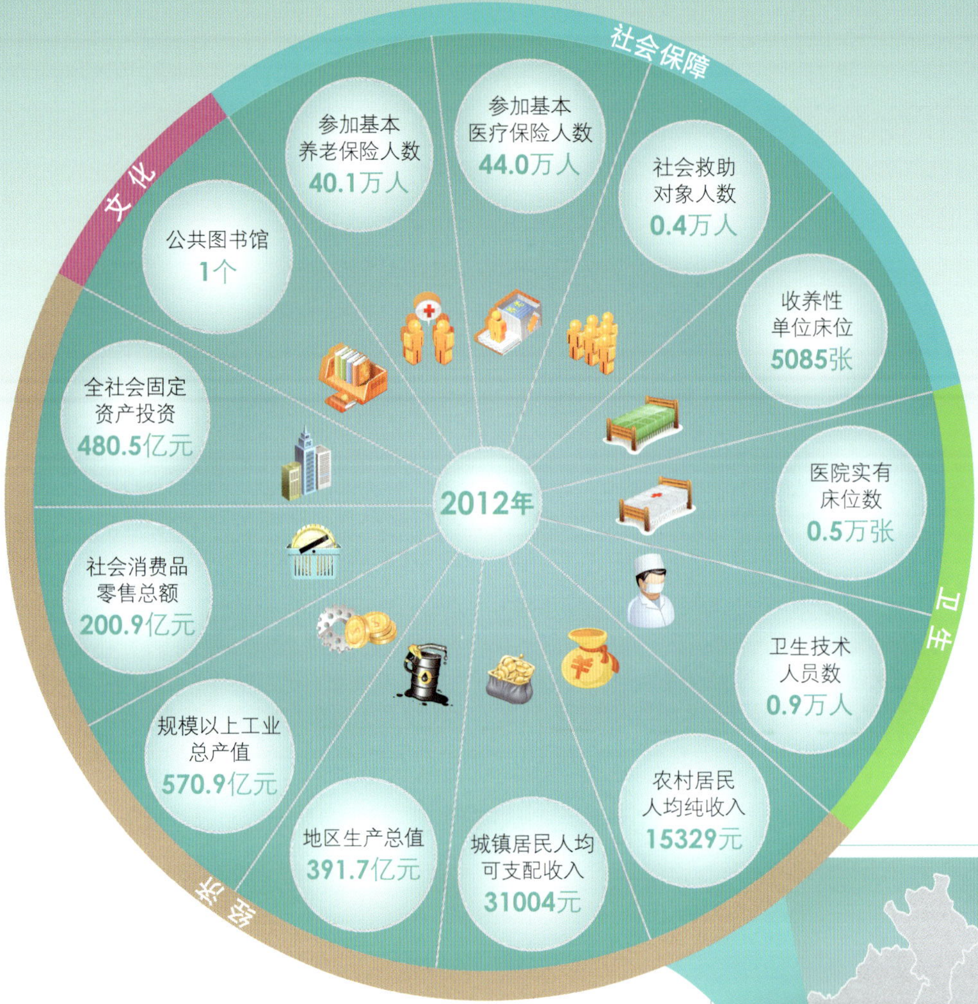

土地面积(平方公里)
1036.32

常住人口(万人)
147.0

地区生产总值(单位：亿元)

全社会固定资产投资(单位：亿元)

规模以上现代制造业情况

地方公共财政预算收入（单位：亿元）

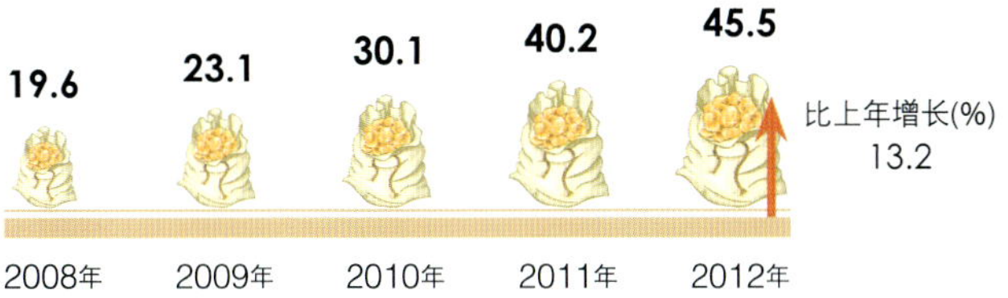

城乡居民收入（单位：元）

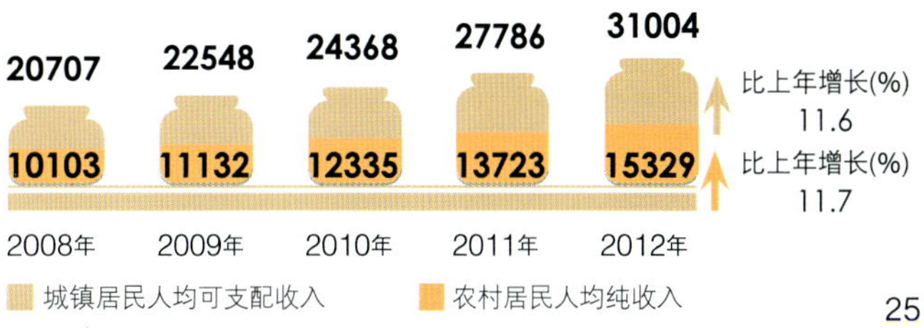

门头沟区

北京之巅 绿海家园

土地面积（平方公里）
1450.70

常住人口（万人）
29.8

地区生产总值（单位：亿元）

林木绿化率（单位：%）

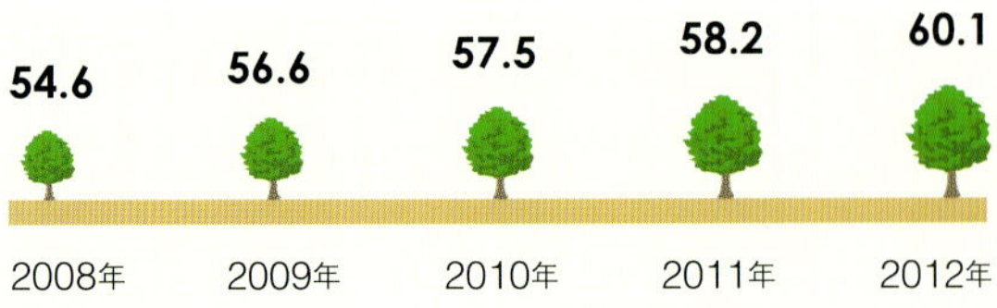

旅游业情况

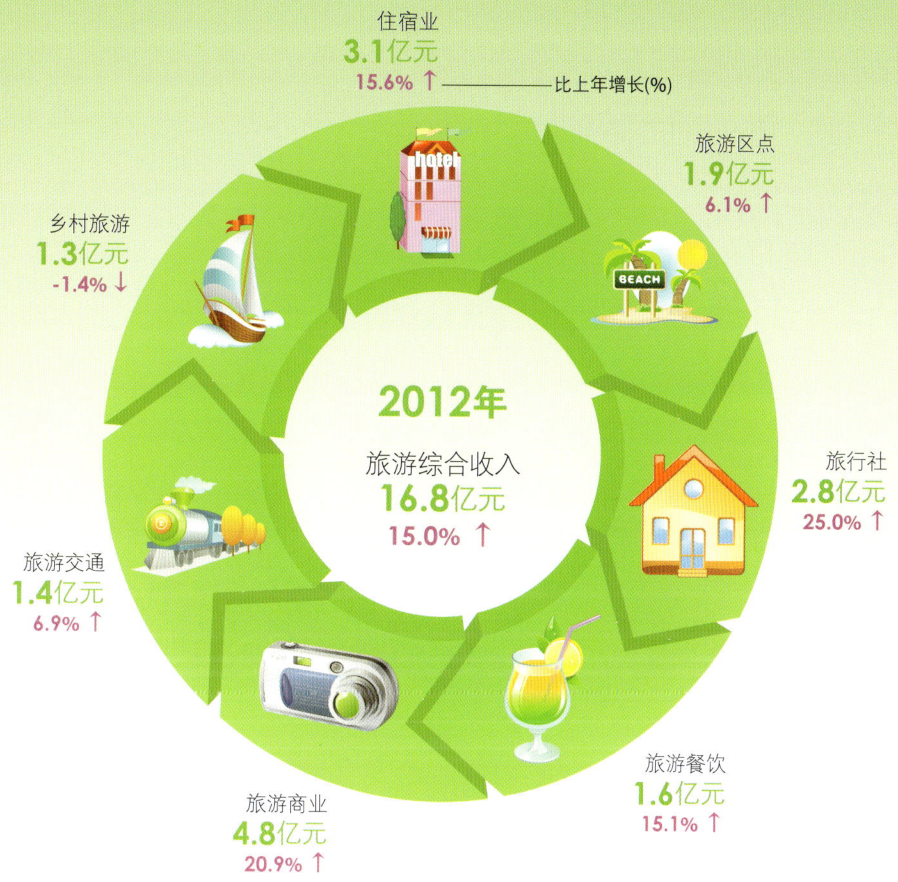

地方公共财政预算收入(单位：亿元)

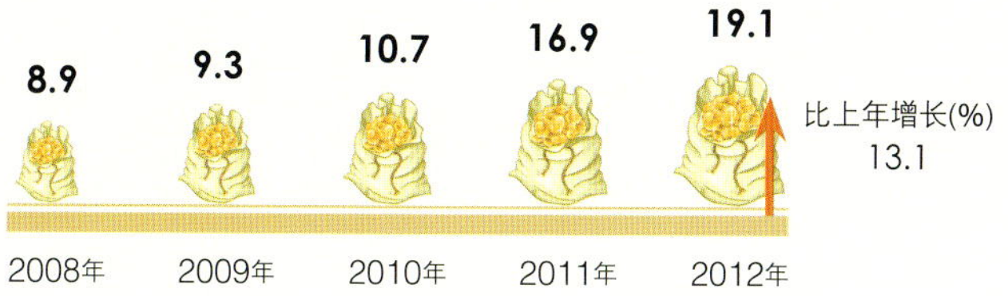

城乡居民收入(单位：元)

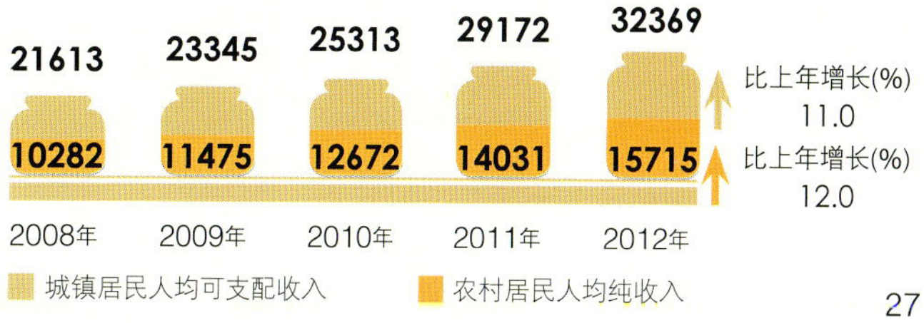

怀柔区

国际交往会都 科技创新基地
影视文化新城 宜居宜业典范

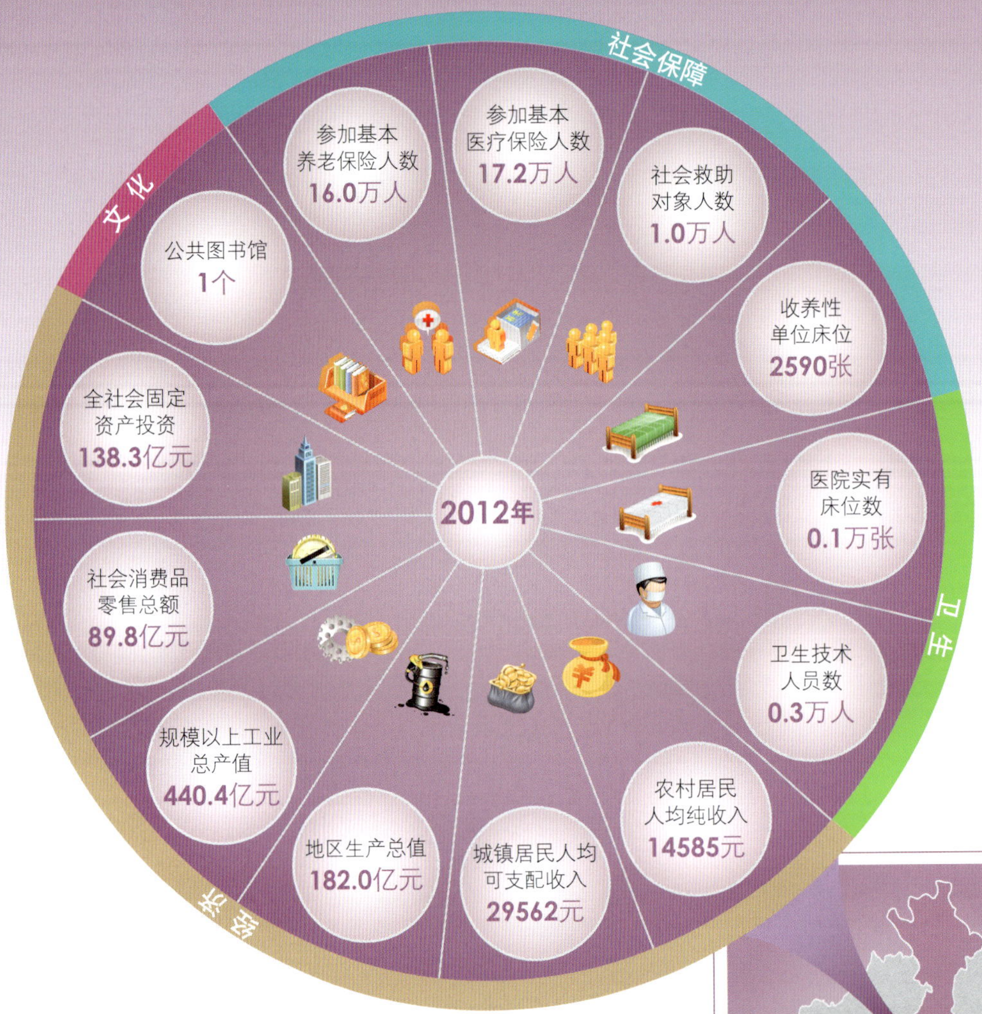

土地面积(平方公里)
2122.62

常住人口(万人)
37.7

地区生产总值(单位：亿元)

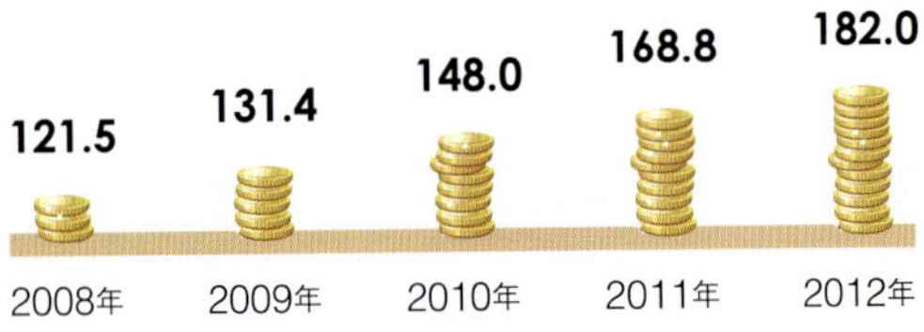

规模以上工业总产值(单位：亿元)

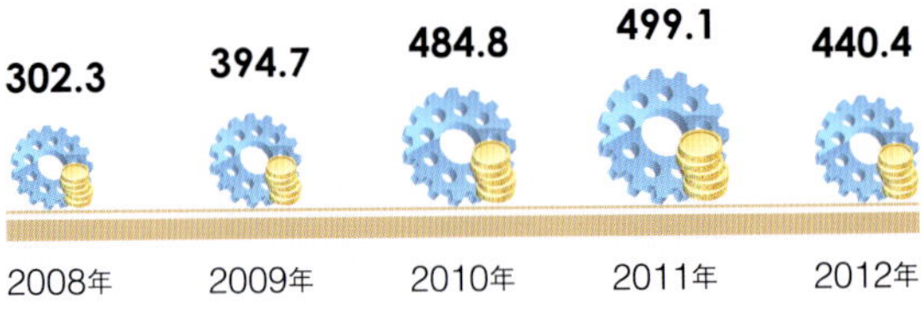

规模以上文化创意产业情况

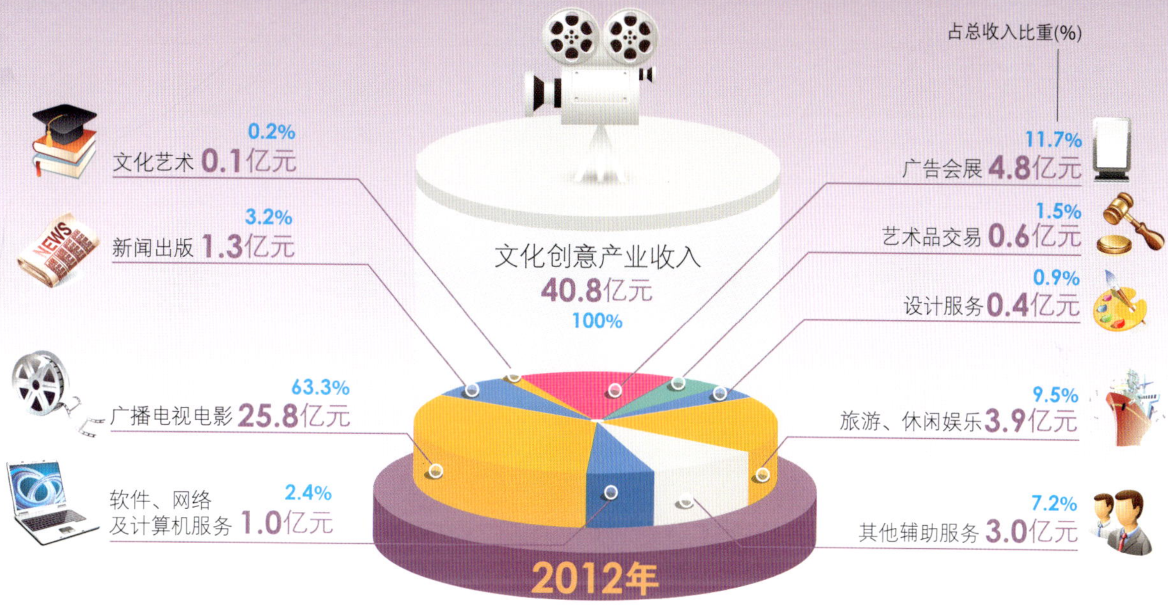

规模以上文化创意产业收入(单位：亿元)

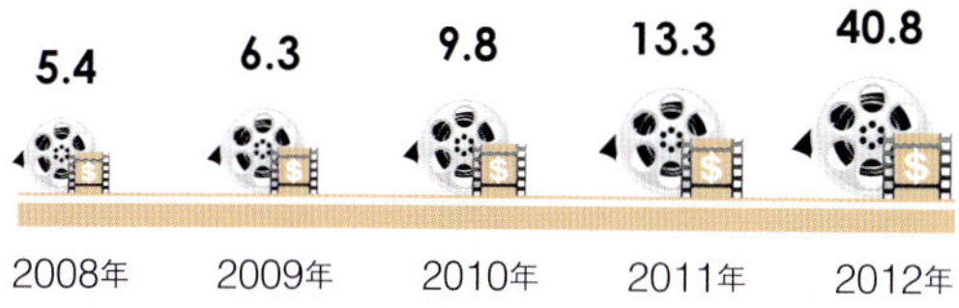

城乡居民收入(单位：元)

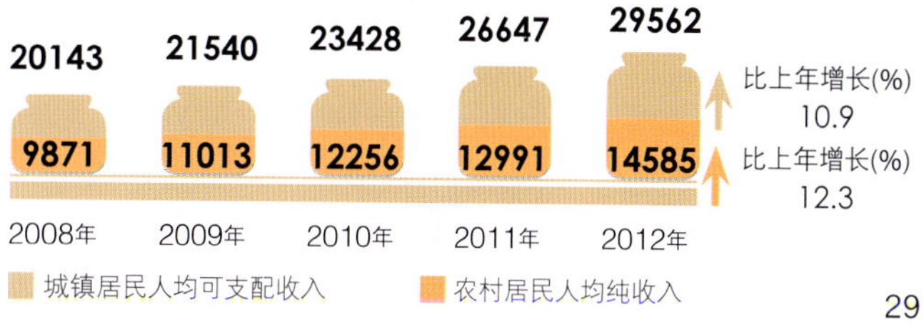

平谷区

生态绿谷 京津商谷 绿能新谷 中国乐谷 幸福平谷

土地面积(平方公里)
950.13

常住人口(万人)
42.0

地区生产总值(单位：亿元)

设施农业总收入(单位：亿元)

观光、民俗旅游情况

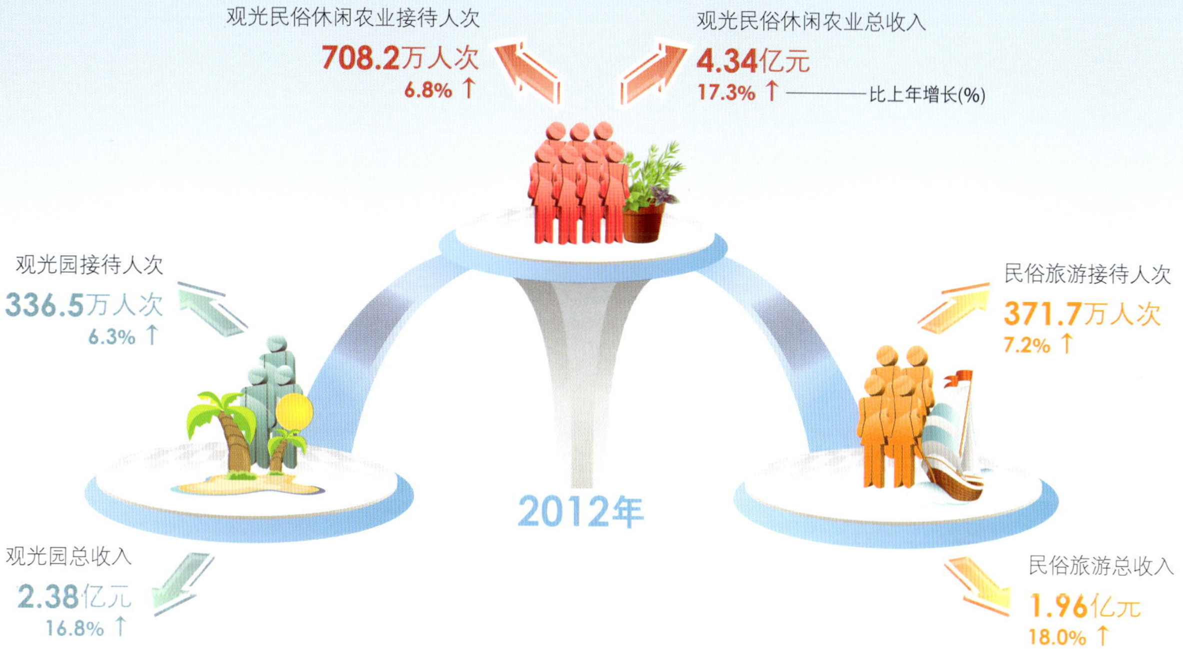

观光、民俗旅游收入（单位：亿元）

城乡居民收入（单位：元）

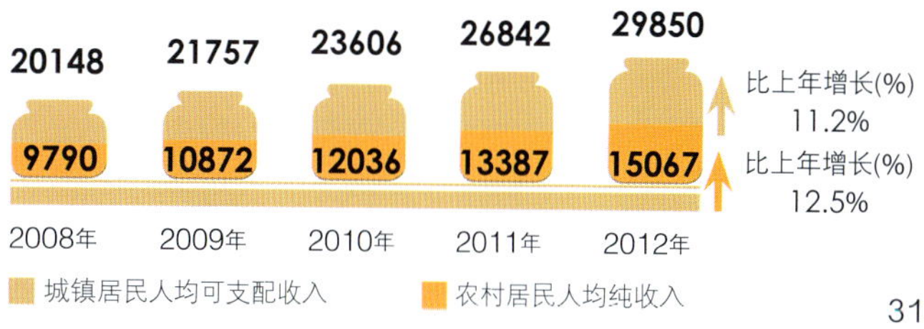

密云县

北京·密云 绿色国际休闲之都

土地面积(平方公里)
2229.45

常住人口(万人)
47.4

地区生产总值(单位：亿元)

规模以上工业总产值(单位：亿元)

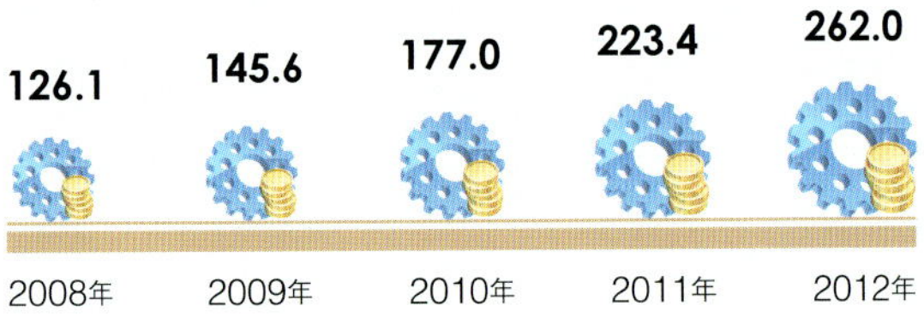

重点领域发展情况

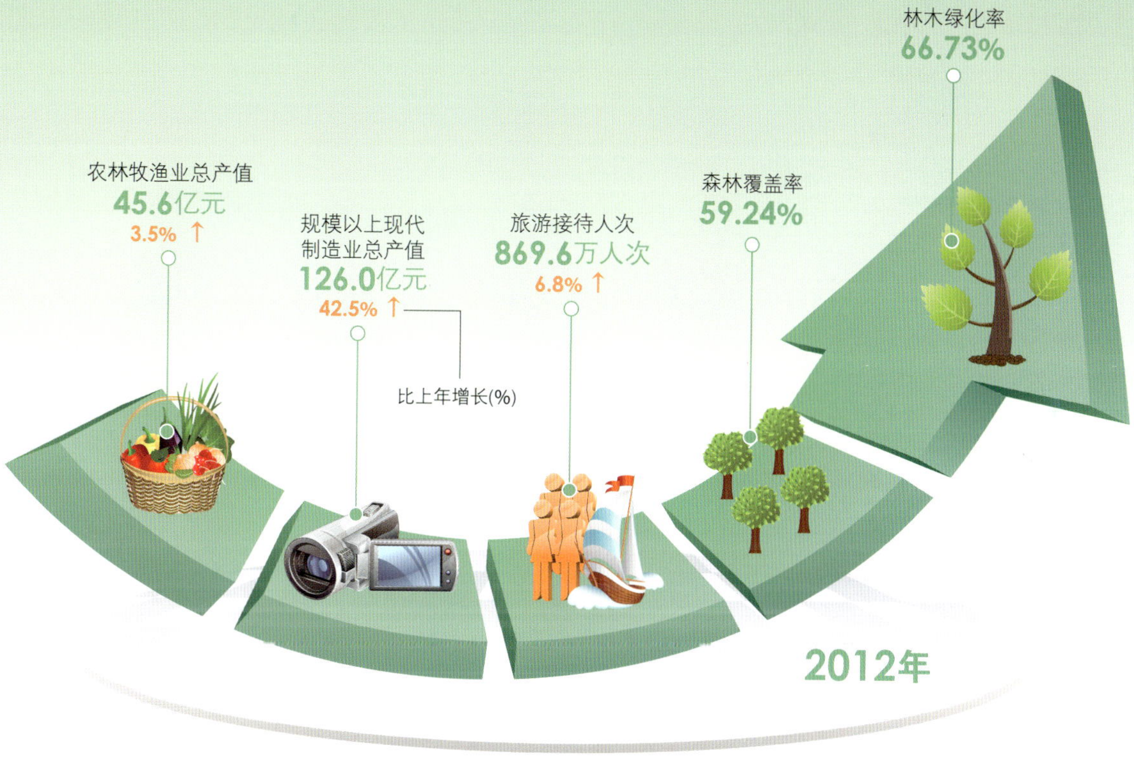

观光、民俗旅游收入（单位：亿元）

城乡居民收入（单位：元）

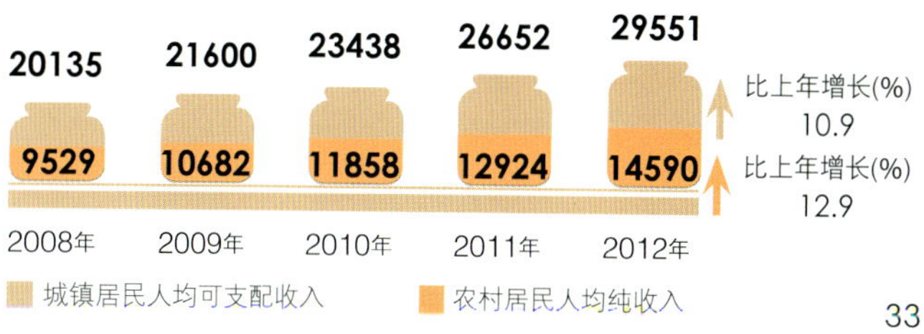

延庆县

生态旅游 休闲名区

土地面积(平方公里)
1993.75

常住人口(万人)
31.7

地区生产总值(单位：亿元)

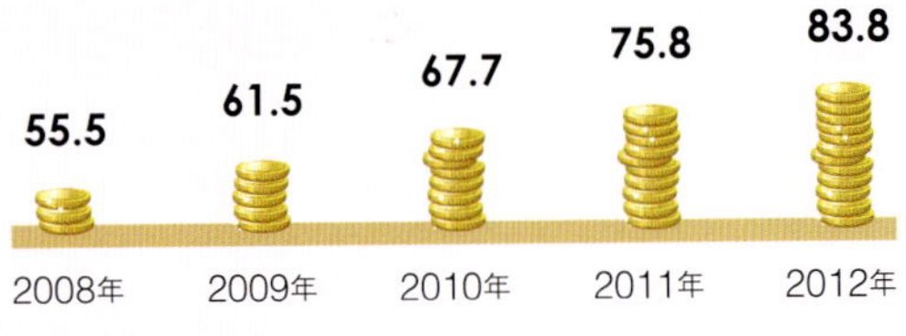

接待海内外游客数(单位：万人次)

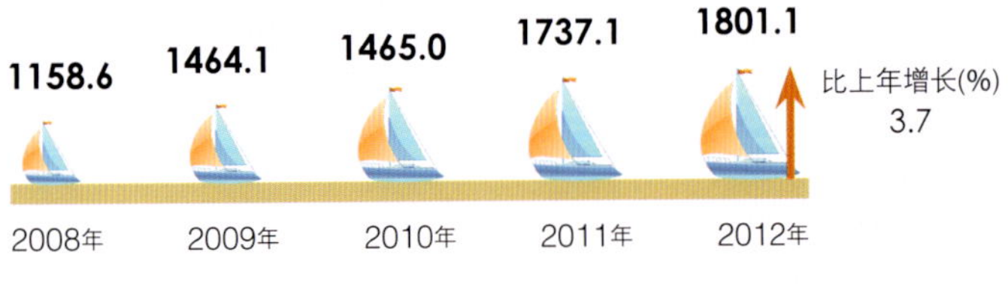

旅游业情况

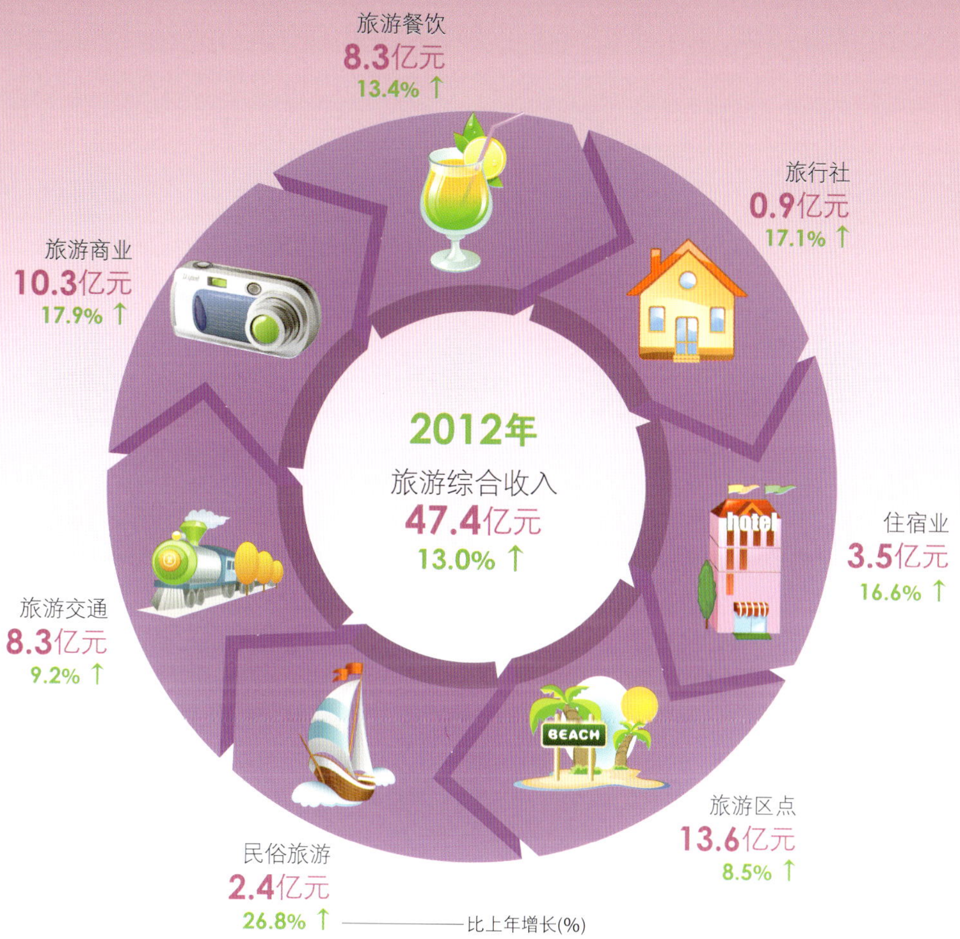

林木绿化率(单位：%)

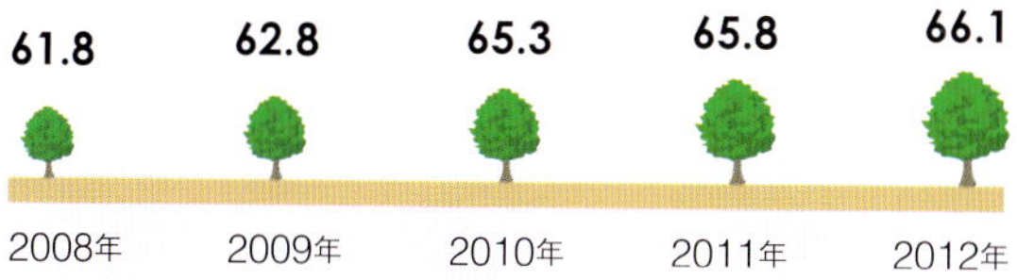

城乡居民收入(单位：元)

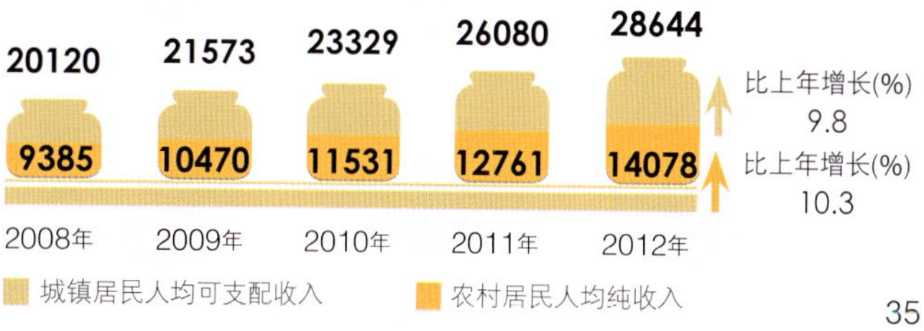

《北京区域统计年鉴 2013》编辑委员会

主　　任：王文杰　李　纲

副 主 任：邵建民　陈泽星　于秀琴　王　军　李　萍　邢志宏　吴万标
张靖明　杨万强　夏沁芳　邬春仙　魏小真　张　军

编辑委员：王　军(服务业处)　王乐强　王　敏　方晓丹　孙晓冬　沈　青
张小洁　张铁军　张雪原　张　群　庞江倩　孟素洁　郑　新
贾海洁　裘孔明　颜　平

主　　编：夏沁芳

责任编辑：庞江倩

执行编辑：徐世君　秦丽媛

编辑人员：朱燕南　仲长远　李晓敏　刘红红　吕艳芹　班成英　马俊炯
杨　爽　周　静　吴寅洁　张红阳　孔　雷　王玉涛　周　锐(金融业处)
丁卓茹　于丽君　李婷婷　张　琳　魏炬红　贾巍巍　林　梅
吴玉梅　陈　缇　张　杨　唐　燕　罗　勇　李玉霞　刘明霞
董　智　郭　航　杨小琼　王艳艳　郝　菁　周建武　周　锐(能源处)
郝小瑶　方秀玉　王守琪　茅振芳　赵　萍　周晓娜　江　羽
杨守国　赵学稳　肖玉清　王顺昌　杜峥鸣　王唯博　张　文
张培农　王　军(数据中心)　韩　燕　任　虹　郑子濮　张国花
于　震　侯　蕊　陈　倩　孙　倩　高　楠　陈学俊　韩　杰
黎　晨　周　敏　石海平　王　倩　石　燕　朱振东　刘　翀
吕佳琦　贾　琳　李　雪　卢　佳　梁景文　张春革　郝瑞英

编 辑 说 明

《北京区域统计年鉴 2013》是一部全面、系统反映北京市各区县 2012 年经济社会发展状况的资料性年刊，同时收录了华北五省市、国内三大都市圈、港澳台地区及世界主要国家 2012 年经济社会发展状况数据资料。

1、全书共包括 13 个部分，分别为北京概览、分区县历史数据、北京区县概览、四大功能区、山区平原概览、开发区、北京特色经济区、华北五省市经济社会发展比较、四个直辖市经济社会发展比较、三大都市圈发展比较、北京与全国对比、港澳台地区及世界主要国家统计资料、附录(指标解释)。

2、自 2011 年开始，企业规模划分标准执行《国家统计局关于印发统计上大中小微企业划分办法的通知》（国统字[2011]75 号）；分区县资料，除特殊说明外，全部为“在地”（即：法人经营地）口径，资料年度为 2012 年；受口径和资料来源不同等因素影响，书内所列分区县数据可能与区县统计局出版的统计年鉴中刊载的数据有所不同，请读者在使用时加以注意；分区县资料中若未单独列出北京经济技术开发区，则在大兴区中包括。

3、本年鉴在篇章设置和内容上进行了调整和补充，结合需求在各篇章前增加了简要说明，从总体上对本章节内容进行概括。

在“北京区县概览”篇中增加了住宿餐饮、卫生、税收、环境、社会组织等专业和部门分区县资料；规范调整了财政、对外经济、商品房、体育、广播电视、垃圾处理、空气质量、社区服务等方面的指标名称及分组情况。

4、书中的分区县数据，均由北京市统计局、国家统计局北京调查总队提供；部门数据均在表下注有资料来源；全国及外省市统计资料摘自《中国统计年鉴》、《中国区域经济统计年鉴》及相关省市统计年鉴。

5、书中使用的符号说明：“…”表示数据不足本表最小单位；“空格”表示该项指标数据不详或没有数据；“#”表示其中项目；“‖”表示不在同一分组类中的其中项。

6、本书配有电子光盘，具有数据加工等功能。

目　录

第一篇　北京概览

第二篇　分区县历史数据

第三篇 北京区县概览

第十篇　三大都市圈发展比较

第十一篇　北京与全国对比

第十二篇　港澳台地区及世界主要国家统计资料

附录篇　指标解释

第一篇

北京概览

BEIJING GAILAN

简要说明

一、本章资料的主要内容

本章主要包括反映全市经济社会发展的主要总量、速度、结构、效益指标及“十二五”时期监测指标等。

二、本章资料的数据来源

全市经济社会主要指标及“十二五”时期主要监测指标资料，由北京市统计局、国家统计局北京调查总队根据相关资料整理取得。

三、有关统计标准的变化说明

行政区划调整。2006 年，市委市政府提出了《关于区县功能定位及评价指标的指导意见》，把当时的 18 个区县分成首都功能核心区（东城、西城、崇文、宣武）、城市功能拓展区（朝阳、海淀、丰台、石景山）、城市发展新区（通州、顺义、大兴、昌平、房山、亦庄开发区）和生态涵养发展区（门头沟、平谷、怀柔、密云、延庆）四个功能区。

2010 年，国务院同意北京市调整首都功能核心区行政区划的批复，撤消原东城区、原崇文区、原西城区、原宣武区，设立新的东城区和新的西城区，目前为 14 区、2 县格局。

为了保持历史资料的规范、完整，本章资料 2009 年及以前按原东城、原西城、原崇文、原宣武的分功能区和分区县列示，2009 年以后按调整后的东城区和西城区列示。

1-1 "十二五"时期主要监测指标

项 目		2012	2011
地区生产总值比上年增长	(%)	7.7	8.1
第三产业占地区生产总值比重	(%)	76.5	76.1
最终消费率	(%)	59.6	58.4
地方公共财政预算收入比上年增长	(%)	10.3	27.7
城镇居民人均可支配收入实际增长	(%)	7.3	7.2
农村居民人均纯收入实际增长	(%)	8.2	7.6
城镇登记失业率	(%)	1.27	1.39
食品安全监测抽查合格率	(%)	95.29	95.51
药品抽验合格率	(%)	99.71	99.32
全社会研究与试验发展经费支出占地区生产总值的比例	(%)	5.95	5.76
万元地区生产总值能耗降低	(%)	4.75	6.95
万元地区生产总值水耗降低	(%)	7.38	5.49
全市林木绿化率	(%)	55.5	54.0

1-2 主要年份国民经济和社会发展总量与速度指标

项　目		总量指标			
		1990	1995	2000	2005
人口与就业					
人　口					
年末全市常住人口	(万人)	1086.0	1251.1	1363.6	1538.0
按性别分					
男性人口	(万人)	545.0	627.0	710.9	778.7
女性人口	(万人)	541.0	624.1	652.7	759.3
按城乡分					
城镇人口	(万人)	798.0	946.2	1057.4	1286.1
乡村人口	(万人)	288.0	304.9	306.2	251.9
年末户籍人口	(万人)	1032.2	1070.3	1107.5	1180.7
就　业					
从业人员年末人数	(万人)	627.1	665.3	619.3	878.0
#城镇单位在岗职工人数	(万人)	454.9	470.9	434.2	448.4
年末实有城镇登记失业人员	(万人)	1.67	2.19	3.32	10.57
宏观经济					
国民经济核算					
地区生产总值	(亿元)	500.8	1507.7	3161.7	6969.5
第一产业	(亿元)	43.9	73.5	79.3	88.7
第二产业	(亿元)	262.4	645.8	1033.3	2026.5
第三产业	(亿元)	194.5	788.4	2049.1	4854.3
人均地区生产总值	(元/人)	4635	12690	24127	45993
固定资产投资					
全社会固定资产投资	(亿元)	179.2	841.5	1297.4	2827.2
#房地产开发投资	(亿元)	22.5	352.8	522.1	1525.0
#国有单位	(亿元)	154.2	514.2	765.8	897.7
全社会房屋施工面积	(万平方米)	2864.9	5524.3	6995.9	14096.2
全社会房屋竣工面积	(万平方米)	1081.2	1530.2	2358.2	4679.2
财　政					
地方财政收入	(亿元)	74.0	115.3	398.4	1007.4
#地方公共财政预算收入	(亿元)			345.0	919.2
地方财政支出	(亿元)	66.5	154.4	490.3	1137.3
#地方公共财政预算支出	(亿元)			443.0	1058.3
价格指数(上年=100)					
居民消费价格指数	(%)	105.4	117.3	103.5	101.5
商品零售价格指数	(%)	104.1	112.6	98.9	99.7
农产品生产价格指数	(%)	101.9	130.6	95.0	102.9
工业生产者出厂价格指数	(%)	107.9	107.3	102.5	101.3
工业生产者购进价格指数	(%)	114.8	106.7	100.0	111.4
固定资产投资价格指数	(%)		113.9	101.0	100.7
能源消费总量	(万吨标准煤)	2709.7	3533.3	4144.0	5521.9
产　业					
农村经济					
耕地面积	(万公顷)	41.3	39.4	32.9	23.3
农林牧渔业总产值(现价)	(亿元)	70.2	164.4	188.6	239.3
主要农产品产量					
粮　食	(万吨)	264.6	259.8	144.2	94.9
蔬菜及食用菌	(万吨)	356.1	397.3	466.3	373.1
禽　蛋	(万吨)	25.8	28.5	16.0	16.0
牛　奶	(万吨)	21.7	20.6	30.3	64.2
肉　类	(万吨)	26.8	39.8	50.5	53.3

注：1.地区生产总值绝对值按现价计算，发展速度按可比价格计算；2006—2010年人均地区生产总值根据第六次人口普查数据进行修正。

2.2007年及以前在岗职工人数包括乡及乡以上独立核算法人单位，不包括乡镇企业、私营单位和个体工商户；2008年及以后包括乡镇企业。

3.从2011年起，根据国家统计局相关规定，固定资产投资起点由50万元调整至500万元。

1-2 续表1

2010	2011	2012	速度指标(%) 指 数(2012年为以下各年) 1990	1995	2000	2005	2010	2011
1961.9	2018.6	2069.3	190.5	165.4	151.8	134.5	105.5	102.5
1013.0	1040.7	1068.1	196.0	170.4	150.2	137.2	105.4	102.6
948.9	977.9	1001.2	185.1	160.4	153.4	131.9	105.5	102.4
1686.4	1740.7	1783.7	223.5	188.5	168.7	138.7	105.8	102.5
275.5	277.9	285.6	99.2	93.7	93.3	113.4	103.7	102.8
1257.8	1277.9	1297.5	125.7	121.2	117.2	109.9	103.2	101.5
1031.6	1069.7	1107.3	176.6	166.4	178.8	126.1	107.3	103.5
587.7	640.3	670.4	147.4	142.4	154.4	149.5	114.1	104.7
7.73	7.89	7.20	431.1	328.8	216.9	68.1	93.1	91.3
14113.6	16251.9	17879.4	1007.7	576.1	353.6	199.8	116.4	107.7
124.4	136.3	150.2	127.9	122.6	114.4	111.4	104.1	103.2
3388.4	3752.5	4059.3	814.1	486.0	309.6	180.8	114.7	107.5
10600.8	12363.1	13669.9	1357.1	675.9	383.0	209.5	117.3	107.9
73856	81658	87475	531.9	334.6	226.7	148.1	108.9	104.9
5493.5	5910.6	6462.8	3606.5	768.0	498.1	228.6	117.6	109.3
2901.1	3036.3	3153.4	14015.1	893.8	604.0	206.8	108.7	103.9
1907.3	1903.3	2248.2	1458.0	437.2	293.6	250.4	117.9	118.1
15572.1	18065.2	20045.4	699.7	362.9	286.5	142.2	128.7	111.0
3908.4	4032.9	3723.5	344.4	243.3	157.9	79.6	95.3	92.3
3810.9	4359.1	4512.9	6097.6	3915.4	1132.7	448.0	118.4	103.5
2353.9	3006.3	3314.9			960.9	360.6	140.8	110.3
4065.0	4574.9	4803.8	7221.5	3111.2	979.7	422.4	118.2	105.0
2717.3	3245.2	3685.3			831.9	348.2	135.6	113.6
102.4	105.6	103.3						
100.4	103.2	100.6						
106.5	110.7	104.7						
102.2	102.3	98.4						
110.5	108.4	98.7						
102.5	105.7	101.3						
6954.1	6995.4	7177.7	264.9	203.1	173.2	130.0	103.2	102.6
328.0	363.1	395.7	563.7	240.7	209.8	165.4	120.6	109.0
115.7	121.8	113.8	43.0	43.8	78.9	119.9	98.4	93.4
303.0	296.9	279.9	78.6	70.5	60.0	75.0	92.4	94.3
15.1	15.1	15.2	58.9	53.3	95.0	95.0	100.7	100.6
64.1	64.0	65.1	299.7	316.0	214.6	101.4	101.6	101.7
46.3	44.4	43.2	161.1	108.6	85.6	81.1	93.3	97.2

1–2 续表2

项 目		总量指标			
		1990	1995	2000	2005
工 业					
工业增加值(现价，规模以上)	(亿元)		473.1	776.0	1627.0
工业总产值(现价，规模以上)	(亿元)	625.9	1493.3	2842.0	6946.2
轻工业	(亿元)	262.2	472.2	719.3	1164.9
重工业	(亿元)	363.7	1021.1	2122.7	5781.3
工业企业主要经济指标 (规模以上)					
资产总计	(亿元)	498.3	2582.6	4612.7	12829.8
负债总额	(亿元)		1528.8	2676.4	4706.7
主营业务收入	(亿元)	610.5	1590.4	2821.4	7279.1
利润总额	(亿元)	48.9	85.3	127.1	413.5
建 筑					
建筑业施工企业总产值	(亿元)	94.7	426.6	812.5	1894.0
建筑业施工企业年末从业人员	(万人)	60.2	82.6	56.6	67.2
运 输					
货物周转量	(亿吨公里)	268.8	323.1	299.6	457.7
铁 路	(亿吨公里)	206.7	239.3	200.2	310.8
公 路	(亿吨公里)	57.5	76.2	82.6	85.5
民 航	(亿吨公里)	4.5	7.5	16.8	28.2
管 道	(亿吨公里)	0.15	0.07	0.04	33.3
旅客周转量	(亿人公里)	119.8	207.7	314.0	838.1
邮 电					
邮电业务总量	(亿元)	11.9	56.1	214.7	413.0
固定电话用户	(万户)	33.3	150.5	451.2	943.5
固定电话主线普及率	(线/百人)	3.1	12.0	33.1	61.3
移动电话用户	(万户)	0.3	16.9	347.2	1459.8
移动电话普及率	(户/百人)	0.03	1.4	25.5	94.9
商 业					
社会消费品零售总额	(亿元)	345.1	950.4	1658.7	2911.7
吃类商品	(亿元)	136.8	405.7	471.4	751.0
穿类商品	(亿元)	45.6	138.9	198.8	282.4
用类商品	(亿元)	154.6	387.9	932.0	1643.7
烧类商品	(亿元)	8.1	17.9	56.5	234.6
对外经济贸易和旅游					
北京地区进出口总值	(亿美元)	236.4	370.4	494.0	1255.1
进口值	(亿美元)	192.3	267.9	374.3	946.4
出口值	(亿美元)	44.1	102.5	119.7	308.7
实际利用外商直接投资额	(亿美元)	2.8	14.0	24.6	35.3
接待入境旅游者人数	(万人次)	100.0	207.0	282.1	362.9
旅游外汇收入	(亿美元)	6.6	21.8	27.7	36.2
金融保险					
金融机构(含外资)本外币存款余额	(亿元)			11526.0	28969.9
金融机构(含外资)本外币贷款余额	(亿元)			6407.9	15335.5
原保险保费收入	(亿元)			93.4	498.2

注：1.工业增加值按生产法计算。
2.邮电业务总量2000年及以前按1990年不变价格计算，2010年及以前按2000年不变价格计算，2011年开始按2010年不变价格计算。

1-2 续表3

			速度指标(%)					
			指 数(2012年为以下各年)					
2010	2011	2012	1990	1995	2000	2005	2010	2011
2751.7	2899.1	3033.3						
13699.8	14513.6	15596.2	2491.8	1044.4	548.8	224.5	113.8	107.5
2000.0	2227.2	2402.1	916.1	508.7	334.0	206.2	120.1	107.9
11699.8	12286.4	13194.1	3627.7	1292.1	621.6	228.2	112.8	107.4
22750.6	25321.7	28613.2	5742.2	1107.9	620.3	223.0	125.8	113.0
11548.1	12648.6	14837.2		970.5	554.4	315.2	128.5	117.3
14807.1	15753.4	16905.1	2769.3	1063.0	599.2	232.2	114.2	107.3
1028.3	1129.5	1267.9	2590.9	1486.5	997.6	306.6	123.3	112.3
5196.0	6046.3	6588.3	6957.0	1544.4	810.9	347.9	126.8	109.0
59.9	49.6	49.2	81.7	59.6	86.9	73.2	82.1	99.2
513.7	616.9	638.3	237.4	197.6	213.0	139.4	124.3	103.5
257.5	311.3	307.6	148.8	128.5	153.7	99.0	119.5	98.8
101.6	132.3	139.8	243.2	183.4	169.1	163.5	137.6	105.6
48.2	47.5	49.0	1096.8	653.6	292.1	173.9	101.5	103.2
106.4	125.8	141.9				426.7	133.4	112.8
1399.5	1528.7	1595.8	1332.0	768.3	508.2	190.4	114.0	104.4
1108.9	487.9	546.5						112.0
885.6	883.9	883.1	2652.4	586.7	195.7	93.6	99.7	99.9
45.1	43.8	42.7						
2129.8	2575.9	3168.0			912.4	217.0	148.7	123.0
108.6	127.6	153.1						
6229.3	6900.3	7702.8	2232.1	810.5	464.4	264.5	123.7	111.6
1331.0	1561.4	1679.1	1227.4	413.9	356.2	223.6	126.2	107.5
548.4	665.2	718.0	1574.7	517.0	361.2	254.3	130.9	107.9
3884.0	4080.1	4678.4	3026.1	1206.1	502.0	284.6	120.5	114.7
465.9	593.6	627.3	7744.6	3504.6	1110.3	267.4	134.7	105.7
3016.6	3895.8	4081.1	1726.0	1101.9	826.1	325.2	135.3	104.8
2462.2	3305.9	3484.8	1812.0	1301.0	931.0	368.2	141.5	105.4
554.4	590.0	596.3	1351.1	581.8	498.2	193.2	107.6	101.1
63.6	70.5	80.4	2903.6	573.3	327.2	228.0	126.4	114.0
490.1	520.4	500.9	500.9	242.0	177.6	138.0	102.2	96.2
50.4	54.2	51.5	783.6	236.0	186.0	142.2	102.1	95.1
66584.6	75001.9	84837.3			736.1	292.8	127.4	113.1
36479.6	39660.5	43189.5			674.0	281.6	118.4	108.9
966.5	820.9	923.1			987.9	185.3	95.5	112.4

1–2 续表4

项目		总量指标			
		1990	1995	2000	2005
教育、文化、科技、卫生					
教 育					
在校学生数	(万人)		238.0	229.9	226.4
专任教师数	(万人)		17.7	16.7	17.5
文 化					
公共图书馆总藏数	(万册、万件)	2205	2629	3020	3626
专业艺术剧团国内演出场次	(场)	7527	6728	7610	8934
科 技					
研究与试验发展经费内部支出	(亿元)			155.7	379.5
技术合同成交总额	(亿元)	20.3	41.2	140.3	434.4
专利授权量	(件)	2268	4025	5905	10100
卫 生					
卫生机构个数	(个)	4953	4955	6176	4818
卫生机构病床数	(万张)	5.9	6.7	7.1	7.9
卫生技术人员数	(万人)	11.2	11.6	11.6	12.0
#执业医师	(万人)	5.1	5.4	5.2	5.1
注册护师(士)	(万人)	3.5	3.7	4.0	4.3
生活与环境					
婚 姻					
登记结婚对数	(万对)	9.30	8.55	8.02	9.66
离婚对数	(万对)	1.47	2.02	2.66	3.42
居 住					
城镇居民人均住房建筑面积	(平方米)				22.03
农村居民人均住房面积	(平方米)	20.62	24.74	28.91	36.94
生 活					
城镇居民人均可支配收入	(元)	1787	5868	10350	17653
农村居民人均纯收入	(元)	1297	3209	4687	7860
金融机构(含外资)储蓄存款余额	(亿元)				8315.8
工 资					
城镇单位在岗职工工资总额	(亿元)	118.9	382.0	695.5	1520.1
城镇单位在岗职工平均工资	(元)	2653	8144	15726	34191
市政建设					
全社会用电量	(亿千瓦时)	150.5	222.6	384.4	570.5
自来水销售总量	(亿立方米)	5.3	6.8	7.5	7.2
居民燃气用户	(万户)	176.1	219.8	291.9	462.6
城市公共交通客运量	(亿人次)	33.5	37.2	40.7	51.8
环 境					
城市绿化覆盖率	(%)	28.0	32.7	36.5	42.0
污水处理率	(%)	7.3	19.4	39.4	62.4

注：1.北京地区用电量来源于北京市电力公司，2000年以前工业用电量不包含输配损失和发电企业自产自用电量。
2.从2001年开始，有关职工的指标调整为在岗职工的指标。2007年及以前城镇单位在岗职工工资包括乡及乡以上独立核算法人单位，不包括乡镇企业、私营单位和个体工商户；2008年及以后包括乡镇企业。
3.离婚对数包括在民政部门登记的对数和经法院调离和判离的对数。
4.2010年起，卫生机构中的卫生院数据并入到社区卫生服务中心(站)等其他卫生机构。2011年起，卫生机构中包括村卫生室。
5.城镇居民人均住房建筑面积为城镇住户抽样调查数据。

1-2 续表5

			速度指标(%)					
			指 数(2012年为以下各年)					
2010	2011	2012	1990	1995	2000	2005	2010	2011
330.0	342.6	356.8		149.9	155.2	157.6	108.1	104.2
20.7	20.0	20.5		116.0	122.6	117.3	99.1	102.5
4613	5049	5556	251.9	211.3	184.0	153.2	120.4	110.0
10483	11069	11675	155.1	173.5	153.4	130.7	111.4	105.5
821.8	936.6	1063.4			683.0	280.2	129.4	113.5
1579.5	1890.3	2458.5	12128.8	5971.6	1752.4	566.0	155.7	130.1
33511	40888	50511	2227.1	1254.9	855.4	500.1	150.7	123.5
6539	9699	9974	201.4	201.3	161.5	207.0	152.5	102.8
9.3	9.5	10.0	169.7	149.7	140.6	126.7	107.9	105.7
17.1	18.2	22.0	196.9	189.5	190.2	183.3	128.4	120.8
6.6	7.0	8.2	161.4	151.9	159.4	162.4	124.6	117.8
6.7	7.3	9.5	275.4	259.3	238.6	221.9	141.4	130.8
13.81	17.32	17.41	187.2	203.6	217.1	180.2	126.1	100.5
4.40	4.35	4.86	329.4	240.9	182.5	141.8	110.5	111.6
28.94	29.38	29.26				132.8	101.1	99.6
40.62	48.63	49.08	238.0	198.4	169.8	132.9	120.8	100.9
29073	32903	36469	2040.7	621.4	352.4	206.6	125.4	110.8
13262	14736	16476	1270.2	513.5	351.5	209.6	124.2	111.8
17585.2	19690.6	22298.6				268.1	126.8	113.2
3789.1	4778.6	5657.9	4758.5	1481.1	813.5	372.2	149.3	118.4
65683	75834	85307	3215.5	1047.5	542.5	249.5	129.9	112.5
809.9	821.7	874.3	581.0	392.8	227.4	153.2	107.9	106.4
8.9	9.5	9.4	178.0	138.2	124.5	131.0	105.2	99.2
634.2	644.1	713.5	405.2	324.6	244.4	154.2	112.5	110.8
69.0	72.3	76.2	227.6	205.0	187.3	147.1	110.4	105.4
45.0	45.6	46.2						
81.0	81.7	83.0						

1-3 主要年份国民经济和社会发展结构指标

单位：%

项　目	1990	1995	2000	2005	2010	2011	2012
人口与就业							
常住人口							
按性别分							
男	50.2	50.1	52.1	50.6	51.6	51.6	51.6
女	49.8	49.9	47.9	49.4	48.4	48.4	48.4
按城乡分							
城　镇	73.5	75.6	77.5	83.6	86.0	86.2	86.2
乡　村	26.5	24.4	22.5	16.4	14.0	13.8	13.8
就 业							
从业人员年末人数							
第一产业	14.5	10.6	11.8	7.1	6.0	5.5	5.2
第二产业	44.9	40.7	33.6	26.3	19.6	20.5	19.2
第三产业	40.6	48.7	54.6	66.6	74.4	74.0	75.6
宏观经济							
国民经济核算							
地区生产总值							
第一产业	8.8	4.9	2.5	1.3	0.9	0.8	0.8
第二产业	52.4	42.8	32.7	29.1	24.0	23.1	22.7
第三产业	38.8	52.3	64.8	69.6	75.1	76.1	76.5
投 资							
全社会固定资产投资							
城　镇	88.2	94.4	91.9	91.8	91.1	92.4	90.6
农　村	9.7	4.8	6.5	8.2	8.9	7.6	9.4
资金来源结构							
国家预算内资金	25.3	7.7	7.4	2.8	1.2	0.9	1.7
国内贷款	16.7	13.4	26.0	23.2	26.6	22.5	23.9
利用外资	11.2	20.5	3.6	1.6	0.5	0.4	0.3
债券、自筹和其他资金	46.8	58.4	63.0	72.4	71.6	76.2	74.1
财 政							
地方公共财政预算							
收入主要税种							
#增值税			13.3	10.6	8.9	7.9	9.5
营业税			43.2	41.7	36.3	35.6	34.8
企业所得税			16.8	17.9	21.8	22.7	22.7
个人所得税			16.3	9.2	9.1	9.1	8.5
能源消费总量							
第一产业	3.9	3.4	2.5	1.6	1.4	1.4	1.4
第二产业	63.5	65.9	58.5	49.0	39.2	35.6	33.8
第三产业	19.0	17.9	26.1	34.8	41.7	44.3	45.3
生活消费	13.6	12.8	12.9	14.7	17.7	18.7	19.5

注：2012年的从业人员年末人数和能源消费总量三次产业分组口径根据国家统计局规定进行了调整。

1-3 续表1

单位：%

项　目	1990	1995	2000	2005	2010	2011	2012
产 业							
农 业							
农林牧渔业产值结构							
农　业	55.6	52.8	46.7	38.0	47.0	45.0	42.0
林　业	1.3	1.7	2.8	5.2	5.1	5.2	13.8
牧　业	39.8	41.8	46.4	50.5	42.6	44.8	39.0
渔　业	3.3	3.7	4.1	3.6	3.5	3.2	3.3
农林牧渔服务业				2.7	1.8	1.8	1.9
工 业							
规模以上工业主要行业							
增加值结构							
#医药制造业		1.6	3.6	3.0	5.6	6.4	7.3
黑色金属冶炼和压延加工业		20.1	8.9	14.0	1.1	0.1	0.2
汽车制造业		9.4	3.7	8.7	16.6	19.4	16.9
计算机、通信和其他电子设备制造业		9.9	24.7	16.7	8.7	7.1	8.0
电力、热力的生产和供应业		7.0	6.4	11.8	14.9	15.5	17.7
建筑业							
建筑业总产值结构							
#国有企业	68.7	69.1	44.8	27.4	6.3	6.3	5.7
集体企业	31.3	26.4	21.7	4.7	2.0	2.0	1.8
港澳台商投资企业		1.4	1.4	1.2	1.8	1.7	1.5
外商投资企业		1.2	2.0	1.7	1.0	0.8	0.8
交通运输业							
货运量结构(按运输方式分)							
铁　路	11.4	9.2	8.5	6.1	6.6	5.1	4.3
公　路	87.5	90.4	91.2	92.4	85.1	86.7	87.0
民　航	0.04	0.05	0.1	0.2	0.5	0.5	0.5
管　道	1.0	0.3	0.2	1.2	7.7	7.7	8.2
客运量结构(按运输方式分)							
铁　路	50.4	45.1	24.2	9.5	6.3	6.7	6.9
公　路	46.7	47.7	70.7	85.3	89.7	89.1	88.8
民　航	2.9	7.2	5.1	5.2	4.0	4.2	4.3
国内贸易							
社会消费品零售总额结构							
吃类商品	39.6	42.7	28.4	25.8	21.4	22.6	21.8
穿类商品	13.2	14.6	12.0	9.7	8.8	9.6	9.3
用类商品	44.8	40.8	56.2	56.5	62.4	59.1	60.7
烧类商品	2.4	1.9	3.4	8.1	7.5	8.6	8.1
对外贸易							
地区出口商品结构							
#一般贸易		70.6	65.9	54.5	45.0	50.6	48.0
加工贸易		21.3	29.6	39.6	42.1	35.0	37.5
地区进口商品结构							
#一般贸易		84.4	87.3	85.2	88.7	90.0	89.4
加工贸易		5.2	3.5	8.2	5.9	4.5	4.8
国际旅游							
接待海外旅游人数结构							
外国人	63.7	80.5	84.4	85.9	86.0	86.0	86.7
港澳台同胞	34.6	17.6	15.6	14.1	14.0	14.0	13.3

1-3 续表2

单位：%

项　目	1990	1995	2000	2005	2010	2011	2012
教育、科技、文化、卫生							
教 育							
在校学生结构							
#高等教育	8.3	9.0	14.0	46.2	49.5	50.0	49.8
中等教育	32.5	41.0	48.7	29.7	22.1	20.8	20.5
小学教育	59.0	49.6	36.8	16.9	19.8	19.9	20.1
专任教师结构							
#高等教育	24.6	22.7	22.2	32.7	35.9	31.5	31.3
中等教育	38.3	38.6	40.5	33.6	29.1	33.0	32.5
小学教育	36.7	37.9	36.8	25.3	23.9	22.9	22.8
科 技							
研究与试验发展(R&D)							
人员折合全时当量结构							
基础研究				12.9	15.2	14.6	14.7
应用研究				29.8	27.1	25.2	24.6
试验发展				57.3	57.7	60.2	60.8
研究与试验发展(R&D)							
经费内部支出结构							
基础研究				10.1	11.6	11.6	11.8
应用研究				27.8	26.4	24.3	22.7
试验发展				53.1	62.0	64.1	65.4
卫 生							
卫生技术人员结构							
#执业医师	45.6	46.7	44.6	42.2	38.5	38.3	37.4
注册护士	31.0	31.7	34.5	35.8	39.3	40.1	43.3
生活、环境							
生 活							
城镇居民消费结构							
食品(恩格尔系数)	54.2	48.5	36.3	31.8	32.1	31.4	31.3
衣　着	14.8	15.1	8.9	8.9	10.4	10.3	11.0
居　住	3.5	4.5	6.9	7.9	7.9	8.8	8.2
家庭设备用品及服务	10.4	8.8	12.9	6.4	6.9	7.1	6.7
医疗保健	1.4	2.9	6.9	9.8	6.7	6.9	6.9
交通和通信	1.5	4.7	7.1	14.7	17.2	16.0	15.7
教育文化娱乐服务	11.5	10.2	15.1	16.5	14.6	15.0	15.4
其他商品和服务	2.7	5.2	5.8	4.0	4.2	4.4	4.8
农村居民消费结构							
食品(恩格尔系数)	50.7	49.6	36.7	32.8	30.9	32.4	33.2
衣　着	9.5	10.9	7.6	7.8	7.7	7.8	8.0
居　住	19.2	9.7	15.7	16.2	21.8	21.2	18.5
家庭设备用品及服务	8.0	7.6	7.3	6.2	5.6	6.5	6.5
医疗保健	3.8	4.8	8.0	9.0	8.9	9.3	9.5
交通和通信	1.7	4.1	6.3	11.0	13.1	11.1	11.8
文教娱乐用品及服务支出	6.6	10.6	14.4	15.1	9.7	9.1	9.7
其他商品和服务	0.6	2.8	4.0	1.9	2.4	2.6	2.8
环 境							
林木绿化率	28.3	36.3	42.0	50.5	53.0	54.0	55.5

1-4 国民经济和社会发展比例和效益指标

项目		2012	2011
人口与就业			
人口			
常住人口出生率	(‰)	9.05	8.29
常住人口死亡率	(‰)	4.31	4.27
常住人口自然增长率	(‰)	4.74	4.02
就业			
城镇登记失业率	(%)	1.27	1.39
就业弹性系数		0.45	0.46
宏观经济			
国民经济核算			
地区生产总值构成	(%)	100.0	100.0
第一产业	(%)	0.8	0.8
第二产业	(%)	22.7	23.1
第三产业	(%)	76.5	76.1
全社会劳动生产率	(元/人)	164257	154684
第一产业	(元/人)	25808	22622
第二产业	(元/人)	188018	177886
第三产业	(元/人)	167852	158613
固定资产投资			
全社会固定资产投资相当于			
地区生产总值比例	(%)	36.1	36.4
财政			
地方财政收入相当于			
地区生产总值比例	(%)	25.2	26.8
地方财政支出相当于			
地区生产总值比例	(%)	26.9	28.2
能源消费			
能源消费弹性系数		0.34	0.07
电力消费弹性系数		0.88	0.34
万元地区生产总值能耗(可比价)	(吨标准煤)	0.436	0.458
万元地区生产总值水耗(现价)	(立方米)	20.07	22.13
产业			
规模以上工业企业效益			
综合效益指数	(%)	253.53	250.11
总资产贡献率	(%)	7.98	8.06
资产保值增值率	(%)	109.67	113.13

1-4 续表

项目		2012	2011
资产负债率	(%)	51.85	49.95
流动资产周转率	(次)	1.59	1.71
成本费用利润率	(%)	7.91	7.60
全员劳动生产率	(元/人)	252465	245951
产品销售率	(%)	99.04	98.92
建筑业			
产值竣工率	(%)	49.8	43.6
面积竣工率	(%)	20.2	17.7
邮电通信业			
移动电话普及率	(户/百人)	153.1	127.6
固定电话主线普及率	(线/百人)	42.7	43.8
国内贸易			
人均社会消费品零售总额	(元)	37686	34671
教育、科技、文化、卫生			
教 育			
学龄儿童入学率	(%)	99.99	99.99
平均每一专任教师负担学生数			
高等学校	(人)	17.0	17.1
普通中学	(人)	9.7	9.8
小学学校	(人)	13.7	13.4
科 技			
研究与试验发展经费内部支出相当于地区生产总值比例	(%)	5.95	5.76
文 化			
每万人拥有公共图书馆	(个)	0.01	0.01
每万人拥有博物馆	(个)	0.08	0.08
卫 生			
婴儿死亡率	(‰)	2.87	2.84
孕产妇死亡率	(1/10万)	6.05	9.09
平均每千人口拥有执业医师数(常住人口)	(人)	3.97	3.46
平均每千人口拥有医院床位数(常住人口)	(张)	4.48	4.34
家庭、生活、环境、灾害			
家 庭			
少儿抚养比(常住人口)	(%)	11.55	11.11
老年抚养比(常住人口)	(%)	11.31	10.99
生 活			
城镇与农村居民收入比例(以农村居民收入为1)		2.21	2.23
城镇居民人均住房建筑面积	(平方米)	29.26	29.38
农村居民人均住房面积	(平方米)	49.08	48.63
环境、灾害			
人均公园绿地面积	(平方米)	15.50	15.30
平均每起火灾直接经济损失	(元)	8686	12450
平均每起交通事故直接经济损失	(元)	9443	4949
食品安全监测抽查合格率(含烟酒等)	(%)	95.29	95.51
药品抽验合格率	(%)	99.71	99.32

1-5 北京一日

项　目		2012	2011
每天创造的财富			
地区生产总值	(万元)	488508.2	445257.5
第一产业	(万元)	4103.8	3734.2
第二产业	(万元)	110909.8	102808.2
工　业	(万元)	90008.2	83528.8
建筑业	(万元)	20901.6	19279.5
第三产业	(万元)	373494.5	338715.1
#交通运输、仓储和邮政业	(万元)	22303.3	22164.4
地方财政收入	(万元)	123302.1	119427.4
地方财政支出	(万元)	131250.1	125340.8
发电量	(万千瓦时)	7945.9	7200.9
汽车生产量	(辆)	4564	4123
移动电话机生产量	(台)	545064	711296
每天收入与消费量			
城镇居民人均可支配收入	(元)	99.6	90.1
城镇居民人均消费性支出	(元)	65.7	60.2
农村居民人均纯收入	(元)	45.1	40.4
农村居民人均生活消费支出	(元)	32.5	30.4
城镇单位在岗职工平均工资	(元)	233.1	207.8
社会消费品零售额	(万元)	210459.5	189049.3
机动车销售量	(辆)	3511	2184
居民生活用电量	(万千瓦时)	4421.7	3965.4
居民家庭用自来水	(万立方米)	126.5	131.5
每天其他活动			
地区出口值	(万美元)	16292.9	16163.8
旅游外汇收入	(万美元)	1406.8	1483.8
国内旅游收入	(万元)	90199.5	78474.0
接待入境旅游人数	(人次)	13686	14258
接待国内旅游者人数	(人次)	618415	572164
市内公共交通客运量	(万人次)	2080.8	1979.6
报刊、图书印数量	(万份、万册、万张)	3342.8	3174.2
每天人口和婚姻变动			
出生人口(常住人口)	(人)	505	452
死亡人口(常住人口)	(人)	241	233
登记结婚对数	(对)	476	475
离婚对数	(对)	133	119

注：离婚对数包括在民政部门登记的对数和经法院调离和判离的对数。

2013
北京区域统计年鉴

第二篇

BEIJING AREA
STATISTICAL YEARBOOK

分区县历史数据

FENQUXIAN LISHI SHUJU

简要说明

一、本章资料的主要内容

本章主要包括户籍人口、常住人口、地区生产总值、地方财政收支、全社会固定资产投资额、社会消费品零售总额、农林牧渔业总产值、规模以上工业总产值、建筑业总产值、进出口、外商投资、入境旅游、城乡居民收支、在校学生和幼儿数、卫生机构等指标的分功能区和分区县 2000 年或 2005 年以来的历史数据。

二、本章资料的数据来源

户籍人口数据来自北京市公安局；财政收支数据来自北京市财政局；进出口数据来自中华人民共和国北京海关；外商投资数据来自北京市商务委员会；在校学生和幼儿数据来自北京市教育委员会；卫生数据来自北京市卫生局；其他数据来自北京市统计局及国家统计局北京调查总队。

三、有关统计标准的变化说明

从 2011 年起，根据国家统计局相关规定，固定资产投资统计起点由 50 万元调整至 500 万元。

社会消费品零售总额 2005—2010 年是按法人在地原则核算，2011 年开始数据是按产业在地原则核算。

规模以上工业总产值：2001—2006 年为全部国有及年主营业务收入在 500 万元及以上非国有工业口径；2007—2010 年调整为年主营业务收入 500 万元及以上的全部工业法人企业；2011 年及以后调整为年主营业务收入 2000 万元及以上的全部工业法人企业。

农村居民人均纯收入：2011 年数据按国家统计局方案进行了口径调整，因此，计算 2011 年比上年增长时要用可比口径。

全市卫生机构数：2012 年包含驻京部队医院，2012 年与历史数据口径不可比；分区县数据中不包含驻京部队医院。

四、本章中关于历史数据调整的问题

本章中 2005—2008 年地区生产总值的数据，按照国家统一规定，根据“北京市第二次全国经济普查”和“北京市第二次全国农业普查”的数据结果进行了修正。

社会消费品零售总额：2005—2007 年根据第二次经济普查数据进行了修订，2008 年数据为第二次经济普查数据。

农林牧渔业总产值：2000—2005 年为根据第二次农业普查修订数据，2006 年为与第二次农业普查衔接的数据。

全市规模以上工业总产值：2001—2003 年数据根据第一次经济普查数据进行了修订，分功能区和分区县数据未进行修订。

全市建筑业总产值：2000—2003 年数据根据第一次经济普查数据进行了修订，分功能区和分区县数据未进行修订。

2-1 户籍人口(2000-2012年)

单位：万人

区 县	2000	2001	2002	2003	2004	2005	2006	2007	2008	2009	2010	2011	2012
全 市	**1107.5**	**1122.3**	**1136.3**	**1148.8**	**1162.9**	**1180.7**	**1197.6**	**1213.3**	**1229.9**	**1245.8**	**1257.8**	**1277.9**	**1297.5**
首都功能核心区	**238.2**	**239.5**	**240.6**	**240.4**	**229.7**	**225.7**	**225.3**	**226.3**	**227.4**	**228.7**	**230.1**	**232.5**	**235.3**
东 城 区	103.9	104.3	104.5	103.9	99.1	97.0	95.7	95.4	95.4	95.6	95.6	96.1	96.8
原东城区	62.6	63.0	63.8	64.3	62.2	61.2	61.4	61.8	61.9	62.1	62.0		
原崇文区	41.3	41.3	40.7	39.6	36.9	35.8	34.3	33.6	33.5	33.5	33.6		
西 城 区	134.3	135.2	136.1	136.5	130.6	128.7	129.6	130.9	132.0	133.1	134.5	136.4	138.5
原西城区	78.1	78.6	79.2	79.7	77.1	75.7	76.4	77.4	78.3	79.3	80.4		
原宣武区	56.2	56.6	56.9	56.8	53.5	53.0	53.2	53.5	53.7	53.7	54.1		
城市功能拓展区	**429.3**	**439.2**	**448.6**	**458.4**	**477.5**	**495.3**	**508.2**	**519.4**	**531.0**	**542.2**	**550.7**	**563.3**	**574.9**
朝 阳 区	152.2	155.2	157.4	159.8	165.7	171.1	174.5	178.4	181.8	185.3	188.6	193.2	197.4
丰 台 区	82.3	83.6	84.8	86.4	93.2	97.4	99.6	101.7	103.6	105.2	106.3	108.1	109.7
石景山区	33.2	33.5	33.8	33.8	34.5	35.0	35.2	35.4	35.7	36.0	36.2	36.6	37.1
海 淀 区	161.6	166.9	172.6	178.4	184.1	191.8	198.9	203.9	209.9	215.8	219.6	225.5	230.7
城市发展新区	**283.3**	**286.0**	**288.5**	**290.7**	**295.2**	**299.0**	**302.4**	**305.6**	**308.7**	**311.7**	**314.6**	**319.2**	**323.9**
房 山 区	74.3	74.6	74.8	74.9	75.2	75.4	75.8	76.1	76.5	76.7	76.8	77.4	78.0
通 州 区	59.7	60.3	60.7	61.0	62.0	62.9	63.7	64.3	64.9	65.6	66.3	67.3	68.3
顺 义 区	53.7	54.0	54.4	54.8	55.4	55.9	56.2	56.7	57.4	57.8	58.2	58.8	59.4
昌 平 区	42.8	43.6	44.5	45.3	46.9	48.2	49.2	50.4	51.2	52.3	53.3	54.8	56.1
大 兴 区	52.8	53.5	54.1	54.7	55.7	56.6	57.5	58.1	58.7	59.3	59.9	61.0	62.2
生态涵养发展区	**156.8**	**157.7**	**158.6**	**159.3**	**160.4**	**160.7**	**161.7**	**162.0**	**162.7**	**163.2**	**162.4**	**162.9**	**163.4**
门头沟区	23.4	23.4	23.5	23.6	23.7	23.8	23.9	24.0	24.1	24.4	24.6	24.7	24.8
怀 柔 区	26.3	26.5	26.7	26.9	27.2	27.3	27.4	27.6	27.7	27.8	27.7	27.7	27.8
平 谷 区	38.7	39.0	39.1	39.2	39.4	39.5	39.7	39.6	39.7	39.8	39.5	39.6	39.8
密 云 县	41.5	41.8	42.2	42.4	42.6	42.5	42.9	42.9	43.1	43.1	42.8	42.9	43.0
延 庆 县	26.9	27.0	27.1	27.2	27.5	27.6	27.8	27.9	28.0	28.1	27.9	27.9	28.0

资料来源：北京市公安局。

2-2 暂住人口(2002–2012年)

单位：万人

区 县	2002	2003	2004	2005	2006	2007	2008	2009	2010	2011	2012
全 市	**358.9**	**332.6**	**341.5**	**355.1**	**516.9**	**554.9**	**748.3**	**874.9**	**886.1**	**825.8**	**784.2**
首都功能核心区	**45.3**	**30.0**	**33.4**	**29.7**	**40.4**	**40.8**	**53.7**	**47.3**	**50.5**	**32.9**	**42.8**
东 城 区	20.7	12.7	16.7	13.6	19.6	18.5	20.8	21.0	22.0	18.1	21.1
原东城区	13.8	8.2	10.4	9.2	12.5	11.2	14.0	12.5			
原崇文区	6.9	4.5	6.3	4.4	7.1	7.3	6.8	8.5			
西 城 区	24.6	17.3	16.7	16.1	20.8	22.3	32.9	26.3	28.5	14.8	21.7
原西城区	12.9	10.1	8.3	7.3	10.3	10.4	18.2	11.9			
原宣武区	11.7	7.2	8.4	8.8	10.5	11.9	14.7	14.4			
城市功能拓展区	**210.3**	**195.8**	**202.5**	**209.4**	**318.9**	**342.2**	**420.2**	**506.9**	**522.9**	**508.5**	**428.3**
朝 阳 区	97.2	80.1	91.0	90.7	130.6	135.3	188.2	222.0	219.2	204.1	174.0
丰 台 区	35.9	32.1	32.7	38.4	80.4	85.8	87.8	108.9	111.7	115.0	108.4
石景山区	13.4	11.9	15.1	15.0	15.4	17.4	23.4	19.9	19.0	16.4	14.6
海 淀 区	63.8	71.7	63.7	65.3	92.5	103.7	120.8	156.1	173.0	173.0	131.3
城市发展新区	**89.7**	**93.2**	**89.8**	**98.0**	**133.2**	**152.8**	**243.5**	**289.6**	**275.9**	**252.9**	**280.8**
房 山 区	10.2	11.4	10.6	13.4	16.1	12.0	19.5	19.9	20.9	14.6	20.8
通 州 区	14.6	15.3	17.0	21.6	24.2	33.7	48.5	59.6	64.8	57.2	67.7
顺 义 区	15.7	17.7	16.4	14.8	21.9	23.8	34.0	27.0	25.4	24.1	25.4
昌 平 区	26.2	25.2	28.5	18.8	35.5	41.8	69.0	89.5	84.2	78.3	91.6
大 兴 区	23.0	23.6	17.3	29.4	35.5	41.5	72.6	93.6	80.6	78.7	75.4
生态涵养发展区	**13.6**	**13.6**	**15.8**	**18.0**	**24.5**	**19.1**	**30.9**	**31.1**	**36.8**	**31.4**	**32.3**
门头沟区	4.0	4.5	4.1	4.9	8.1	6.4	8.0	7.9	9.6	7.8	6.7
怀 柔 区	4.1	2.3	4.8	5.3	7.0	5.2	8.9	9.5	10.8	9.9	11.0
平 谷 区	2.2	2.0	2.5	2.4	2.6	2.3	3.7	4.4	6.3	6.4	5.2
密 云 县	1.7	3.0	3.0	3.6	4.5	3.0	7.3	6.0	6.9	4.3	6.4
延 庆 县	1.6	1.8	1.4	1.8	2.2	2.2	3.0	3.3	3.2	3.0	3.0

注：暂住人口是指本市行政区域内不具有本市常住户口，来自外省(市)的在京暂住三日以上，并向公安机关申报暂住登记及领取暂住证的人员。

资料来源：北京市公安局。

2-3　常住人口(2005-2012年)

单位：万人

区　县	2005	2006	2007	2008	2009	2010	2011	2012
全　市	**1538.0**	**1601.0**	**1676.0**	**1771.0**	**1860.0**	**1961.9**	**2018.6**	**2069.3**
首都功能核心区	**205.2**	**206.9**	**209.4**	**212.1**	**215.7**	**216.2**	**215.0**	**219.5**
东 城 区	86.0	86.3	87.4	88.8	90.7	91.9	91.0	90.8
原东城区	54.9	55.8	56.7	57.8	59.0	57.3		
原崇文区	31.1	30.5	30.7	31.0	31.7	34.6		
西 城 区	119.2	120.6	122.0	123.3	125.0	124.3	124.0	128.7
原西城区	66.0	66.4	66.6	67.3	68.3	67.4		
原宣武区	53.2	54.2	55.4	56.0	56.7	56.9		
城市功能拓展区	**748.0**	**783.5**	**818.6**	**882.6**	**916.2**	**955.4**	**986.4**	**1008.2**
朝 阳 区	280.2	291.8	303.0	327.1	336.4	354.5	365.8	374.5
丰 台 区	156.8	163.6	178.8	193.2	205.7	211.2	217.0	221.4
石景山区	52.4	53.9	56.0	59.1	60.5	61.6	63.4	63.9
海 淀 区	258.6	274.2	280.8	303.2	313.6	328.1	340.2	348.4
城市发展新区	**411.6**	**434.0**	**468.5**	**492.5**	**541.7**	**603.2**	**629.9**	**653.0**
房 山 区	87.0	88.7	90.6	91.6	92.2	94.5	96.7	98.6
通 州 区	86.7	93.6	100.0	108.6	112.8	118.4	125.0	129.1
顺 义 区	71.1	72.7	75.5	79.3	82.6	87.7	91.5	95.3
昌 平 区	78.2	86.9	107.0	113.4	138.2	166.1	173.8	183.0
大 兴 区	88.6	92.1	95.4	99.6	115.9	136.5	142.9	147.0
生态涵养发展区	**173.2**	**176.6**	**179.5**	**183.8**	**186.4**	**186.4**	**187.3**	**188.6**
门头沟区	27.7	27.9	28.2	28.7	28.8	29.0	29.4	29.8
怀 柔 区	32.2	33.4	34.4	36.4	37.8	37.3	37.1	37.7
平 谷 区	41.4	41.3	41.4	41.5	41.8	41.6	41.8	42.0
密 云 县	43.9	44.8	45.3	46.2	46.6	46.8	47.1	47.4
延 庆 县	28.0	29.2	30.2	31.0	31.4	31.7	31.9	31.7

注：1.2005年数据根据2005年1%人口抽样调查数据推算；2006—2009年数据根据人口变动情况抽样调查数据推算，并根据2010年人口普查数据进行了调整；2011—2012年数据根据人口抽样调查数据推算。

2.表内2010年全市常住人口是根据2010年人口普查结果推算的年末数，而分功能区和分区县的数据为2010年人口普查数据，普查标准时点为2010年11月1日零时(另：普查时点全市常住人口为1961.2万人)。

2-4 常住外来人口(2005-2012年)

单位：万人

区 县	2005	2006	2007	2008	2009	2010	2011	2012
全 市	**357.3**	**403.4**	**462.7**	**541.1**	**614.2**	**704.7**	**742.2**	**773.8**
首都功能核心区	**36.4**	**38.3**	**40.0**	**41.9**	**48.0**	**54.7**	**53.4**	**54.5**
东 城 区	15.3	16.5	17.9	19.2	22.0	22.0	21.4	21.2
原东城区	10.2	10.9	11.6	12.6	14.8	13.7		
原崇文区	5.1	5.6	6.3	6.6	7.2	8.3		
西 城 区	21.1	21.8	22.1	22.7	26.0	32.7	32.0	33.3
原西城区	11.8	11.7	11.1	11.2	13.3	18.1		
原宣武区	9.3	10.1	11.0	11.5	12.7	14.6		
城市功能拓展区	**209.2**	**231.6**	**261.3**	**300.0**	**336.0**	**379.1**	**400.0**	**413.0**
朝 阳 区	84.0	92.2	107.2	122.6	134.1	151.5	160.9	169.5
丰 台 区	36.6	41.3	47.2	55.7	67.9	81.3	84.3	83.7
石景山区	14.9	16.2	18.1	20.9	21.5	20.7	21.3	21.4
海 淀 区	73.7	81.9	88.8	100.8	112.5	125.6	133.5	138.4
城市发展新区	**94.4**	**113.8**	**139.0**	**174.1**	**202.8**	**240.0**	**257.7**	**275.1**
房 山 区	11.9	13.2	14.9	15.6	16.0	19.5	21.4	22.8
通 州 区	19.7	25.6	31.3	39.4	43.4	43.5	47.7	50.7
顺 义 区	15.6	16.9	19.2	22.2	24.7	27.9	31.3	34.5
昌 平 区	21.9	29.5	39.9	51.4	65.6	84.7	89.6	95.7
大 兴 区	25.3	28.6	33.7	45.5	53.1	64.4	67.7	71.4
生态涵养发展区	**17.3**	**19.7**	**22.4**	**25.1**	**27.4**	**30.7**	**31.1**	**31.2**
门头沟区	4.1	4.2	4.4	4.8	4.6	4.7	4.8	4.9
怀 柔 区	5.3	6.4	7.3	9.2	10.6	10.3	10.2	10.3
平 谷 区	2.4	2.1	2.2	2.1	2.4	4.9	5.1	5.2
密 云 县	3.5	3.9	4.4	5.2	5.6	6.9	7.0	7.1
延 庆 县	2.0	3.1	4.1	3.8	4.2	3.9	4.0	3.7

注：1.2005年数据根据2005年1%人口抽样调查数据推算；2006—2009年数据根据人口变动情况抽样调查数据推算，并根据2010年人口普查数据进行了调整；2011—2012年数据根据人口抽样调查数据推算。

2.表内2010年全市常住外来人口是根据2010年人口普查结果推算的年末数，而分功能区和分区县的数据为2010年人口普查数据，普查标准时点为2010年11月1日零时(另：普查时点全市常住外来人口为704.5万人)。

2-5 地区生产总值(2005-2012年)

单位：亿元

区 县	2005	2006	2007	2008	2009	2010	2011	2012
全 市	**6969.5**	**8117.8**	**9846.8**	**11115.0**	**12153.0**	**14113.6**	**16251.9**	**17879.4**
首都功能核心区	**1703.8**	**1950.5**	**2360.4**	**2666.8**	**2937.9**	**3281.3**	**3700.5**	**4043.6**
东 城 区	641.3	754.9	881.5	1000.0	1122.4	1223.6	1339.7	1450.1
原东城区	530.8	628.7	738.3	844.9	945.4			
原崇文区	110.5	126.1	143.2	155.1	177.0			
西 城 区	1062.6	1195.6	1478.9	1666.8	1815.6	2057.7	2360.8	2593.5
原西城区	841.7	955.8	1219.3	1373.8	1506.7			
原宣武区	220.8	239.8	259.6	293.0	308.8			
城市功能拓展区	**3249.0**	**3815.9**	**4618.5**	**5264.6**	**5703.3**	**6606.0**	**7615.3**	**8408.8**
朝 阳 区	1301.7	1559.1	1904.9	2144.0	2380.4	2804.2	3272.2	3632.1
丰 台 区	379.6	439.0	501.9	565.6	627.4	734.8	842.7	923.8
石景山区	206.3	223.2	260.4	256.9	248.7	295.5	320.7	338.2
海 淀 区	1361.5	1594.6	1951.2	2298.0	2446.9	2771.6	3179.8	3514.8
城市发展新区	**1206.4**	**1445.6**	**1735.5**	**2070.1**	**2468.7**	**2994.5**	**3419.5**	**3728.8**
房 山 区	209.3	189.9	200.7	200.3	293.5	371.5	416.0	449.3
通 州 区	143.2	166.0	194.7	225.8	278.9	344.8	400.2	450.5
顺 义 区	258.3	304.7	382.1	542.4	690.2	867.9	1015.0	1103.2
昌 平 区	193.1	225.8	272.5	316.2	342.4	399.9	455.0	506.3
大 兴 区	153.5	173.5	202.3	230.5	271.2	311.9	350.8	391.7
北京经济技术开发区	249.0	385.9	483.1	554.8	592.5	698.6	782.5	827.7
生态涵养发展区	**305.2**	**345.9**	**399.9**	**450.2**	**494.2**	**561.5**	**647.0**	**714.7**
门头沟区	46.0	51.4	59.7	73.2	74.8	86.4	103.7	117.0
怀 柔 区	83.1	95.3	114.9	121.5	131.4	148.0	168.8	182.0
平 谷 区	57.1	66.6	76.6	87.3	107.0	117.9	136.6	153.2
密 云 县	78.7	87.6	98.6	112.7	119.5	141.5	162.0	178.6
延 庆 县	40.2	44.9	50.1	55.5	61.5	67.7	75.8	83.8

注：1.表内数据按现价计算。
2.本表根据第二次全国农业普查和第二次全国经济普查结果对2005—2008年数据进行了修订。
3.地区生产总值区县合计不等于全市是由于区县中扣除了划归市一级核算部分。

2-6 地方财政收入(2000-2012年)

单位：亿元

区 县	2000	2001	2002	2003	2004	2005	2006	2007	2008	2009	2010	2011	2012
全 市	**398.39**	**507.68**	**600.96**	**665.94**	**830.03**	**1007.35**	**1235.78**	**1882.04**	**2282.04**	**2678.77**	**3810.91**	**4359.10**	**4512.86**
首都功能核心区	**56.59**	**68.93**	**78.89**	**92.22**	**107.06**	**120.44**	**147.81**	**202.90**	**286.61**	**293.33**	**318.84**	**405.01**	**509.31**
东 城 区	23.45	29.19	33.81	38.35	43.63	49.20	55.31	67.51	87.85	94.49	103.81	123.56	145.99
原东城区	17.93	23.41	27.29	31.38	34.52	37.95	41.75	51.81	69.73	73.89			
原崇文区	5.52	5.78	6.53	6.97	9.11	11.25	13.56	15.70	18.13	20.60			
西 城 区	33.14	39.74	45.08	53.88	63.43	71.24	92.50	135.39	198.76	198.84	215.03	281.45	363.32
原西城区	22.99	27.64	31.54	34.38	38.77	46.07	64.13	97.13	154.53	152.17			
原宣武区	10.15	12.10	13.54	19.50	24.67	25.17	28.37	38.26	44.23	46.67			
城市功能拓展区	**79.35**	**97.91**	**115.25**	**123.77**	**150.67**	**184.66**	**230.03**	**301.32**	**354.48**	**413.42**	**491.55**	**643.96**	**934.93**
朝 阳 区	37.55	45.92	52.84	56.56	68.49	85.30	106.59	141.55	168.32	190.66	234.26	316.83	472.54
丰 台 区	7.62	9.19	11.19	12.20	15.02	18.03	23.31	30.33	34.81	39.80	47.28	62.36	153.83
石景山区	6.02	7.68	9.08	7.47	8.98	10.27	10.54	13.76	15.13	18.16	19.07	23.00	25.90
海 淀 区	28.16	35.11	42.14	47.53	58.18	71.06	89.59	115.68	136.22	164.80	190.94	241.76	282.65
城市发展新区	**19.71**	**27.10**	**38.66**	**44.24**	**55.23**	**66.95**	**79.72**	**152.10**	**205.30**	**340.76**	**888.88**	**649.74**	**549.98**
房 山 区	5.01	6.17	8.22	8.95	11.72	13.35	12.09	23.22	21.03	52.72	168.58	117.46	74.80
通 州 区	3.52	4.75	6.94	8.44	10.27	11.63	14.75	24.30	34.04	66.09	174.67	122.36	110.53
顺 义 区	4.92	6.36	7.95	8.65	12.08	16.85	22.34	44.09	73.74	85.23	145.70	117.62	130.01
昌 平 区	3.05	4.59	7.30	8.85	11.15	14.03	17.19	32.73	42.60	51.96	140.28	96.61	81.39
大 兴 区	3.21	5.23	8.25	9.35	10.01	11.09	13.35	27.76	33.89	84.76	259.65	195.69	153.24
生态涵养发展区	**12.08**	**17.11**	**24.30**	**24.83**	**31.35**	**30.42**	**35.06**	**47.32**	**63.12**	**69.89**	**122.78**	**153.59**	**133.47**
门头沟区	2.88	3.64	4.74	3.70	5.52	7.08	7.47	7.60	15.90	14.10	25.31	43.81	33.69
怀 柔 区	2.74	4.18	5.48	5.40	6.47	7.46	9.24	13.97	20.34	20.27	23.39	32.40	33.02
平 谷 区	2.60	3.56	4.42	4.58	6.34	5.48	7.04	9.06	8.96	13.65	40.14	34.92	26.79
密 云 县	2.08	3.58	7.33	8.33	9.77	7.59	7.30	9.84	11.91	14.91	24.02	31.07	29.58
延 庆 县	1.77	2.16	2.33	2.81	3.26	2.81	4.01	6.85	6.01	6.96	9.92	11.39	10.38

注：分区县财政收入为区县级财政收入。

资料来源：北京市财政局。

2-7 地方财政支出(2000–2012年)

单位：亿元

区 县	2000	2001	2002	2003	2004	2005	2006	2007	2008	2009	2010	2011	2012
全 市	**490.34**	**614.92**	**683.98**	**809.39**	**974.17**	**1137.28**	**1411.58**	**2067.7**	**2400.93**	**2820.86**	**4064.97**	**4574.94**	**4803.75**
首都功能核心区	**53.20**	**66.57**	**76.67**	**89.50**	**103.28**	**123.73**	**145.01**	**225.74**	**255.79**	**297.70**	**376.96**	**409.23**	**480.99**
东 城 区	23.82	28.03	34.72	39.80	47.37	54.97	60.57	94.79	108.12	124.47	128.21	148.60	167.44
原东城区	15.72	17.46	22.38	25.13	29.81	34.70	36.43	62.91	62.19	70.66			
原崇文区	8.10	10.57	12.34	14.67	17.56	20.27	24.15	31.88	45.92	53.81			
西 城 区	29.38	38.54	41.95	49.70	55.91	68.76	84.44	130.94	147.67	173.23	248.75	260.63	313.55
原西城区	17.38	23.84	25.30	29.05	32.94	42.27	55.70	92.40	98.57	122.25			
原宣武区	12.00	14.69	16.65	20.65	22.98	26.49	28.74	38.55	49.10	50.98			
城市功能拓展区	**83.71**	**98.35**	**120.39**	**135.42**	**159.02**	**192.38**	**247.68**	**366.13**	**417.40**	**497.00**	**649.75**	**904.10**	**992.14**
朝 阳 区	26.44	33.35	37.13	41.40	47.08	60.44	83.84	130.63	150.78	168.66	228.03	438.33	391.47
丰 台 区	12.49	15.59	20.87	22.59	26.88	33.02	42.53	62.02	72.87	89.84	101.69	140.91	218.91
石景山区	7.62	9.34	10.86	12.91	13.89	17.05	18.45	24.07	27.37	36.66	50.91	57.28	57.48
海 淀 区	37.16	40.06	51.54	58.52	71.17	81.87	102.86	149.41	166.39	201.84	269.12	267.58	324.27
城市发展新区	**47.20**	**58.90**	**72.84**	**92.51**	**115.18**	**143.81**	**181.21**	**285.73**	**345.16**	**544.32**	**1008.62**	**935.07**	**927.37**
房 山 区	9.69	12.65	14.80	17.76	23.37	31.76	38.90	55.90	63.51	100.46	219.61	225.39	152.39
通 州 区	9.64	11.27	14.65	19.29	20.81	26.03	35.11	55.27	59.76	89.58	181.57	143.83	191.22
顺 义 区	11.19	13.28	16.36	20.60	26.00	31.95	42.35	68.59	94.86	123.94	161.55	194.83	196.71
昌 平 区	7.44	10.04	11.70	16.84	22.37	26.82	33.78	51.41	63.65	93.25	143.20	155.60	153.02
大 兴 区	9.24	11.66	15.33	18.03	22.62	27.26	31.08	54.57	63.38	137.08	302.69	215.42	234.04
生态涵养发展区	**45.09**	**52.48**	**63.24**	**73.79**	**89.97**	**105.08**	**125.20**	**165.25**	**193.84**	**265.88**	**356.71**	**401.07**	**432.01**
门头沟区	8.34	9.34	10.28	12.56	15.44	19.79	22.52	27.37	36.91	45.20	64.27	84.48	80.79
怀 柔 区	10.50	12.83	14.92	17.04	19.62	22.60	28.06	40.61	48.00	54.65	78.26	87.02	91.41
平 谷 区	9.72	10.61	12.69	14.54	17.61	21.00	25.00	30.82	34.27	53.43	80.32	86.21	90.18
密 云 县	9.46	10.99	15.28	17.94	22.67	24.41	27.94	37.42	41.31	64.67	78.81	83.22	97.65
延 庆 县	7.07	8.71	10.08	11.70	14.63	17.28	21.67	29.03	33.33	47.93	55.04	60.13	71.98

注：地方财政支出为决算数；分区县财政支出为区县级实际支出，含市级下拨部分。

资料来源：北京市财政局。

2-8 全社会固定资产投资额(2005-2012年)

单位：亿元

区 县	2005	2006	2007	2008	2009	2010	2011	2012
全 市	**2827.2**	**3371.5**	**3966.6**	**3848.5**	**4858.4**	**5493.5**	**5910.6**	**6462.8**
首都功能核心区	**522.4**	**633.0**	**655.9**	**591.0**	**522.2**	**362.4**	**362.5**	**381.0**
东 城 区	242.2	270.0	299.7	262.4	286.5	180.7	175.2	182.5
原东城区	157.5	155.0	214.9	198.7	205.8			
原崇文区	84.7	114.9	84.8	63.7	80.7			
西 城 区	280.2	363.0	356.2	328.6	235.7	181.7	187.3	198.4
原西城区	201.7	275.5	266.8	253.5	145.3			
原宣武区	78.4	87.5	89.4	75.1	90.4			
城市功能拓展区	**1466.6**	**1677.9**	**1999.7**	**1872.4**	**2120.0**	**2456.9**	**2486.2**	**2689.3**
朝 阳 区	729.5	930.2	1180.4	1096.3	1104.9	1230.7	1177.0	1195.5
丰 台 区	232.2	270.5	346.0	306.3	389.3	504.6	553.0	660.1
石景山区	76.5	71.6	76.5	84.4	136.3	154.5	130.9	144.8
海 淀 区	428.3	405.6	396.8	385.4	489.5	567.0	625.3	688.9
城市发展新区	**665.4**	**848.6**	**1038.9**	**1077.2**	**1805.8**	**2216.0**	**2504.6**	**2725.3**
房 山 区	127.0	159.7	180.2	159.6	349.8	403.8	454.5	490.1
通 州 区	112.3	143.6	156.2	157.1	310.2	364.7	415.8	506.1
顺 义 区	133.8	174.3	296.4	255.0	343.9	413.7	436.0	418.6
昌 平 区	120.5	169.2	190.3	221.5	290.5	374.4	412.6	490.1
大 兴 区	87.1	88.1	122.6	169.0	354.2	422.7	465.5	480.5
北京经济技术开发区	84.8	113.7	93.2	115.0	157.2	236.6	320.2	339.9
生态涵养发展区	**172.8**	**212.1**	**272.1**	**308.1**	**410.4**	**458.3**	**557.2**	**667.2**
门头沟区	22.8	22.7	52.4	71.0	85.5	94.8	142.3	190.7
怀 柔 区	54.9	62.9	79.1	71.6	93.3	103.6	119.9	138.3
平 谷 区	33.5	41.6	42.8	52.0	70.6	82.4	100.6	122.5
密 云 县	44.8	59.6	65.8	80.7	112.7	121.7	132.1	145.3
延 庆 县	16.7	25.3	32.0	32.8	48.2	55.7	62.3	70.4

注：1.本表资料按项目所在建设地地址划分。

2.从2011年起，根据国家统计局相关规定，固定资产投资统计起点由50万元调整至500万元。

2-9 社会消费品零售总额(2000–2012年)

单位：亿元

区 县	2000	2001	2002	2003	2004	2005	2006	2007	2008	2009	2010	2011	2012
全 市	**1658.70**	**1831.40**	**2005.20**	**2296.90**	**2626.60**	**2911.66**	**3295.33**	**3835.26**	**4645.52**	**5309.89**	**6229.30**	**6900.32**	**7702.82**
首都功能核心区	**391.73**	**410.44**	**432.30**	**477.12**	**524.83**	**583.47**	**642.11**	**756.98**	**924.59**	**1007.16**	**1197.87**	**1380.18**	**1558.98**
东 城 区	176.53	190.36	202.39	233.69	264.91	293.88	325.35	394.55	473.29	532.48	645.01	691.28	794.64
原东城区	123.95	134.62	142.91	167.40	188.36	205.31	227.27	278.76	332.87	374.08			
原崇文区	52.58	55.74	59.48	66.28	76.55	88.58	98.08	115.79	140.42	158.40			
西 城 区	215.20	220.08	229.91	243.44	259.92	289.59	316.76	362.43	451.31	474.68	552.86	688.90	764.34
原西城区	144.43	147.32	153.38	166.38	182.10	207.09	225.47	257.06	317.63	329.39			
原宣武区	70.76	72.76	76.53	77.06	77.82	82.50	91.29	105.38	133.68	145.28			
城市功能拓展区	**1000.61**	**1123.39**	**1243.29**	**1433.55**	**1662.92**	**1821.96**	**2074.58**	**2372.84**	**2862.35**	**3315.68**	**3861.34**	**3935.59**	**4345.64**
朝 阳 区	404.88	475.34	508.93	582.66	722.67	795.81	931.83	1074.98	1290.23	1478.33	1737.50	1651.91	1829.54
丰 台 区	164.40	183.70	236.80	295.51	305.17	317.32	353.40	398.95	517.14	635.04	722.02	738.53	826.80
石景山区	41.99	53.60	66.87	99.54	120.23	132.38	140.56	140.98	152.32	175.92	217.58	162.05	184.54
海 淀 区	389.34	410.75	430.68	455.84	514.85	576.46	648.79	757.93	902.66	1026.38	1184.25	1383.09	1504.76
城市发展新区	**195.02**	**217.74**	**240.90**	**283.71**	**321.42**	**377.29**	**439.31**	**551.96**	**680.43**	**786.88**	**940.03**	**1241.06**	**1409.15**
房 山 区	34.46	37.11	41.30	48.86	56.31	63.31	69.82	76.29	90.82	99.05	119.79	156.73	182.53
通 州 区	44.84	47.11	52.72	61.54	69.74	82.33	95.41	122.35	147.16	161.85	187.69	207.95	239.28
顺 义 区	35.04	39.77	45.37	50.38	57.25	68.19	84.88	108.55	133.51	155.20	180.50	217.29	254.14
昌 平 区	27.34	33.09	35.08	41.78	48.39	56.17	66.64	86.06	114.95	144.95	168.35	249.98	280.44
大 兴 区	36.88	39.76	39.88	51.45	56.49	64.64	75.74	85.18	100.70	115.25	133.70	173.26	200.90
北京经济技术开发区	16.45	20.90	26.54	29.70	33.24	42.66	46.81	73.54	93.30	110.57	150.01	235.85	251.86
生态涵养发展区	**71.35**	**79.82**	**88.71**	**102.51**	**117.44**	**128.94**	**139.33**	**153.48**	**178.14**	**200.17**	**230.06**	**343.49**	**389.05**
门头沟区	7.75	8.36	9.04	10.29	11.48	12.84	14.78	16.14	19.49	21.66	25.36	37.99	43.71
怀 柔 区	18.90	20.35	22.68	26.53	30.06	32.89	32.62	35.18	42.78	48.65	56.16	79.19	89.84
平 谷 区	12.24	13.31	14.26	16.29	18.30	20.29	22.71	24.36	27.81	31.97	38.21	58.12	66.94
密 云 县	15.82	17.92	21.09	26.04	32.27	35.94	39.80	45.41	51.15	56.98	64.29	94.12	105.56
延 庆 县	16.64	19.89	21.64	23.35	25.33	26.97	29.42	32.38	36.91	40.91	46.04	74.07	83.00

注：1.2005—2010年数据是按法人在地原则核算，2011年开始数据是按产业在地原则核算。

2.2005—2007年社会消费品零售总额数据根据第二次经济普查进行了修订，2008年数据为第二次经济普查数据。

2-10　农林牧渔业总产值(2000-2012年)

单位：亿元

区　县	2000	2001	2002	2003	2004	2005	2006	2007	2008	2009	2010	2011	2012
全　市	**188.61**	**202.15**	**213.54**	**224.73**	**234.89**	**239.30**	**240.19**	**272.30**	**303.90**	**314.95**	**328.02**	**363.14**	**395.71**
城市功能拓展区	**15.28**	**13.59**	**12.62**	**12.63**	**11.98**	**9.99**	**10.72**	**10.78**	**11.40**	**11.57**	**11.13**	**10.94**	**13.69**
朝 阳 区	6.32	6.17	5.37	5.22	4.71	3.91	4.24	4.17	4.36	4.19	4.08	3.55	4.51
丰 台 区	3.84	3.64	3.44	2.96	2.76	2.71	2.69	2.74	2.91	3.05	3.03	2.63	3.45
海 淀 区	5.12	3.77	3.81	4.45	4.51	3.38	3.78	3.86	4.13	4.33	4.02	4.76	5.73
城市发展新区	**122.67**	**132.21**	**141.32**	**148.45**	**153.88**	**154.69**	**155.54**	**175.22**	**194.32**	**199.64**	**206.02**	**226.95**	**246.32**
房 山 区	21.49	22.72	23.94	25.65	27.95	31.41	32.87	37.09	39.74	41.26	42.64	45.02	46.45
通 州 区	21.50	22.94	25.87	27.18	27.89	28.94	30.60	33.20	37.96	38.46	39.79	45.37	51.54
顺 义 区	44.17	48.00	50.27	51.01	52.51	49.55	44.42	50.20	54.49	56.65	58.58	65.17	67.55
昌 平 区	11.99	12.40	12.53	12.88	11.80	10.08	11.34	12.49	14.69	15.38	16.80	19.83	25.99
大 兴 区	23.52	26.15	28.72	31.73	33.72	34.71	36.31	42.24	47.44	47.89	48.21	51.56	54.79
生态涵养发展区	**45.98**	**51.37**	**54.47**	**58.18**	**63.40**	**68.78**	**73.93**	**86.30**	**98.18**	**103.41**	**109.92**	**124.50**	**134.74**
门头沟区	1.26	1.38	1.73	1.70	1.77	2.06	2.19	2.52	3.13	3.63	3.93	5.06	5.32
怀 柔 区	7.83	8.55	8.84	9.53	10.73	12.07	13.56	15.45	16.38	16.58	17.08	18.26	19.13
平 谷 区	13.98	14.71	14.92	15.55	16.69	17.65	18.67	21.74	25.08	26.39	29.44	34.42	39.71
密 云 县	11.58	15.04	16.86	19.50	21.54	24.01	25.53	30.69	35.29	36.91	39.17	44.06	45.61
延 庆 县	11.34	11.70	12.11	11.91	12.67	12.99	13.98	15.90	18.29	19.90	20.30	22.69	24.97

注：1.总产值按现价计算，农林牧渔业总产值中含农林牧渔服务业产值。

2.农林牧渔业总产值使用的价格为农产品生产价格。

3.2006年为与农业普查衔接的数据，2000—2005年为历史修订数据。

4.全市总产值中2000—2002年包含石景山数据；2009年及以后年份包含远洋渔业数据。

2-11 规模以上工业总产值(2001-2012年)

单位：亿元

区 县	2001	2002	2003	2004	2005	2006	2007	2008	2009	2010	2011	2012
全 市	**3270.1**	**3620.2**	**4410.8**	**5733.4**	**6946.2**	**8210.0**	**9648.4**	**10413.1**	**11039.1**	**13699.8**	**14513.6**	**15596.2**
首都功能核心区	**286.7**	**260.8**	**232.7**	**461.5**	**424.3**	**471.7**	**510.2**	**598.6**	**646.0**	**753.3**	**883.4**	**942.7**
东 城 区	113.0	82.5	74.3	169.3	89.3	89.9	82.2	66.8	62.0	67.1	106.6	109.6
原东城区	92.7	61.7	50.2	134.3	48.9	53.0	45.6	38.0	38.2			
原崇文区	20.3	20.9	24.1	35.0	40.4	36.8	36.5	28.8	23.8			
西 城 区	173.7	178.3	158.4	292.2	334.9	381.8	428.1	531.8	584.0	686.3	776.8	833.1
原西城区	65.9	62.7	72.2	257.0	302.3	347.9	395.2	488.7	535.7			
原宣武区	107.8	115.6	86.2	35.2	32.6	33.9	32.9	43.1	48.3			
城市功能拓展区	**1577.1**	**1435.6**	**1693.6**	**2240.1**	**2429.4**	**2520.8**	**2774.8**	**2874.7**	**2920.8**	**3447.4**	**3419.7**	**3418.4**
朝 阳 区	660.1	458.9	552.7	700.6	707.7	675.2	674.5	667.4	822.3	1040.5	1188.9	1239.2
丰 台 区	140.3	146.1	164.1	245.2	268.9	290.9	329.0	387.4	370.1	433.5	407.8	386.4
石景山区	327.8	332.9	420.4	553.8	602.3	616.6	676.3	691.9	539.7	630.5	379.2	303.5
海 淀 区	448.8	497.6	556.4	740.4	850.4	938.1	1095.0	1127.9	1188.8	1343.0	1443.7	1489.3
城市发展新区	**971.2**	**1239.5**	**1621.4**	**2532.8**	**3466.4**	**4259.6**	**5111.0**	**5537.2**	**5809.0**	**7065.2**	**7520.9**	**7879.3**
房 山 区	257.8	292.2	335.6	500.2	611.1	568.5	637.1	821.3	756.1	949.6	1025.7	1019.9
通 州 区	88.5	80.1	92.5	183.5	228.7	286.2	348.2	418.1	426.4	593.0	586.7	610.0
顺 义 区	191.6	194.8	376.2	656.5	864.3	1028.1	1089.4	1215.7	1525.4	1851.6	2066.8	2299.0
昌 平 区	140.0	197.5	296.3	490.6	438.6	481.7	633.8	704.8	775.2	987.8	1077.9	1191.7
大 兴 区	91.4	93.8	115.2	169.6	204.2	244.5	291.2	348.6	365.8	455.1	479.2	570.9
北京经济技术开发区	201.9	381.1	405.6	532.4	1119.5	1650.6	2111.2	2028.7	1960.2	2228.1	2284.7	2187.9
生态涵养发展区	**219.5**	**237.6**	**262.7**	**293.6**	**366.4**	**492.0**	**614.3**	**663.2**	**795.0**	**976.6**	**1077.1**	**1091.5**
门头沟区	28.0	28.2	30.0	39.7	48.4	48.6	56.0	68.9	65.0	78.7	89.7	104.6
怀 柔 区	86.8	100.7	100.2	102.8	120.0	221.5	302.7	302.3	394.7	484.8	499.1	440.4
平 谷 区	49.7	41.8	56.8	62.9	86.2	100.1	114.5	129.8	148.9	184.7	199.1	216.8
密 云 县	47.2	59.0	68.7	73.4	92.9	100.8	113.1	126.1	145.6	177.0	223.4	262.0
延 庆 县	7.8	7.8	7.0	14.8	19.0	20.9	27.9	36.1	40.8	51.4	65.8	67.7

注：1.规模以上工业范围：2001—2006年为全部国有和年主营业务收入在500万元及以上非国有工业口径；2007—2010年调整为年主营业务收入500万元及以上的全部工业法人企业；2011年及以后调整为年主营业务收入2000万元及以上的全部工业法人企业。

2.根据有关规定，自2004年起，国家电网公司、华北电网有限公司、冀北电力有限公司的“工业总产值(当年价格)”由市统计局统一核算，故表中“工业总产值(当年价格)”指标分区县数据之和不等于全市合计。

3.全市规模以上工业总产值2001—2003年数据根据第一次经济普查数据进行了调整，分功能区和分区县数据未进行调整。

2-12 建筑业总产值(2000-2012年)

单位：亿元

区 县	2000	2001	2002	2003	2004	2005	2006	2007	2008	2009	2010	2011	2012
全 市	**812.5**	**1055.4**	**1211.3**	**1521.2**	**1659.8**	**1894.0**	**2167.9**	**2576.8**	**3066.2**	**4059.7**	**5196.0**	**6046.3**	**6588.3**
首都功能核心区	**157.4**	**182.0**	**212.7**	**263.9**	**300.7**	**327.5**	**341.0**	**424.8**	**469.7**	**571.4**	**739.6**	**956.0**	**1005.9**
东 城 区	49.9	65.8	85.7	97.9	128.0	137.3	145.1	202.2	232.5	281.2	350.3	431.7	445.9
原东城区	29.0	32.3	52.6	60.4	81.6	82.9	92.0	128.2	143.6	195.3			
原崇文区	20.9	33.5	33.1	37.5	46.4	54.4	53.1	74.0	88.9	85.9			
西 城 区	107.5	116.2	127.0	166.0	172.7	190.2	195.9	222.6	237.2	290.2	389.3	524.3	560.0
原西城区	75.5	83.6	93.9	104.7	105.0	116.5	117.7	127.5	147.4	174.8			
原宣武区	32.0	32.6	33.1	61.3	67.7	73.7	78.2	95.1	89.8	115.4			
城市功能拓展区	**402.5**	**453.8**	**524.0**	**614.3**	**803.2**	**929.0**	**1179.9**	**1414.9**	**1718.0**	**2104.4**	**2769.9**	**3126.1**	**3394.4**
朝 阳 区	185.5	211.7	201.5	225.3	271.1	285.0	354.2	419.7	476.0	556.4	703.7	816.9	879.2
丰 台 区	62.8	84.2	108.2	103.7	145.4	174.3	256.0	327.7	366.8	469.5	622.1	777.7	819.7
石景山区	11.8	16.1	24.3	44.8	63.4	80.0	87.8	118.5	160.7	171.6	311.5	342.1	358.5
海 淀 区	142.4	141.8	190.0	240.5	323.3	389.7	481.9	549.0	714.5	906.9	1132.6	1189.4	1337.0
城市发展新区	**109.6**	**175.4**	**225.5**	**299.6**	**406.2**	**446.0**	**495.1**	**568.8**	**704.3**	**1145.3**	**1403.6**	**1607.7**	**1801.6**
房 山 区	32.0	50.8	52.8	82.6	132.9	145.7	154.0	145.5	168.2	221.7	260.0	291.8	294.0
通 州 区	30.0	32.8	40.6	56.8	76.0	78.1	100.2	121.4	157.5	225.5	324.2	421.8	478.2
顺 义 区	15.8	20.6	27.4	42.3	50.8	68.5	88.4	118.5	97.6	112.8	151.3	198.7	220.8
昌 平 区	10.0	34.0	57.6	47.2	63.1	68.5	77.0	91.3	122.2	159.3	197.2	234.5	260.7
大 兴 区	21.8	37.2	47.1	70.7	79.0	82.4	73.0	82.7	105.5	123.5	190.1	225.3	284.7
北京经济技术开发区					4.4	2.8	2.5	9.4	53.3	302.5	280.8	235.6	263.2
生态涵养发展区	**58.0**	**76.7**	**92.9**	**128.9**	**149.7**	**191.5**	**151.9**	**168.3**	**174.2**	**238.6**	**282.9**	**356.5**	**386.4**
门头沟区	7.5	9.5	10.6	14.5	29.0	41.3	25.0	22.1	23.8	33.1	50.8	58.8	71.7
怀 柔 区	13.7	12.5	14.5	29.5	35.5	54.1	47.2	54.0	54.9	64.6	75.0	84.7	84.9
平 谷 区	9.6	15.0	25.0	24.9	29.2	25.4	23.5	32.2	41.2	52.6	44.1	79.2	83.1
密 云 县	9.7	19.4	22.3	31.1	31.7	35.5	34.0	35.5	34.2	49.9	71.0	87.9	96.4
延 庆 县	17.5	20.3	20.5	28.9	24.3	35.2	22.2	24.5	20.1	38.4	42.0	45.9	50.3

注：1.建筑业相关数据是按照建筑业企业经营地划分，统计范围为施工总承包、专业承包建筑业企业。

2.表内2000—2003年全市数据根据第一次经济普查数据进行了调整，而分功能区和分区县数据未进行调整。

2-13 地区进出口总值(2000-2012年)

区 县	2000	2001	2002	2003	2004	2005
全 市	**4940041**	**5149809**	**5250529**	**6850017**	**9457572**	**12550643**
首都功能核心区	**1861486**	**2024268**	**1935539**	**2489662**	**3402083**	**3993484**
东 城 区	581843	648938	577859	624578	952110	883813
原东城区	559158	631059	562391	608302	928837	845975
原崇文区	22685	17879	15468	16276	23273	37838
西 城 区	1279643	1375330	1357680	1865084	2449973	3109671
原西城区	1137515	1228991	1194177	1633934	2214141	2865216
原宣武区	142128	146339	163503	231150	235832	244455
城市功能拓展区	**2882070**	**2812359**	**2976102**	**3826688**	**5094159**	**7246984**
朝 阳 区	1949376	1713021	1717681	2223947	3280734	4964633
丰 台 区	40092	54015	64739	81676	147160	206799
石景山区	28978	14721	9689	14376	25718	40662
海 淀 区	863624	1030602	1183993	1506689	1640547	2034890
城市发展新区	**167132**	**280341**	**301076**	**473010**	**861415**	**1169743**
房 山 区	11135	10831	9519	12147	16825	22847
通 州 区	17017	29148	30942	40370	61392	88888
顺 义 区	53768	49260	51508	117117	209269	263902
昌 平 区	14660	16949	20688	49029	62681	68028
大 兴 区	70552	174153	188419	254347	511248	726078
生态涵养发展区	**28603**	**32352**	**37320**	**60121**	**99404**	**140099**
门头沟区	4693	3925	7756	9083	15977	24399
怀 柔 区	8885	9575	12301	17184	26745	38387
平 谷 区	6862	8418	6346	17048	25086	44048
密 云 县	7629	9904	10406	15697	26386	28034
延 庆 县	534	530	511	1109	5210	5231
其 他	**750**	**489**	**492**	**536**	**511**	**333**

注：“其他”是指外商常驻机构、外国驻华使领馆、国际组织和外籍专家等进出口单位。

资料来源：中华人民共和国北京海关。

2-13 续表

单位：万美元

2006	2007	2008	2009	2010	2011	2012
15803663	**19299976**	**27169290**	**21479103**	**30166129**	**38958314**	**40810735**
4605301	**5735210**	**8509423**	**6037754**	**8266412**	**11996212**	**13993567**
932884	1205322	1595317	1293913	1397766	1598123	1707461
886721	1145319	1518436	1220371	1309341		
46163	60003	76881	73542	88426		
3672417	4529888	6914106	4743841	6868646	10398089	12286106
3408614	4227450	6554309	4392970	6482038		
263803	302438	359797	350871	386609		
9545088	**11452985**	**16134859**	**13180004**	**18760537**	**23305245**	**23220772**
6934664	8201607	12469799	9498172	13552098	17172246	17664690
364655	540084	560669	705512	947791	1171394	1362957
59610	59000	82681	52096	63789	76178	62625
2186159	2652295	3021710	2924224	4196859	4885427	4130499
1482427	**1919877**	**2323169**	**2048804**	**2863055**	**3350568**	**3259255**
22148	30198	42274	45145	64141	67882	69606
121972	166668	192381	175035	236368	243641	208324
343574	426734	522285	494459	758057	977104	1023909
89394	125410	152671	181305	190905	217121	259974
905339	1170868	1413558	1152860	1613585	1844819	1697442
169889	**179873**	**193475**	**204827**	**253681**	**293707**	**325495**
24685	27921	24136	25894	31745	31714	47357
48854	57174	61704	60020	65318	68816	74394
48533	45889	51324	52400	72677	83676	83683
38464	38177	43121	49084	68187	76826	94903
9353	10712	13190	17429	15754	32673	25157
958	**12031**	**8364**	**7714**	**22443**	**12582**	**11647**

2-14 实际利用外商直接投资额(2000-2012年)

区 县	2000	2001	2002	2003	2004	2005
全 市	**245799**	**177000**	**178964**	**214675**	**308354**	**352638**
首都功能核心区	**78393**	**18315**	**25031**	**25633**	**27360**	**41171**
东 城 区	75112	15816	19014	23427	20122	29433
原东城区	74437	12864	16373	21414	17809	22333
原崇文区	675	2952	2641	2013	2313	7100
西 城 区	3281	2499	6017	2206	7238	11738
原西城区	2017	1394	3213	1198	6364	11019
原宣武区	1264	1105	2804	1008	874	719
城市功能拓展区	**132066**	**84911**	**86601**	**91445**	**176059**	**194140**
朝 阳 区	125312	78792	76688	84281	134545	140029
丰 台 区	3052	2084	3045	2360	3498	5734
石景山区	506	652	4181	2850	1450	841
海 淀 区	3196	3383	2687	1954	36566	47536
城市发展新区	**19571**	**50619**	**32164**	**56917**	**93476**	**104042**
房 山 区	1512	270	266	526	1196	1415
通 州 区	4339	5253	5069	8533	10142	8419
顺 义 区	5659	24347	9151	20880	14202	25217
昌 平 区	1123	1101	2561	3917	4514	3909
大 兴 区	4572	5457	2847	3740	4319	4878
北京经济技术开发区	2366	14191	12270	19321	59103	60204
生态涵养发展区	**8353**	**4933**	**6458**	**13201**	**11459**	**13285**
门头沟区	209	350	159	277	453	430
怀 柔 区	2808	2495	2039	6040	2046	5713
平 谷 区	696	607	1238	1866	3461	4202
密 云 县	1194	1366	3002	4498	3831	2569
延 庆 县	3446	115	20	520	1668	371

注：1.2000—2003年数据由北京市统计局收集，当时“北京市新技术产业开发区管委会”、“北京天竺出口加工区管理委员会”作为单列项，不包含在任何一个区县内，因此2000—2003年分区县之和小于全市数据。

2.“*”表示2012年大兴区实际利用外商直接投资额中包含北京经济技术开发区数据。

资料来源：北京市商务委员会。

2-14 续表

单位：万美元

2006	2007	2008	2009	2010	2011	2012
455191	**506572**	**608172**	**612094**	**636358**	**705447**	**804160**
67051	**69032**	**121959**	**139728**	**115126**	**109453**	**124282**
52734	32655	46018	69529	53592	55256	63634
43198	25789	35011	58520			
9536	6866	11007	11009			
14317	36377	75941	70199	61534	54197	60648
12259	34121	73404	67577			
2058	2256	2537	2622			
268679	**327158**	**347090**	**368687**	**395982**	**421030**	**494678**
193163	201275	215696	217761	240298	264703	320073
10029	13443	11625	10587	12758	7304	16632
703	1366	2361	11994	6583	6767	7809
64784	111074	117408	128345	136343	142256	150164
100950	**92413**	**119550**	**86012**	**107725**	**140409**	**151746**
2571	2364	572	2718	7455	4903	7998
7726	10330	13754	8088	9042	9017	10376
28086	29769	38213	39586	40014	40491	42053
6530	7837	7140	8801	8894	9092	9288
5085	5351	5837	10205	11554	13088	82031*
50952	36762	54034	16614	30766	63818	66923
18511	**17969**	**19573**	**17667**	**17525**	**34555**	**33454**
223	82	1008	1281	200	4204	4485
10788	12911	7136	7194	6575	5939	20659
3670	790	6628	4074	5363	6023	7197
2689	3750	3527	4504	4552	4455	587
1141	436	1274	614	835	13934	526

2-15 入境旅游者人数(2005-2012年)

单位：万人次

区 县	2005	2006	2007	2008	2009	2010	2011	2012
全 市	**362.9**	**390.3**	**435.5**	**379.0**	**412.5**	**490.1**	**520.4**	**500.9**
首都功能核心区	**137.1**	**153.5**	**181.6**	**153.9**	**143.0**	**157.2**	**165.9**	**164.0**
东 城 区	95.1	107.1	126.2	104.2	95.2	111.8	126.9	126.9
原东城区	84.3	89.5	111.7	96.6	88.7			
原崇文区	10.8	17.6	14.5	7.6	6.5			
西 城 区	42.0	46.4	55.4	49.7	47.8	45.3	39.0	37.1
原西城区	18.4	19.6	28.8	29.6	27.9			
原宣武区	23.6	26.8	26.6	20.1	19.9			
城市功能拓展区	**201.4**	**210.7**	**222.7**	**195.3**	**235.0**	**279.8**	**304.8**	**288.2**
朝 阳 区	153.9	160.3	165.8	147.1	171.9	214.0	229.4	215.3
丰 台 区	2.7	7.1	5.4	7.4	13.6	8.1	9.8	10.5
石景山区	0.2	0.2	0.5	1.1	3.0	4.7	8.4	11.3
海 淀 区	44.6	43.1	50.9	39.7	46.6	53.1	57.3	51.1
城市发展新区	**23.7**	**25.0**	**28.7**	**27.2**	**33.2**	**51.4**	**47.9**	**47.0**
房 山 区	0.1		…	0.1	0.04	0.04	0.05	0.07
通 州 区	2.3	3.7	4.2	3.1	1.8	4.4	3.9	2.6
顺 义 区	8.7	8.8	10.6	14.3	17.3	20.0	22.8	24.2
昌 平 区	12.0	7.8	10.0	6.6	4.5	6.8	4.7	4.6
大 兴 区	0.6	4.7	3.9	3.1	9.5	20.2	16.4	15.4
生态涵养发展区	**0.6**	**1.2**	**2.4**	**2.6**	**1.4**	**1.7**	**1.8**	**1.7**
门头沟区			…	0.1	0.01	0.03	0.11	0.05
怀 柔 区	0.2	0.1	0.2	0.3	0.2	0.1	0.2	0.2
平 谷 区	0.2	0.2	0.2	0.2	0.2	0.3	0.2	0.2
密 云 县	0.2	0.7	0.9	1.0	0.5	0.5	0.4	0.5
延 庆 县	…	0.2	1.1	1.0	0.6	0.8	0.8	0.8

2-16　城镇居民人均可支配收入(2005-2012年)

单位：元

区　县	2005	2006	2007	2008	2009	2010	2011	2012
全　市	**17653**	**19978**	**21989**	**24725**	**26738**	**29073**	**32903**	**36469**
首都功能核心区	**18035**	**20335**	**23548**	**26512**	**28750**	**31231**	**35280**	**39265**
东 城 区				26037	28274	30684	34626	38559
原东城区	18280	20665	23522	26151	28458	30814		
原崇文区	17805	20146	23281	25826	27941	30459		
西 城 区				26861	29099	31633	35740	39772
原西城区	18515	21570	25204	28059	30442	33061		
原宣武区	17024	18249	21743	25289	27320	29719		
城市功能拓展区	**17204**	**19469**	**22487**	**25517**	**28003**	**30509**	**34495**	**38342**
朝 阳 区	17506	19422	22377	25535	27608	30134	34044	37883
丰 台 区	15795	18024	20574	23006	24835	27081	30682	34200
石景山区	16183	18045	20745	23805	25736	28051	31936	35420
海 淀 区	18479	21357	25312	28418	30677	33351	37746	41841
城市发展新区	**15643**	**17010**	**18858**	**20800**	**22526**	**24352**	**27651**	**30337**
房 山 区	15175	16987	18713	20329	21955	23769	26956	30025
通 州 区	15603	17070	18887	20708	22455	24427	27713	30476
顺 义 区	16167	17654	19843	21470	23179	24825	28163	30437
昌 平 区	15684	17002	18874	20834	22556	24428	27669	29950
大 兴 区	15179	16321	17899	20707	22548	24368	27786	31004
生态涵养发展区	**15502**	**16866**	**18400**	**20537**	**22113**	**23994**	**27355**	**30354**
门头沟区	16006	17650	19466	21613	23345	25313	29172	32369
怀 柔 区	15661	16948	18628	20143	21540	23428	26647	29562
平 谷 区	15050	16419	18018	20148	21757	23606	26842	29850
密 云 县	15106	16548	17962	20135	21600	23438	26652	29551
延 庆 县	15596	16703	17955	20120	21573	23329	26080	28644

2–17 城镇居民人均消费支出(2005–2012年)

单位：元

区 县	2005	2006	2007	2008	2009	2010	2011	2012
全 市	**13244**	**14825**	**15330**	**16460**	**17893**	**19934**	**21984**	**24046**
首都功能核心区	**14068**	**15544**	**17406**	**18725**	**20577**	**22243**	**24244**	**26622**
东 城 区				18934	20434	22196	23813	25887
原东城区	14392	16163	18345	18821	20683	22436		
原崇文区	13337	15077	17707	19142	19983	21778		
西 城 区				19265	20682	22277	24547	27149
原西城区	14458	16105	18472	20528	21970	23732		
原宣武区	13841	14583	15082	17608	18977	20327		
城市功能拓展区	**12618**	**14170**	**15587**	**17132**	**18659**	**21017**	**23393**	**25462**
朝 阳 区	13257	14855	16710	18410	20330	22406	24799	26785
丰 台 区	11988	13537	14305	16095	16962	18207	20548	22869
石景山区	11636	12475	13526	15370	17081	18903	21343	20530
海 淀 区	12942	14836	16787	16801	18218	21597	24000	26570
城市发展新区	**10842**	**11488**	**12294**	**13121**	**14324**	**15915**	**17432**	**19159**
房 山 区	11648	12310	12734	12664	13886	15870	16540	19407
通 州 区	11077	11666	12431	12741	14041	16046	17779	18972
顺 义 区	10208	10853	11751	12701	13466	14257	16431	17463
昌 平 区	10849	12157	13001	14108	15690	17123	18489	19872
大 兴 区	10107	10127	11113	12872	14097	15805	17678	19852
生态涵养发展区	**10741**	**11473**	**12127**	**13051**	**14285**	**15711**	**16921**	**18978**
门头沟区	11975	13539	14118	14881	15953	17617	18578	20442
怀 柔 区	10549	11372	11888	12457	13992	15137	16258	18590
平 谷 区	10478	11279	11471	12360	13513	14895	16790	18961
密 云 县	10175	10410	11381	12766	14090	15628	15971	17743
延 庆 县	10384	10506	11084	11296	11823	13467	14756	16481

2-18 农村居民人均纯收入(2000-2012年)

单位：元

区 县	2000	2001	2002	2003	2004	2005	2006	2007	2008	2009	2010	2011	2012
全 市	**4687**	**5274**	**5880**	**6496**	**7172**	**7860**	**8620**	**9559**	**10747**	**11986**	**13262**	**14736**	**16476**
城市功能拓展区					**9538**	**10179**	**10977**	**12196**	**13812**	**15393**	**16973**	**18954**	**21175**
朝阳区	6451	7343	8259	9492	10261	11085	11941	13284	15090	16633	18331	19839	22152
丰台区	5756	6367	6954	7787	8481	8995	9570	10350	11584	13179	14544	16554	18502
海淀区	6733	7282	7945	8520	9238	9987	11002	12548	14319	16011	17661	20015	22364
城市发展新区					**6757**	**7421**	**8163**	**9085**	**10179**	**11354**	**12574**	**13852**	**15473**
房山区	4602	5047	5492	5966	6438	7205	8013	8981	10073	11315	12492	13527	15192
通州区	4903	5379	5835	6445	7092	7661	8349	9115	10213	11361	12613	14273	15936
顺义区	5110	5416	5850	6315	6785	7459	8298	9266	10402	11648	12898	14314	15960
昌平区	4853	5156	5751	6256	6752	7416	8091	9037	10121	11318	12548	13441	14971
大兴区	4462	5006	5538	6099	6724	7405	8093	9040	10103	11132	12335	13723	15329
生态涵养发展区					**6543**	**7233**	**7894**	**8678**	**9738**	**10864**	**12024**	**13182**	**14764**
门头沟区	4002	4506	5095	6015	6862	7556	8330	9198	10282	11475	12672	14031	15715
怀柔区	4129	4583	5303	5814	6534	7201	7862	8805	9871	11013	12256	12991	14585
平谷区	4029	4436	5102	5826	6553	7336	7985	8749	9790	10872	12036	13387	15067
密云县	3706	4552	5171	5886	6550	7203	7814	8489	9529	10682	11858	12924	14590
延庆县	3843	4378	5043	5658	6345	6985	7619	8311	9385	10470	11531	12761	14078

注：2011年农村居民人均纯收入数据按国家统计局方案进行了口径调整，计算2011年比上年增长速度时应注意使用同口径。

2-19　农村居民人均生活消费支出(2000-2012年)

单位：元

区 县	2000	2001	2002	2003	2004	2005	2006	2007	2008	2009	2010	2011	2012
全 市	**3441**	**3871**	**4206**	**4655**	**4886**	**5515**	**6061**	**6828**	**7656**	**9141**	**10109**	**11078**	**11879**
城市功能拓展区					**7204**	**7662**	**8414**	**9372**	**10702**	**12558**	**14150**	**15773**	**17447**
朝 阳 区	5475	5892	6343	6814	7341	8017	8828	9872	11260	13297	15224	16888	18381
丰 台 区	4933	5128	5873	6401	6402	6848	7670	8282	9385	10971	12089	13414	15340
海 淀 区	6513	5940	6671	8371	7672	8069	8615	9868	11400	13305	14891	16498	18172
城市发展新区					**4560**	**5278**	**5848**	**6468**	**7156**	**8594**	**9703**	**10249**	**10776**
房 山 区	2755	3296	3627	4090	4630	5204	5813	6155	6889	8234	8915	9814	10934
通 州 区	3209	3371	3593	3881	4216	4566	5472	5965	6766	8296	9840	10253	10623
顺 义 区	3679	3928	4421	4690	5061	5450	5832	6266	6906	8056	8639	9926	10830
昌 平 区	3841	4737	5306	5639	5366	6735	7217	7870	8667	9724	11379	11160	11932
大 兴 区	2847	3823	3668	3864	3822	4426	4846	6086	6541	8671	9806	10230	9703
生态涵养发展区					**4175**	**4610**	**4991**	**5840**	**6561**	**7886**	**8251**	**9119**	**9722**
门头沟区	3508	4092	4468	4720	5124	5532	6120	6888	7444	8312	8632	9598	9750
怀 柔 区	2588	2905	3172	3922	4138	4502	4795	5872	6960	8939	9106	9483	9046
平 谷 区	2561	2686	3026	3394	3736	4231	4604	5927	6329	7626	8348	9555	10708
密 云 县	2602	3123	3262	3842	4181	4716	5169	5926	7008	8831	8860	8970	9962
延 庆 县	2463	3000	3158	3628	4088	4383	4669	5003	5536	6239	6754	8135	9017

2-20　小学在校学生数(2000-2012年)

单位：万人

区　县	2000	2001	2002	2003	2004	2005	2006	2007	2008	2009	2010	2011	2012
全　市	**74.31**	**66.44**	**59.42**	**54.65**	**51.60**	**49.45**	**47.33**	**66.66**	**65.95**	**64.71**	**65.33**	**68.05**	**71.87**
首都功能核心区	**11.79**	**10.47**	**9.43**	**8.89**	**8.50**	**8.12**	**7.81**	**9.58**	**9.53**	**9.47**	**9.56**	**9.97**	**10.24**
东 城 区	5.61	5.00	4.55	4.30	4.16	3.99	3.88	4.63	4.63	4.57	4.57	4.65	4.67
原东城区	3.47	3.14	2.92	2.80	2.74	2.68	2.65	3.12	3.15	3.13			
原崇文区	2.14	1.85	1.63	1.50	1.42	1.31	1.22	1.51	1.48	1.44			
西 城 区	6.18	5.47	4.88	4.59	4.33	4.13	3.93	4.94	4.89	4.91	4.99	5.32	5.56
原西城区	3.68	3.33	3.01	2.89	2.76	2.63	2.56	3.15	3.14	3.15			
原宣武区	2.50	2.15	1.87	1.70	1.57	1.50	1.37	1.79	1.75	1.75			
城市功能拓展区	**23.32**	**21.57**	**20.07**	**19.03**	**18.18**	**17.64**	**17.20**	**28.36**	**28.69**	**28.58**	**28.99**	**30.63**	**31.74**
朝 阳 区	7.15	6.44	5.79	5.20	4.90	4.78	4.58	8.28	8.22	8.17	8.41	9.10	9.85
丰 台 区	4.96	4.55	4.18	3.97	3.67	3.28	2.93	6.34	6.42	6.44	6.43	6.64	6.59
石景山区	1.77	1.64	1.50	1.44	1.39	1.33	1.28	1.94	2.06	2.09	2.07	2.10	2.14
海 淀 区	9.43	8.93	8.60	8.42	8.22	8.25	8.40	11.80	11.99	11.89	12.08	12.78	13.15
城市发展新区	**25.35**	**21.78**	**18.58**	**16.37**	**15.21**	**14.50**	**13.74**	**19.54**	**19.19**	**18.78**	**19.22**	**20.01**	**22.51**
房 山 区	6.67	5.65	4.85	4.34	3.99	3.80	3.56	4.09	3.96	3.74	3.71	3.81	4.20
通 州 区	5.40	4.73	3.99	3.38	3.07	2.87	2.69	4.51	4.46	4.58	4.79	5.08	5.42
顺 义 区	5.48	4.51	3.58	2.95	2.68	2.50	2.38	3.37	3.21	3.05	3.21	3.40	3.59
昌 平 区	2.66	2.44	2.30	2.27	2.23	2.22	2.15	3.40	3.44	3.37	3.50	3.65	5.07
大 兴 区	5.14	4.44	3.86	3.44	3.24	3.11	2.96	4.16	4.12	4.04	4.01	4.07	4.24
生态涵养发展区	**13.85**	**12.62**	**11.34**	**10.36**	**9.72**	**9.19**	**8.58**	**9.19**	**8.54**	**7.88**	**7.55**	**7.44**	**7.38**
门头沟区	1.45	1.33	1.25	1.21	1.13	1.07	1.02	1.41	1.33	1.24	1.19	1.15	1.11
怀 柔 区	2.23	2.17	2.05	1.92	1.75	1.65	1.51	1.71	1.62	1.52	1.48	1.51	1.55
平 谷 区	4.07	3.57	3.18	2.76	2.58	2.39	2.19	2.03	1.85	1.67	1.59	1.56	1.55
密 云 县	3.55	3.27	2.95	2.70	2.56	2.46	2.31	2.40	2.22	2.04	1.97	1.96	1.97
延 庆 县	2.56	2.28	1.91	1.78	1.69	1.61	1.55	1.63	1.52	1.40	1.32	1.26	1.19

注：从2007年开始，普通中学、小学、工读学校、特殊教育、学前教育在校学生数包括外省市户口借读学生。

资料来源：北京市教育委员会。

2-21　普通中学在校学生数(2000-2012年)

单位：万人

区　县	2000	2001	2002	2003	2004	2005	2006	2007	2008	2009	2010	2011	2012
全　市	**69.14**	**72.01**	**73.07**	**70.44**	**66.13**	**59.99**	**54.77**	**57.68**	**54.43**	**52.24**	**50.83**	**49.73**	**49.90**
首都功能核心区	**15.31**	**15.31**	**15.35**	**14.57**	**13.84**	**12.89**	**11.96**	**11.76**	**10.80**	**10.30**	**9.92**	**9.72**	**9.59**
东 城 区	7.27	7.09	7.19	6.74	6.35	5.97	5.59	5.50	4.99	4.75	4.56	4.39	4.31
原东城区	4.65	4.61	4.70	4.48	4.29	4.02	3.77	3.63	3.31	3.15			
原崇文区	2.63	2.47	2.49	2.26	2.06	1.95	1.82	1.87	1.68	1.60			
西 城 区	8.03	8.22	8.16	7.83	7.48	6.92	6.37	6.26	5.81	5.54	5.36	5.33	5.28
原西城区	4.98	5.17	5.16	5.00	4.81	4.49	4.18	4.15	3.91	3.79			
原宣武区	3.05	3.06	3.00	2.83	2.67	2.43	2.19	2.11	1.90	1.76			
城市功能拓展区	**20.90**	**21.72**	**21.59**	**20.85**	**20.07**	**19.06**	**18.02**	**20.62**	**19.91**	**19.64**	**19.50**	**19.63**	**20.17**
朝 阳 区	6.39	6.55	6.47	6.06	5.66	5.29	4.86	5.66	5.26	5.05	5.00	5.19	5.49
丰 台 区	3.92	4.02	3.90	3.63	3.36	3.11	2.77	3.36	3.26	3.18	3.09	2.95	2.86
石景山区	1.71	1.74	1.66	1.56	1.48	1.42	1.35	1.52	1.48	1.47	1.46	1.44	1.47
海 淀 区	8.88	9.41	9.57	9.59	9.56	9.24	9.03	10.08	9.91	9.93	9.95	10.06	10.35
城市发展新区	**21.23**	**22.92**	**23.83**	**23.01**	**20.92**	**18.04**	**15.91**	**16.60**	**15.56**	**14.71**	**14.29**	**13.72**	**13.88**
房 山 区	5.53	6.14	6.35	5.97	5.27	4.52	3.94	3.75	3.44	3.26	3.14	2.96	2.89
通 州 区	3.90	4.31	4.77	4.90	4.61	4.06	3.58	3.74	3.50	3.20	3.06	2.94	2.88
顺 义 区	5.02	5.15	5.71	5.51	4.90	4.05	3.46	3.57	3.34	3.13	3.04	2.94	2.91
昌 平 区	2.66	2.68	2.62	2.40	2.18	1.98	1.87	2.30	2.24	2.18	2.19	2.20	2.46
大 兴 区	4.13	4.34	4.37	4.24	3.95	3.42	3.06	3.24	3.05	2.93	2.87	2.67	2.75
生态涵养发展区	**11.69**	**12.07**	**12.30**	**12.01**	**11.31**	**9.99**	**8.89**	**8.70**	**8.16**	**7.59**	**7.12**	**6.66**	**6.26**
门头沟区	1.43	1.38	1.29	1.14	1.09	1.01	0.94	0.99	0.94	0.88	0.82	0.76	0.73
怀 柔 区	1.88	1.87	1.90	1.83	1.77	1.63	1.53	1.59	1.52	1.47	1.38	1.30	1.22
平 谷 区	3.67	3.86	3.89	3.82	3.58	3.14	2.63	2.34	2.09	1.85	1.70	1.53	1.40
密 云 县	2.67	2.82	2.92	2.93	2.76	2.40	2.16	2.22	2.20	2.07	1.95	1.84	1.72
延 庆 县	2.04	2.14	2.29	2.29	2.12	1.81	1.63	1.56	1.41	1.33	1.27	1.23	1.19

注：普通中学范围为普通高中和普通初中。

资料来源：北京市教育委员会。

2-22 幼儿园在园幼儿数(2002-2012年)

单位：人

区 县	2002	2003	2004	2005	2006	2007	2008	2009	2010	2011	2012
全 市	**213794**	**199390**	**205532**	**202301**	**197546**	**214423**	**226681**	**247778**	**276994**	**311417**	**331524**
首都功能核心区	**29523**	**26311**	**23911**	**24547**	**20124**	**23410**	**22751**	**24812**	**27051**	**28003**	**28583**
东 城 区	14022	12539	12637	11908	9344	10364	9948	11124	11877	12355	12061
原东城区	8131	7382	7265	6641	5439	5680	5626	6403			
原崇文区	5891	5157	5372	5267	3905	4684	4322	4721			
西 城 区	15501	13772	11274	12639	10780	13046	12803	13688	15174	15648	16522
原西城区	10525	9270	6935	8382	6831	7765	7456	8175			
原宣武区	4976	4502	4339	4257	3949	5281	5347	5513			
城市功能拓展区	**105776**	**99680**	**102850**	**99967**	**102095**	**105094**	**111165**	**120954**	**136649**	**154756**	**163886**
朝 阳 区	32613	32185	34017	33662	32252	35329	37709	41365	48324	53915	56171
丰 台 区	26051	20381	21198	19481	19702	24699	25341	27388	31410	37040	40252
石景山区	9163	8603	7064	6703	6144	6504	8194	9040	9879	11232	12393
海 淀 区	37949	38511	40571	40121	43997	38562	39921	43161	47036	52569	55070
城市发展新区	**46935**	**44491**	**49722**	**49554**	**48041**	**58513**	**64674**	**71619**	**80139**	**90881**	**99203**
房 山 区	12826	12114	13567	14136	13460	15459	17013	18407	22466	24794	25953
通 州 区	8525	7937	9551	8951	8629	10900	11701	13259	13514	14692	16505
顺 义 区	8629	7634	8312	8112	7497	6924	9181	10043	12545	14247	15199
昌 平 区	9238	8813	9792	10076	9346	13851	14140	15929	16069	17285	19885
大 兴 区	7717	7993	8500	8279	9109	11379	12639	13981	15545	19863	21661
生态涵养发展区	**31560**	**28908**	**29049**	**28233**	**27286**	**27406**	**28091**	**30393**	**33155**	**37777**	**39852**
门头沟区	4274	4119	4205	4285	4259	4492	4754	5097	5229	5066	5470
怀 柔 区	5034	4880	4630	4874	4461	4591	4914	5749	6190	9272	9534
平 谷 区	8618	7028	6964	6451	6129	5411	4966	5229	6448	7149	7760
密 云 县	7784	7540	7285	6564	6783	7711	8223	8881	9473	10065	10433
延 庆 县	5850	5341	5965	6059	5654	5201	5234	5437	5815	6225	6655

资料来源：北京市教育委员会。

2-23 卫生机构数(2002-2012年)

单位：个

区 县	2002	2003	2004	2005	2006	2007	2008	2009	2010	2011	2012
全 市	**4998**	**5075**	**4835**	**4818**	**4878**	**6189**	**6523**	**6603**	**6539**	**9699**	**9974**
首都功能核心区	**1223**	**1244**	**1123**	**1102**	**1017**	**1087**	**1053**	**1065**	**1073**	**1163**	**1144**
东 城 区	559	565	496	458	461	470	460	468	484	547	537
原东城区	383	372	365	327	338	335	318	324			
原崇文区	176	193	131	131	123	135	142	144			
西 城 区	664	679	627	644	556	617	593	597	589	616	607
原西城区	445	443	444	432	375	392	368	369			
原宣武区	219	236	183	212	181	225	225	228			
城市功能拓展区	**2144**	**2195**	**2184**	**2065**	**2153**	**2564**	**2718**	**2804**	**2773**	**2863**	**2938**
朝 阳 区	851	866	883	798	842	1052	1247	1234	1185	1201	1239
丰 台 区	455	409	366	248	278	434	452	467	482	502	516
石景山区	200	210	204	203	187	177	158	176	192	196	197
海 淀 区	638	710	731	816	846	901	861	927	914	964	986
城市发展新区	**1093**	**1103**	**1015**	**1109**	**1154**	**1875**	**2040**	**2046**	**2001**	**3661**	**3777**
房 山 区	307	308	201	227	220	434	494	516	472	1006	1009
通 州 区	150	154	164	205	235	210	239	243	257	593	604
顺 义 区	121	124	144	165	170	209	229	233	275	502	606
昌 平 区	312	305	287	284	299	574	569	570	517	849	843
大 兴 区	203	212	219	228	230	448	509	484	480	711	715
生态涵养发展区	**538**	**533**	**513**	**542**	**554**	**663**	**712**	**688**	**692**	**2012**	**2100**
门头沟区	151	150	122	117	118	119	122	126	110	255	261
怀 柔 区	151	150	123	146	142	192	192	159	175	453	479
平 谷 区	86	70	82	68	71	68	104	109	113	309	431
密 云 县	59	72	87	106	119	185	195	208	208	672	662
延 庆 县	91	91	99	105	104	99	99	86	86	323	267

注：1. 2011年开始，卫生机构中包含村卫生室。

2. 2012年的全市卫生机构数中包含驻京部队医院，分区县数据中不包含驻京部队医院，所以区县相加不等于全市。

资料来源：北京市卫生局。

2-24 卫生机构床位数(2005-2012年)

单位：张

区 县	2005	2006	2007	2008	2009	2010	2011	2012
全 市	**79067**	**81440**	**83736**	**86196**	**90100**	**92871**	**94735**	**100167**
首都功能核心区	**23074**	**22927**	**22887**	**22864**	**22956**	**23925**	**23853**	**24591**
东 城 区	10904	10766	10322	9999	9735	10106	10022	10440
原东城区	8838	8709	8347	8027	7866			
原崇文区	2066	2057	1975	1972	1869			
西 城 区	12170	12161	12565	12865	13221	13819	13831	14151
原西城区	7838	7870	8300	8608	8872			
原宣武区	4332	4291	4265	4257	4349			
城市功能拓展区	**30743**	**31807**	**32027**	**33021**	**36366**	**36946**	**37563**	**39719**
朝 阳 区	12064	13037	12978	13821	14948	15709	16107	17493
丰 台 区	6158	6194	6555	6518	7830	7876	7999	8275
石景山区	2897	2869	2951	3196	3239	3529	3515	3647
海 淀 区	9624	9707	9543	9486	10349	9832	9942	10304
城市发展新区	**18102**	**19181**	**21408**	**22421**	**22686**	**23725**	**24672**	**26959**
房 山 区	4569	4478	5097	5365	5587	6077	6152	6034
通 州 区	2351	2449	2503	2538	2527	2608	2593	3170
顺 义 区	2259	2313	3196	3120	3144	3149	3252	3202
昌 平 区	5885	6569	6859	7209	7147	7457	7982	9085
大 兴 区	3038	3372	3753	4189	4281	4434	4693	5468
生态涵养发展区	**7148**	**7525**	**7414**	**7890**	**8092**	**8275**	**8647**	**8898**
门头沟区	2381	2446	2376	2513	2534	2651	2653	2705
怀 柔 区	1284	1447	1339	1441	1401	1377	1534	1584
平 谷 区	1229	1339	1681	1863	1907	1900	1972	2043
密 云 县	1182	1211	1022	1055	1207	1270	1440	1535
延 庆 县	1072	1082	996	1018	1043	1077	1048	1031

资料来源：北京市卫生局。

2013
北京区域统计年鉴

第三篇

BEIJING AREA
STATISTICAL YEARBOOK

北京区县概览

BEIJING QUXIAN GAILAN

简要说明

一、本章资料的主要内容

本章分区县数据主要涉及国民经济核算、财政、税收、金融、进出口、利用外资、产业（农业、工业、建筑业、旅游、文化创意等）、投资、消费、房地产、人口、资源、环境、科技、教育、文化、卫生、体育、法律、社会保险、社会保障、就业、城乡居民收入支出、城市公用事业、城市安全等多个领域的主要情况，重点反映主要指标的总量和增速。

二、本章资料的数据来源

一是来源于北京市统计局、国家统计局北京调查总队，由其直接调查、获取生成的数据，主要包括国民经济核算、产业、投资、消费、房地产、常住人口、能源消费、城乡居民收入支出等指标。

二是来源于政府相关委办局，由其通过相关调查或行政记录等方式获取生成的数据，主要包括户籍人口、土地、财政、税收、金融、进出口、利用外资、教育、文化、卫生、体育、城市公用事业、环境、专利、社会保险、社会保障、城市安全、资源、环境等方面指标，分别由市公安局、市国土资源局、市财政局、市地税局、中国人民银行营管部、北京海关、市商务委、市教委、市文化局、市文物局、市档案局、市卫生局、市体育局、市交通委、市人力社会保障局、市水务局、市市政市容委、市环保局、市园林绿化局、市安监局、市知识产权局、市技术市场办公室和市司法局等部门提供。具体来源见每张表下的注解。

3-1 土地利用状况(2008年)

单位：平方公里

区 县	土地面积	农用地	#耕地	建设用地	未利用地
全 市	**16410.54**	**10959.81**	**2316.88**	**3377.15**	**2073.58**
首都功能核心区					
东 城 区	25.34			25.34	
西 城 区	31.62			31.62	
崇 文 区	16.52			16.52	
宣 武 区	18.91			18.91	
城市功能拓展区					
朝 阳 区	455.08	137.25	47.26	308.93	8.89
丰 台 区	305.80	78.75	31.61	203.26	23.80
石景山区	84.32	31.79	2.14	49.44	3.10
海 淀 区	430.73	194.89	26.90	229.24	6.60
城市发展新区					
房 山 区	1989.54	1159.06	282.78	350.55	479.94
通 州 区	906.28	561.87	350.35	309.02	35.39
顺 义 区	1019.89	603.97	310.31	328.24	87.69
昌 平 区	1343.54	921.67	117.76	365.20	56.68
大 兴 区	1036.32	667.75	381.17	311.94	56.63
生态涵养发展区					
门头沟区	1450.70	1091.28	18.17	95.35	264.07
怀 柔 区	2122.62	1568.02	97.51	133.37	421.23
平 谷 区	950.13	713.84	123.67	126.98	109.31
密 云 县	2229.45	1540.66	229.33	329.52	359.27
延 庆 县	1993.75	1689.03	297.92	143.73	160.99

注：由于全国第二次土地调查结果尚未正式发布，本表中土地利用状况数据截止到2008年。

资料来源：北京市国土资源局。

3-2 行政区划(2012年)

单位：个

区 县	街道办事处	建制镇	建制乡	社区居委会	村民委员会
全 市	**143**	**144**	**38**	**2816**	**3940**
首都功能核心区	**32**			**442**	
东 城 区	17			187	
西 城 区	15			255	
城市功能拓展区	**70**	**9**	**22**	**1393**	**303**
朝 阳 区	23		19	390	154
丰 台 区	16	2	3	297	65
石景山区	9			142	
海 淀 区	22	7		564	84
城市发展新区	**28**	**72**	**7**	**672**	**2192**
房 山 区	8	14	6	123	461
通 州 区	4	10	1	110	475
顺 义 区	6	19		91	426
昌 平 区	5	15		189	303
大 兴 区	5	14		159	527
生态涵养发展区	**13**	**63**	**9**	**309**	**1445**
门头沟区	4	9		113	178
怀 柔 区	2	12	2	32	284
平 谷 区	2	14	2	29	273
密 云 县	2	17	1	89	334
延 庆 县	3	11	4	46	376

资料来源：北京市民政局。

3-3 法人单位数(2012年)

单位：个

区 县	法人单位数合计	单产业法人	多产业法人	#企业法人
全 市	**406810**	**388883**	**17927**	**375904**
首都功能核心区	**61271**	**57195**	**4076**	**54344**
东 城 区	27601	25910	1691	24511
西 城 区	33670	31285	2385	29833
城市功能拓展区	**235497**	**226214**	**9283**	**225736**
朝 阳 区	86868	82855	4013	83421
丰 台 区	40661	39589	1072	38903
石景山区	15184	14620	564	14338
海 淀 区	92784	89150	3634	89074
城市发展新区	**83429**	**80301**	**3128**	**74949**
房 山 区	13438	12888	550	11558
通 州 区	17459	16978	481	16271
顺 义 区	12666	12137	529	11020
昌 平 区	16197	15498	699	14391
大 兴 区	20753	20060	693	18843
北京经济技术开发区	2916	2740	176	2866
生态涵养发展区	**26613**	**25173**	**1440**	**20875**
门头沟区	5865	5471	394	4735
怀 柔 区	6136	5840	296	4873
平 谷 区	5424	5213	211	4216
密 云 县	6434	6093	341	5205
延 庆 县	2754	2556	198	1846

注：本表以2013年5月31日名录库时点数据为准。

3-4 户籍人口数

单位：万人

区 县	2012	男	女	2011
全 市	**1297.5**	**651.7**	**645.8**	**1277.9**
首都功能核心区	**235.3**	**117.0**	**118.2**	**232.5**
东 城 区	96.8	47.9	48.9	96.1
西 城 区	138.5	69.1	69.4	136.4
城市功能拓展区	**574.9**	**290.4**	**284.5**	**563.3**
朝 阳 区	197.4	99.1	98.3	193.2
丰 台 区	109.7	55.7	54.0	108.1
石景山区	37.1	19.2	17.9	36.6
海 淀 区	230.7	116.4	114.3	225.5
城市发展新区	**323.9**	**161.8**	**162.1**	**319.2**
房 山 区	78.0	39.1	38.8	77.4
通 州 区	68.3	33.9	34.4	67.3
顺 义 区	59.4	29.4	30.0	58.8
昌 平 区	56.1	28.3	27.8	54.8
大 兴 区	62.2	31.1	31.1	61.0
生态涵养发展区	**163.4**	**82.4**	**81.0**	**162.9**
门头沟区	24.8	12.7	12.1	24.7
怀 柔 区	27.8	14.0	13.9	27.7
平 谷 区	39.8	20.0	19.7	39.6
密 云 县	43.0	21.5	21.5	42.9
延 庆 县	28.0	14.1	13.8	27.9

注：户籍人口是指公民依照《中华人民共和国户口登记条例》已在其经常居住地的公安户籍管理机关登记了常住户口的人。
资料来源：北京市公安局。

3-5 户籍人口户数

单位：万户

区 县	2012	2011
全 市	**509.2**	**503.1**
首都功能核心区	**81.7**	**81.3**
东 城 区	34.5	34.4
西 城 区	47.2	46.9
城市功能拓展区	**205.4**	**202.1**
朝 阳 区	76.5	75.1
丰 台 区	45.4	44.8
石景山区	14.0	13.8
海 淀 区	69.5	68.3
城市发展新区	**145.8**	**143.8**
房 山 区	36.1	35.7
通 州 区	33.2	32.8
顺 义 区	26.5	26.3
昌 平 区	24.7	24.1
大 兴 区	25.3	24.9
生态涵养发展区	**76.3**	**75.9**
门头沟区	11.9	11.8
怀 柔 区	13.4	13.3
平 谷 区	16.8	16.8
密 云 县	20.5	20.4
延 庆 县	13.8	13.6

资料来源：北京市公安局。

3-6 暂住人口数

单位：万人

区　县	2012	2011
全　市	**784.2**	**825.8**
首都功能核心区	**42.8**	**32.9**
东 城 区	21.1	18.1
西 城 区	21.7	14.8
城市功能拓展区	**428.3**	**508.5**
朝 阳 区	174.0	204.1
丰 台 区	108.4	115.0
石景山区	14.6	16.4
海 淀 区	131.3	173.0
城市发展新区	**280.8**	**252.9**
房 山 区	20.8	14.6
通 州 区	67.7	57.2
顺 义 区	25.4	24.1
昌 平 区	91.6	78.3
大 兴 区	75.4	78.7
生态涵养发展区	**32.3**	**31.4**
门头沟区	6.7	7.8
怀 柔 区	11.0	9.9
平 谷 区	5.2	6.4
密 云 县	6.4	4.3
延 庆 县	3.0	3.0

注：暂住人口指公安机关掌握的本市行政区域内，无本市常住户口，来自外省（市），在京暂住三日以上，并向公安机关申报暂住登记以及领取暂住证的人员。

资料来源：北京市公安局。

3-7 户籍人口机械变动情况

单位：人

区 县	市外迁入人数		迁往市外人数		机械增加人数	
	2012	2011	2012	2011	2012	2011
全 市	**190510**	**211447**	**83438**	**82134**	**107072**	**129313**
首都功能核心区	**20627**	**21469**	**4498**	**4799**	**16129**	**16670**
东城区	5667	6471	915	830	4752	5641
西城区	14960	14998	3583	3969	11377	11029
城市功能拓展区	**140157**	**155811**	**69311**	**67498**	**70846**	**88313**
朝阳区	31873	34886	13410	13346	18463	21540
丰台区	9424	9997	2136	2046	7288	7951
石景山区	3779	3681	981	993	2798	2688
海淀区	95081	107247	52784	51113	42297	56134
城市发展新区	**24531**	**28649**	**8849**	**8977**	**15682**	**19672**
房山区	3074	3201	241	348	2833	2853
通州区	3454	3261	661	635	2793	2626
顺义区	2497	2821	768	707	1729	2114
昌平区	10419	13879	5746	5904	4673	7975
大兴区	5087	5487	1433	1383	3654	4104
生态涵养发展区	**5195**	**5518**	**780**	**860**	**4415**	**4658**
门头沟区	1049	870	87	69	962	801
怀柔区	973	1046	151	171	822	875
平谷区	954	1083	189	225	765	858
密云县	1206	1404	218	231	988	1173
延庆县	1013	1115	135	164	878	951

资料来源：北京市公安局。

3-8 户籍人口自然变动情况

单位：人

区 县	出生人数		死亡人数		自然增加人数	
	2012	2011	2012	2011	2012	2011
全 市	**145067**	**124837**	**56867**	**53309**	**88200**	**71528**
首都功能核心区	**24702**	**20690**	**8806**	**8396**	**15896**	**12294**
东 城 区	9838	8359	3685	3406	6153	4953
西 城 区	14864	12331	5121	4990	9743	7341
城市功能拓展区	**62941**	**54403**	**18919**	**17696**	**44022**	**36707**
朝 阳 区	23581	20490	7324	6646	16257	13844
丰 台 区	11691	10122	4732	4397	6959	5725
石景山区	3882	3268	1460	1397	2422	1871
海 淀 区	23787	20523	5403	5256	18384	15267
城市发展新区	**41059**	**35438**	**18317**	**17147**	**22742**	**18291**
房 山 区	8623	7468	4653	4261	3970	3207
通 州 区	8370	7310	4099	3983	4271	3327
顺 义 区	7514	6292	3750	3482	3764	2810
昌 平 区	7856	6804	2796	2615	5060	4189
大 兴 区	8696	7564	3019	2806	5677	4758
生态涵养发展区	**16365**	**14306**	**10825**	**10070**	**5540**	**4236**
门头沟区	2358	2050	1760	1473	598	577
怀 柔 区	3160	2753	2019	1739	1141	1014
平 谷 区	4100	3528	2504	2281	1596	1247
密 云 县	4223	3672	2742	2617	1481	1055
延 庆 县	2524	2303	1800	1960	724	343

资料来源：北京市公安局。

3-9 常住人口及常住外来人口

单位：万人

区 县	常住人口		#常住外来人口	
	2012	2011	2012	2011
全 市	**2069.3**	**2018.6**	**773.8**	**742.2**
首都功能核心区	**219.5**	**215.0**	**54.5**	**53.4**
东 城 区	90.8	91.0	21.2	21.4
西 城 区	128.7	124.0	33.3	32.0
城市功能拓展区	**1008.2**	**986.4**	**413.0**	**400.0**
朝 阳 区	374.5	365.8	169.5	160.9
丰 台 区	221.4	217.0	83.7	84.3
石景山区	63.9	63.4	21.4	21.3
海 淀 区	348.4	340.2	138.4	133.5
城市发展新区	**653.0**	**629.9**	**275.1**	**257.7**
房 山 区	98.6	96.7	22.8	21.4
通 州 区	129.1	125.0	50.7	47.7
顺 义 区	95.3	91.5	34.5	31.3
昌 平 区	183.0	173.8	95.7	89.6
大 兴 区	147.0	142.9	71.4	67.7
生态涵养发展区	**188.6**	**187.3**	**31.2**	**31.1**
门头沟区	29.8	29.4	4.9	4.8
怀 柔 区	37.7	37.1	10.3	10.2
平 谷 区	42.0	41.8	5.2	5.1
密 云 县	47.4	47.1	7.1	7.0
延 庆 县	31.7	31.9	3.7	4.0

注：表内数据根据人口抽样调查数据推算，为年末数。

3-10 常住人口(按城乡分)

单位：万人

区 县	常住人口		城镇人口		乡村人口	
	2012	2011	2012	2011	2012	2011
全 市	**2069.3**	**2018.6**	**1783.7**	**1740.7**	**285.6**	**277.9**
首都功能核心区	**219.5**	**215.0**	**219.5**	**215.0**		
东 城 区	90.8	91.0	90.8	91.0		
西 城 区	128.7	124.0	128.7	124.0		
城市功能拓展区	**1008.2**	**986.4**	**999.2**	**977.0**	**9.0**	**9.4**
朝 阳 区	374.5	365.8	373.8	364.6	0.7	1.2
丰 台 区	221.4	217.0	220.1	215.7	1.3	1.3
石景山区	63.9	63.4	63.9	63.4		
海 淀 区	348.4	340.2	341.4	333.3	7.0	6.9
城市发展新区	**653.0**	**629.9**	**449.0**	**434.0**	**204.0**	**195.9**
房 山 区	98.6	96.7	67.2	65.8	31.4	30.9
通 州 区	129.1	125.0	81.6	78.4	47.5	46.6
顺 义 区	95.3	91.5	52.0	49.9	43.3	41.6
昌 平 区	183.0	173.8	146.6	138.9	36.4	34.9
大 兴 区	147.0	142.9	101.6	101.0	45.4	41.9
生态涵养发展区	**188.6**	**187.3**	**116.0**	**114.7**	**72.6**	**72.6**
门头沟区	29.8	29.4	25.5	25.1	4.3	4.3
怀 柔 区	37.7	37.1	25.8	25.3	11.9	11.8
平 谷 区	42.0	41.8	22.8	22.6	19.2	19.2
密 云 县	47.4	47.1	26.2	26.0	21.2	21.1
延 庆 县	31.7	31.9	15.7	15.7	16.0	16.2

注：表内数据根据人口抽样调查数据推算，为年末数。

3-11 常住人口(按性别分)

单位：万人

区 县	常住人口		男		女	
	2012	2011	2012	2011	2012	2011
全 市	**2069.3**	**2018.6**	**1068.1**	**1040.7**	**1001.2**	**977.9**
首都功能核心区	**219.5**	**215.0**	**108.7**	**106.1**	**110.8**	**108.9**
东 城 区	90.8	91.0	44.5	44.4	46.3	46.6
西 城 区	128.7	124.0	64.2	61.7	64.5	62.3
城市功能拓展区	**1008.2**	**986.4**	**518.8**	**507.0**	**489.4**	**479.4**
朝 阳 区	374.5	365.8	193.1	188.3	181.4	177.5
丰 台 区	221.4	217.0	112.6	110.4	108.8	106.6
石景山区	63.9	63.4	32.7	32.5	31.2	30.9
海 淀 区	348.4	340.2	180.4	175.8	168.0	164.4
城市发展新区	**653.0**	**629.9**	**343.6**	**331.6**	**309.4**	**298.3**
房 山 区	98.6	96.7	50.5	49.5	48.1	47.2
通 州 区	129.1	125.0	66.7	64.7	62.4	60.3
顺 义 区	95.3	91.5	50.0	48.3	45.3	43.2
昌 平 区	183.0	173.8	97.0	92.1	86.0	81.7
大 兴 区	147.0	142.9	79.4	77.0	67.6	65.9
生态涵养发展区	**188.6**	**187.3**	**97.0**	**96.0**	**91.6**	**91.3**
门头沟区	29.8	29.4	15.2	14.9	14.6	14.5
怀 柔 区	37.7	37.1	20.1	19.6	17.6	17.5
平 谷 区	42.0	41.8	21.4	21.3	20.6	20.5
密 云 县	47.4	47.1	24.1	23.9	23.3	23.2
延 庆 县	31.7	31.9	16.2	16.3	15.5	15.6

注：表内数据根据人口抽样调查数据推算，为年末数。

3-12 常住人口(按年龄分)

单位：万人

区 县	常住人口		0—14岁		15—64岁		65岁及以上	
	2012	2011	2012	2011	2012	2011	2012	2011
全 市	**2069.3**	**2018.6**	**194.5**	**183.7**	**1684.4**	**1653.2**	**190.4**	**181.7**
首都功能核心区	**219.5**	**215.0**	**18.5**	**18.5**	**171.1**	**167.2**	**29.9**	**29.3**
东城区	90.8	91.0	7.4	7.8	71.7	71.3	11.7	11.9
西城区	128.7	124.0	11.1	10.7	99.4	95.9	18.2	17.4
城市功能拓展区	**1008.2**	**986.4**	**92.7**	**83.7**	**825.9**	**815.8**	**89.6**	**86.9**
朝阳区	374.5	365.8	34.5	30.0	306.0	304.2	34.0	31.6
丰台区	221.4	217.0	21.6	20.6	176.7	176.6	23.1	19.8
石景山区	63.9	63.4	5.8	5.7	51.7	51.5	6.4	6.2
海淀区	348.4	340.2	30.8	27.4	291.5	283.5	26.1	29.3
城市发展新区	**653.0**	**629.9**	**62.6**	**60.8**	**539.2**	**523.3**	**51.2**	**45.8**
房山区	98.6	96.7	10.7	10.1	78.7	77.9	9.2	8.7
通州区	129.1	125.0	11.7	11.3	106.5	103.7	10.9	10.0
顺义区	95.3	91.5	8.6	8.1	79.5	76.4	7.2	7.0
昌平区	183.0	173.8	16.5	16.1	152.8	146.8	13.7	10.9
大兴区	147.0	142.9	15.1	15.2	121.7	118.5	10.2	9.2
生态涵养发展区	**188.6**	**187.3**	**20.7**	**20.7**	**148.2**	**146.9**	**19.7**	**19.7**
门头沟区	29.8	29.4	3.3	3.2	23.1	22.9	3.4	3.3
怀柔区	37.7	37.1	4.3	4.3	29.8	28.9	3.6	3.9
平谷区	42.0	41.8	4.3	4.2	33.4	33.1	4.3	4.5
密云县	47.4	47.1	5.2	5.2	37.1	36.9	5.1	5.0
延庆县	31.7	31.9	3.6	3.8	24.8	25.1	3.3	3.0

注：表内数据根据人口抽样调查数据推算，为年末数。

3-13 常住人口密度(2012年)

区　县	常住人口 (万人)	土地面积 (平方公里)	常住人口密度 (人/平方公里)
全　市	**2069.3**	**16410.54**	**1261**
首都功能核心区	**219.5**	**92.39**	**23758**
东 城 区	90.8	41.86	21691
西 城 区	128.7	50.53	25470
城市功能拓展区	**1008.2**	**1275.93**	**7902**
朝 阳 区	374.5	455.08	8229
丰 台 区	221.4	305.80	7240
石景山区	63.9	84.32	7578
海 淀 区	348.4	430.73	8089
城市发展新区	**653.0**	**6295.57**	**1037**
房 山 区	98.6	1989.54	496
通 州 区	129.1	906.28	1425
顺 义 区	95.3	1019.89	934
昌 平 区	183.0	1343.54	1362
大 兴 区	147.0	1036.32	1418
生态涵养发展区	**188.6**	**8746.65**	**216**
门头沟区	29.8	1450.70	205
怀 柔 区	37.7	2122.62	178
平 谷 区	42.0	950.13	442
密 云 县	47.4	2229.45	213
延 庆 县	31.7	1993.75	159

注：1.表内人口数据根据人口抽样调查数据推算，为年末数。

2.土地面积使用的是2008年数据，资料来源于北京市国土资源局。

3-14 城镇单位从业人员年末人数、工资总额

区 县	从业人员年末人数(人)			从业人员工资总额(万元)		
	2012	2011	增长速度(%)	2012	2011	增长速度(%)
全 市	**7173717**	**6859018**	**4.6**	**60124488**	**50996624**	**17.9**
首都功能核心区	**1547274**	**1476005**	**4.8**	**16305758**	**14041357**	**16.1**
东 城 区	614751	583026	5.4	5747896	4942880	16.3
西 城 区	932523	892979	4.4	10557862	9098477	16.0
城市功能拓展区	**3656354**	**3489926**	**4.8**	**31589685**	**26551215**	**19.0**
朝 阳 区	1302413	1188782	9.6	12402143	10193444	21.7
丰 台 区	644883	671736	-4.0	3658790	3410897	7.3
石景山区	188964	184998	2.1	1196119	1070107	11.8
海 淀 区	1520094	1444410	5.2	14332633	11876767	20.7
城市发展新区	**1544866**	**1477156**	**4.6**	**10062654**	**8525276**	**18.0**
房 山 区	172672	168433	2.5	947768	848278	11.7
通 州 区	218442	228072	-4.2	1162388	1017497	14.2
顺 义 区	445455	421637	5.6	3134978	2662254	17.8
昌 平 区	259815	253404	2.5	1602874	1361236	17.8
大 兴 区	448482	405610	10.6	3214646	2636011	22.0
生态涵养发展区	**425223**	**415931**	**2.2**	**2166391**	**1878776**	**15.3**
门头沟区	61670	61476	0.3	362966	329444	10.2
怀 柔 区	91665	84977	7.9	527484	463209	13.9
平 谷 区	103247	100201	3.0	468877	397308	18.0
密 云 县	104083	107910	-3.5	519305	439464	18.2
延 庆 县	64558	61367	5.2	287756	249351	15.4

注：城镇单位是指不包括私营单位和个体工商户的独立核算法人单位。

3-15 城镇单位在岗职工年末人数、工资总额、平均工资

区县	在岗职工年末人数(人)			在岗职工工资总额(万元)			在岗职工平均工资(元)		
	2012	2011	增长速度(%)	2012	2011	增长速度(%)	2012	2011	增长速度(%)
全 市	**6703514**	**6403484**	**4.7**	**56579220**	**47786423**	**18.4**	**85307**	**75834**	**12.5**
首都功能核心区	**1382993**	**1327102**	**4.2**	**15341241**	**13206835**	**16.2**	**111651**	**101241**	**10.3**
东城区	542391	527119	2.9	5290039	4580145	15.5	97531	88337	10.4
西城区	840602	799983	5.1	10051202	8626690	16.5	120861	109753	10.1
城市功能拓展区	**3424250**	**3255441**	**5.2**	**29505360**	**24633783**	**19.8**	**87529**	**77133**	**13.5**
朝阳区	1215387	1110069	9.5	11222158	9131042	22.9	93619	83736	11.8
丰台区	604947	617958	-2.1	3455741	3164291	9.2	58276	50930	14.4
石景山区	176111	174379	1.0	1152395	1033609	11.5	65300	59906	9.0
海淀区	1427805	1353035	5.5	13675066	11304841	21.0	97488	86339	12.9
城市发展新区	**1490476**	**1425481**	**4.6**	**9626864**	**8122438**	**18.5**	**64931**	**57553**	**12.8**
房山区	168582	165052	2.1	932946	836707	11.5	55023	50307	9.4
通州区	212134	217281	-2.4	1135300	971586	16.9	52902	45491	16.3
顺义区	434106	410393	5.8	2982461	2528673	17.9	69728	62643	11.3
昌平区	245942	239612	2.6	1544759	1303485	18.5	63027	55061	14.5
大兴区	429712	393143	9.3	3031398	2481987	22.1	71221	63479	12.2
生态涵养发展区	**405795**	**395460**	**2.6**	**2105755**	**1823367**	**15.5**	**52008**	**46517**	**11.8**
门头沟区	58668	59183	-0.9	355074	323096	9.9	60111	53832	11.7
怀柔区	88764	82630	7.4	507670	447816	13.4	58090	54149	7.3
平谷区	100836	96686	4.3	455509	381290	19.5	45061	39568	13.9
密云县	95453	97446	-2.0	506026	427240	18.4	52762	45733	15.4
延庆县	62074	59515	4.3	281476	243925	15.4	45820	41012	11.7

注：城镇单位是指不包括私营单位和个体工商户的独立核算法人单位。

3-16 城镇登记失业人员

单位：人

区 县	2012	2011
全 市	**71982**	**78852**
首都功能核心区	**11695**	**13174**
东 城 区	4296	5149
西 城 区	7399	8025
城市功能拓展区	**28680**	**33694**
朝 阳 区	8215	8472
丰 台 区	8604	10161
石景山区	3962	4961
海 淀 区	7899	10100
城市发展新区	**20075**	**20282**
房 山 区	6848	7097
通 州 区	3641	3828
顺 义 区	2087	2124
昌 平 区	4320	3709
大 兴 区	3164	3507
北京经济技术开发区	15	17
生态涵养发展区	**11532**	**11702**
门头沟区	3685	3746
怀 柔 区	2188	2438
平 谷 区	1789	1354
密 云 县	2013	2410
延 庆 县	1857	1754

资料来源：北京市人力资源和社会保障局。

3-17 地区生产总值(2012年)

单位：万元

区 县	地区生产总值			
			第一产业	
	2012	增长速度(%)	2012	增长速度(%)
全 市	**178794000**	**7.7**	**1502000**	**3.2**
首都功能核心区	**40436247**	**9.3**		
东 城 区	14501308	8.2		
西 城 区	25934939	9.9		
城市功能拓展区	**84088407**	**10.4**	**47398**	**30.3**
朝 阳 区	36320865	11.0	15646	34.5
丰 台 区	9237781	9.6	11613	30.3
石景山区	3382138	5.5		
海 淀 区	35147623	10.5	20139	27.2
城市发展新区	**37287572**	**9.0**	**900983**	**10.6**
房 山 区	4492946	8.0	158839	4.8
通 州 区	4505254	12.6	193744	16.5
顺 义 区	11031980	8.7	251651	3.2
昌 平 区	5062998	11.3	92088	39.4
大 兴 区	3917251	11.7	204661	9.7
北京经济技术开发区	8277143	5.8		
生态涵养发展区	**7146741**	**10.5**	**550096**	**8.0**
门头沟区	1170399	12.9	19479	6.5
怀 柔 区	1820453	7.8	74431	4.5
平 谷 区	1531890	12.1	167316	15.2
密 云 县	1785611	10.2	183863	2.5
延 庆 县	838388	10.6	105007	10.5

注：1. 行业按国家2002年国民经济行业分类标准核算(下同)。
2. 表内全市增长速度为可比价速度，区县为现价速度(表3—17续表同此)。
3. 地区生产总值区县合计不等于全市是由于区县中扣除了划归市一级核算部分。

3-17 续表1

单位：万元

区 县	地区生产总值中					
	第二产业		工业		建筑业	
	2012	增长速度(%)	2012	增长速度(%)	2012	增长速度(%)
全 市	**40592700**	**7.5**	**32943200**	**7.0**	**7649500**	**9.7**
首都功能核心区	**3245957**	**8.7**	**2340502**	**9.7**	**905455**	**6.1**
东 城 区	616364	6.4	312005	9.8	304359	3.1
西 城 区	2629593	9.2	2028497	9.7	601096	7.7
城市功能拓展区	**11880959**	**7.6**	**7848612**	**7.1**	**4032347**	**8.5**
朝 阳 区	3925896	8.3	2985436	8.4	940460	7.7
丰 台 区	2122893	2.4	1105064	1.7	1017829	3.2
石景山区	1278246	4.9	770787	0.1	507459	13.2
海 淀 区	4553924	10.3	2987325	9.8	1566599	11.3
城市发展新区	**19082639**	**9.0**	**16896508**	**7.9**	**2186131**	**17.7**
房 山 区	2773788	6.9	2431372	6.5	342416	10.0
通 州 区	2237286	11.8	1599771	6.3	637515	28.4
顺 义 区	4880163	10.6	4515328	10.7	364835	10.4
昌 平 区	2257185	3.7	1962296	1.3	294889	23.7
大 兴 区	1514159	10.4	1225834	10.7	288325	9.0
北京经济技术开发区	5420058	9.4	5161907	8.9	258151	19.3
生态涵养发展区	**3407353**	**8.1**	**2763323**	**6.4**	**644030**	**15.6**
门头沟区	599390	12.1	523099	9.3	76291	36.3
怀 柔 区	1057275	2.3	931985	1.2	125290	11.6
平 谷 区	716182	13.3	509303	10.2	206879	22.0
密 云 县	816155	9.3	656022	10.6	160133	4.3
延 庆 县	218351	5.6	142914	1.2	75437	15.2

3-17 续表2

单位：万元

区 县	地区生产总值中			
	第三产业		交通运输、仓储和邮政业	
	2012	增长速度(%)	2012	增长速度(%)
全 市	**136699300**	**7.9**	**8163100**	**6.9**
首都功能核心区	**37190290**	**9.3**	**850819**	**13.9**
东 城 区	13884944	8.3	316024	18.4
西 城 区	23305346	9.9	534795	11.3
城市功能拓展区	**72160050**	**10.9**	**2342084**	**5.2**
朝 阳 区	32379323	11.3	1671753	3.2
丰 台 区	7103275	12.0	297540	-14.9
石景山区	2103892	5.8	56384	-1.5
海 淀 区	30573560	10.6	316407	58.7
城市发展新区	**17303950**	**9.0**	**3598698**	**-1.2**
房 山 区	1560319	10.4	99266	-6.1
通 州 区	2074224	13.1	65001	-1.8
顺 义 区	5900166	7.4	3068530	2.2
昌 平 区	2713725	17.6	27523	-28.8
大 兴 区	2198431	12.7	119860	-7.0
北京经济技术开发区	2857085	-0.4	218518	-27.2
生态涵养发展区	**3189292**	**13.6**	**194606**	**13.9**
门头沟区	551530	14.0	17141	-1.4
怀 柔 区	688747	18.1	25604	3.3
平 谷 区	648392	10.0	43250	8.1
密 云 县	785593	13.2	14304	3.3
延 庆 县	515030	12.8	94307	25.9

3-17 续表3

单位：万元

区 县	地区生产总值第三产业中			
	信息传输、计算机服务和软件业		批发与零售业	
	2012	增长速度(%)	2012	增长速度(%)
全 市	**16217800**	**6.8**	**22297700**	**4.0**
首都功能核心区	**2508611**	**-3.4**	**4658328**	**6.4**
东 城 区	1597001	-3.1	2126853	13.1
西 城 区	911610	-4.0	2531475	1.4
城市功能拓展区	**11892779**	**11.9**	**12879360**	**4.1**
朝 阳 区	1864907	10.7	8921722	9.4
丰 台 区	363319	-11.6	994607	-0.2
石景山区	485167	1.7	230496	-0.8
海 淀 区	9179386	14.0	2732535	-8.5
城市发展新区	**506128**	**6.9**	**3115923**	**1.0**
房 山 区	23420	13.3	170466	2.4
通 州 区	10597	17.3	363070	-10.7
顺 义 区	8685	-59.3	533961	17.5
昌 平 区	146405	0.8	220908	17.6
大 兴 区	14685	-0.2	284521	12.8
北京经济技术开发区	302336	15.2	1542997	-4.6
生态涵养发展区	**9467**	**5.3**	**261340**	**-1.1**
门头沟区	885	23.8	53871	-9.9
怀 柔 区	3591	-1.7	39972	3.8
平 谷 区	2855	13.3	59260	-0.8
密 云 县	2024	1.1	73533	-1.8
延 庆 县	112	6.7	34704	10.4

3-17 续表4

单位：万元

区　县	地区生产总值第三产业中			
	住宿和餐饮业		金融业	
	2012	增长速度(%)	2012	增长速度(%)
全　市	**3730600**	**-0.3**	**25369100**	**12.7**
首都功能核心区	**979477**	**7.3**	**13820056**	**16.7**
东 城 区	543337	5.5	2797875	14.2
西 城 区	436140	9.6	11022181	17.4
城市功能拓展区	**2059287**	**4.4**	**8371478**	**17.0**
朝 阳 区	1028175	5.3	3826555	17.7
丰 台 区	248890	6.7	924814	26.0
石景山区	58456	7.3	198416	14.2
海 淀 区	723766	2.1	3421693	14.1
城市发展新区	**553140**	**17.8**	**1477693**	**16.9**
房 山 区	46870	5.3	149875	6.1
通 州 区	65106	9.5	243311	2.0
顺 义 区	119346	12.4	480512	22.1
昌 平 区	163029	7.5	243231	14.4
大 兴 区	35638	9.9	187408	13.8
北京经济技术开发区	123151	63.6	173356	53.1
生态涵养发展区	**138696**	**3.6**	**299941**	**13.7**
门头沟区	16211	11.4	62493	18.7
怀 柔 区	38944	0.3	67823	14.9
平 谷 区	24813	4.9	64881	11.0
密 云 县	40117	4.0	71240	14.7
延 庆 县	18611	2.3	33504	6.5

3-17 续表5

单位：万元

区 县	地区生产总值第三产业中			
	房地产业		租赁和商务服务业	
	2012	增长速度(%)	2012	增长速度(%)
全 市	**12441700**	**13.7**	**13405600**	**9.5**
首都功能核心区	**1927897**	**3.6**	**3895629**	**8.0**
东 城 区	785829	-1.5	1751367	9.2
西 城 区	1142068	7.5	2144262	7.1
城市功能拓展区	**6674904**	**12.4**	**8096607**	**15.8**
朝 阳 区	3735826	10.6	5694745	17.4
丰 台 区	812183	17.4	819233	16.8
石景山区	174913	1.0	139761	20.8
海 淀 区	1951982	15.1	1442868	8.7
城市发展新区	**2864167**	**26.8**	**939915**	**16.3**
房 山 区	370287	22.5	65572	4.5
通 州 区	647872	49.5	64004	13.5
顺 义 区	527048	15.2	440355	12.4
昌 平 区	645797	33.6	179305	34.1
大 兴 区	615251	13.1	87636	13.6
北京经济技术开发区	57912	48.2	103043	19.8
生态涵养发展区	**567232**	**13.4**	**141180**	**36.3**
门头沟区	94853	15.0	24516	13.2
怀 柔 区	115214	19.6	31816	42.3
平 谷 区	121024	11.5	25474	39.5
密 云 县	164864	10.9	49110	48.6
延 庆 县	71277	11.4	10264	24.7

3-17 续表6

单位：万元

区 县	地区生产总值第三产业中			
	科学研究、技术服务和地质勘察业		水利、环境和公共设施管理业	
	2012	增长速度(%)	2012	增长速度(%)
全 市	**12683900**	**7.1**	**1012900**	**6.7**
首都功能核心区	**2616787**	**5.0**	**144226**	**-1.8**
东 城 区	1402504	3.6	54445	-1.2
西 城 区	1214283	6.8	89781	-2.2
城市功能拓展区	**8626961**	**11.9**	**567986**	**8.7**
朝 阳 区	2326535	9.7	192741	3.1
丰 台 区	1314998	18.3	97547	-2.0
石景山区	191882	9.5	23877	0.5
海 淀 区	4793546	11.4	253821	19.5
城市发展新区	**1169308**	**7.9**	**145877**	**10.4**
房 山 区	115334	16.0	24149	1.9
通 州 区	81667	3.0	23171	27.3
顺 义 区	186096	1.6	23743	8.7
昌 平 区	370605	40.0	46291	10.1
大 兴 区	121838	-2.6	18191	20.6
北京经济技术开发区	293768	-11.4	10332	-7.8
生态涵养发展区	**93436**	**29.9**	**99790**	**22.5**
门头沟区	44672	76.3	7386	12.6
怀 柔 区	14674	1.2	28348	28.0
平 谷 区	10825	17.1	6844	49.8
密 云 县	14329	1.7	32863	26.4
延 庆 县	8936	2.3	24349	9.6

3-17 续表7

单位：万元

区 县	地区生产总值第三产业中			
	居民服务和其他服务业		教育	
	2012	增长速度(%)	2012	增长速度(%)
全 市	**1243500**	**4.2**	**6818000**	**5.2**
首都功能核心区	**198918**	**12.5**	**845339**	**4.9**
东 城 区	81145	15.8	334091	12.4
西 城 区	117773	10.4	511248	0.5
城市功能拓展区	**686596**	**8.6**	**4149263**	**9.7**
朝 阳 区	295696	10.0	970765	8.2
丰 台 区	143996	15.6	304102	15.3
石景山区	46883	15.3	157674	7.4
海 淀 区	200021	0.8	2716722	9.8
城市发展新区	**255566**	**2.0**	**1177146**	**12.0**
房 山 区	28260	11.5	183351	12.3
通 州 区	40827	8.8	170194	8.4
顺 义 区	59108	8.6	204027	12.7
昌 平 区	75389	-7.0	308427	4.3
大 兴 区	34627	5.0	305548	23.4
北京经济技术开发区	17355	-9.7	5599	-10.9
生态涵养发展区	**77800**	**8.6**	**425344**	**10.4**
门头沟区	22642	3.1	54926	7.4
怀 柔 区	12379	14.5	89026	1.3
平 谷 区	18138	17.7	100089	10.6
密 云 县	15551	7.5	108909	18.8
延 庆 县	9090	1.1	72394	12.7

3-17 续表8

单位：万元

区县	地区生产总值第三产业中					
	卫生、社会保障和社会福利业		文化、体育和娱乐业		公共管理和社会组织	
	2012	增长速度(%)	2012	增长速度(%)	2012	增长速度(%)
全市	**3636300**	**8.5**	**4027400**	**9.5**	**5651700**	**3.4**
首都功能核心区	**1208365**	**13.7**	**1295709**	**8.4**	**2240129**	**2.0**
东城区	532531	17.8	573701	8.5	988241	10.0
西城区	675834	10.7	722008	8.4	1251888	-3.6
城市功能拓展区	**1568544**	**12.9**	**2326448**	**15.0**	**1917753**	**11.2**
朝阳区	625173	10.6	481381	7.6	743349	8.7
丰台区	198100	20.1	204026	28.4	379920	25.1
石景山区	100400	9.6	103665	8.7	135918	3.5
海淀区	644871	13.6	1537376	16.3	658566	8.6
城市发展新区	**474568**	**16.0**	**85553**	**1.2**	**940268**	**9.9**
房山区	97785	7.8	13116	23.4	172568	10.3
通州区	92302	10.5	10867	5.4	196235	9.8
顺义区	81480	22.3	16799	14.9	150476	4.1
昌平区	107244	13.5	22351	-24.6	157220	6.7
大兴区	91024	30.8	21303	4.6	260901	15.7
北京经济技术开发区	4733	19.8	1117	11.3	2868	2.2
生态涵养发展区	**217619**	**9.1**	**109291**	**83.7**	**553550**	**12.4**
门头沟区	46026	26.6	9180	11.3	96728	14.0
怀柔区	46830	10.6	62432	229.5	112094	8.5
平谷区	50138	-5.4	15852	19.2	104949	14.0
密云县	45407	8.8	6765	23.0	146577	14.8
延庆县	29218	12.5	15062	11.5	93202	10.2

3–18 地方财政收入

单位：万元

区 县	地方财政收入			#地方公共财政预算收入		
	2012	2011	增长速度(%)	2012	2011	增长速度(%)
全 市	**45128578**	**43590993**	**3.5**	**33149340**	**30062751**	**10.3**
首都功能核心区	**5093122**	**4050143**	**25.8**	**4439459**	**4021283**	**10.4**
东 城 区	1459891	1235630	18.1	1348382	1222920	10.3
西 城 区	3633231	2814513	29.1	3091077	2798363	10.5
城市功能拓展区	**9349265**	**6439558**	**45.2**	**7018997**	**6344587**	**10.6**
朝 阳 区	4725369	3168330	49.1	3451946	3127877	10.4
丰 台 区	1538341	623642	146.7	685834	608098	12.8
石景山区	259022	230015	12.6	250656	226571	10.6
海 淀 区	2826533	2417571	16.9	2630561	2382041	10.4
城市发展新区	**5499769**	**6497407**	**-15.4**	**2699543**	**2417103**	**11.7**
房 山 区	747961	1174595	-36.3	400318	347960	15.0
通 州 区	1105321	1223642	-9.7	459539	404402	13.6
顺 义 区	1300134	1176216	10.5	862440	809096	6.6
昌 平 区	813946	966080	-15.7	522138	453728	15.1
大 兴 区	1532407	1956874	-21.7	455108	401917	13.2
生态涵养发展区	**1334701**	**1535912**	**-13.1**	**946638**	**835827**	**13.3**
门头沟区	336940	438090	-23.1	190740	168665	13.1
怀 柔 区	330239	324028	1.9	234591	210598	11.4
平 谷 区	267929	349227	-23.3	210124	180917	16.1
密 云 县	295799	310709	-4.8	221785	195077	13.7
延 庆 县	103794	113858	-8.8	89398	80570	11.0

注：1. 地方财政收入是指国家财政参与社会产品分配所得的收入，是实现国家职能的财力保证，包括地方公共财政预算收入和基金预算收入。

2. 分区县财政收入为区县级财政收入。

资料来源：北京市财政局。

3-18 续表1

单位：万元

区 县	税收收入			#增值税		
	2012	2011	增长速度(%)	2012	2011	增长速度(%)
全 市	**31247503**	**28546261**	**9.5**	**3139994**	**2377647**	**32.1**
首都功能核心区	**4287977**	**3899507**	**10.0**	**270021**	**205989**	**31.1**
东 城 区	1305873	1189491	9.8	100119	68938	45.2
西 城 区	2982104	2710016	10.0	169902	137051	24.0
城市功能拓展区	**6628544**	**6061893**	**9.3**	**782692**	**559289**	**39.9**
朝 阳 区	3276501	3016334	8.6	355356	263783	34.7
丰 台 区	636248	558867	13.8	65952	54089	21.9
石景山区	237145	213144	11.3	32725	21471	52.4
海 淀 区	2478650	2273548	9.0	328659	219946	49.4
城市发展新区	**2383650**	**2144548**	**11.1**	**305166**	**257595**	**18.5**
房 山 区	315454	292031	8.0	34323	42031	-18.3
通 州 区	395018	361943	9.1	58157	49246	18.1
顺 义 区	786839	736676	6.8	116405	84404	37.9
昌 平 区	475435	397243	19.7	54649	51518	6.1
大 兴 区	410904	356655	15.2	41632	30396	37.0
生态涵养发展区	**766694**	**686911**	**11.6**	**97426**	**77423**	**25.8**
门头沟区	167658	151592	10.6	21132	19357	9.2
怀 柔 区	196593	179022	9.8	33384	25395	31.5
平 谷 区	176738	148292	19.2	16714	11903	40.4
密 云 县	165535	149863	10.5	19802	16412	20.7
延 庆 县	60170	58142	3.5	6394	4356	46.8

3–18 续表2

单位：万元

区 县	税收收入中						政府性基金预算收入		
	#营业税			#企业所得税					
	2012	2011	增长速度(%)	2012	2011	增长速度(%)	2012	2011	增长速度(%)
全 市	**11527384**	**10715081**	**7.6**	**7524673**	**6837116**	**10.1**	**11979238**	**13528242**	**-11.5**
首都功能核心区	**1810436**	**1653430**	**9.5**	**1218967**	**1090371**	**11.8**	**653663**	**28860**	**2164.9**
东 城 区	570000	528578	7.8	260185	242725	7.2	111509	12710	777.3
西 城 区	1240436	1124852	10.3	958782	847646	13.1	542154	16150	3257.0
城市功能拓展区	**2642440**	**2502144**	**5.6**	**1363246**	**1351782**	**0.8**	**2330268**	**94971**	**2353.7**
朝 阳 区	1205288	1126090	7.0	758906	797645	-4.9	1273423	40453	3047.9
丰 台 区	288459	253009	14.0	99041	89347	10.8	852507	15544	5384.5
石景山区	101005	94654	6.7	36667	36925	-0.7	8366	3444	142.9
海 淀 区	1047688	1028391	1.9	468632	427865	9.5	195972	35530	451.6
城市发展新区	**905709**	**828147**	**9.4**	**411073**	**379323**	**8.4**	**2800226**	**4080304**	**-31.4**
房 山 区	113356	107405	5.5	24855	27884	-10.9	347643	826635	-57.9
通 州 区	152286	142340	7.0	55283	49414	11.9	645782	819240	-21.2
顺 义 区	254960	247796	2.9	203391	195873	3.8	437694	367120	19.2
昌 平 区	193820	160704	20.6	79657	66634	19.5	291808	512352	-43.0
大 兴 区	191287	169902	12.6	47887	39518	21.2	1077299	1554957	-30.7
生态涵养发展区	**267744**	**250958**	**6.7**	**126216**	**129973**	**-2.9**	**388063**	**700085**	**-44.6**
门头沟区	62883	56067	12.2	25359	24521	3.4	146200	269425	-45.7
怀 柔 区	64248	62251	3.2	34374	34431	-0.2	95648	113430	-15.7
平 谷 区	62057	55961	10.9	30690	32822	-6.5	57805	168310	-65.7
密 云 县	55351	49568	11.7	25865	28351	-8.8	74014	115632	-36.0
延 庆 县	23205	27111	-14.4	9928	9848	0.8	14396	33288	-56.8

3-19 地方财政支出

单位：万元

区 县	地方财政支出			#地方公共财政预算支出		
	2012	2011	增长速度(%)	2012	2011	增长速度(%)
全 市	**48037548**	**45749405**	**5.0**	**36853076**	**32452264**	**13.6**
首都功能核心区	**4809893**	**4092348**	**17.5**	**4136919**	**3670290**	**12.7**
东 城 区	1674369	1486010	12.7	1546975	1358744	13.9
西 城 区	3135524	2606338	20.3	2589944	2311546	12.0
城市功能拓展区	**9921398**	**9040983**	**9.7**	**7748619**	**6122800**	**26.6**
朝 阳 区	3914738	4383284	-10.7	2751023	2150832	27.9
丰 台 区	2189080	1409091	55.4	1423622	1072146	32.8
石景山区	574844	572761	0.4	518188	458673	13.0
海 淀 区	3242736	2675847	21.2	3055786	2441149	25.2
城市发展新区	**9273713**	**9350749**	**-0.8**	**5405140**	**4968810**	**8.8**
房 山 区	1523860	2253900	-32.4	1141099	1169105	-2.4
通 州 区	1912161	1438340	32.9	993376	812919	22.2
顺 义 区	1967068	1948265	1.0	1303469	1245107	4.7
昌 平 区	1530202	1556037	-1.7	953606	831953	14.6
大 兴 区	2340422	2154207	8.6	1013590	909726	11.4
生态涵养发展区	**4320103**	**4010746**	**7.7**	**3431526**	**3047880**	**12.6**
门头沟区	807936	844804	-4.4	601000	549600	9.4
怀 柔 区	914133	870238	5.0	755521	703683	7.4
平 谷 区	901763	862143	4.6	708766	581403	21.9
密 云 县	976499	832235	17.3	769018	703119	9.4
延 庆 县	719772	601326	19.7	597221	510075	17.1

注：1. 地方财政支出是以国家为主体，以财政的事权为依据进行的一种财政资金分配活动，集中反映了国家的职能活动范围及其所发生的耗费，包括地方公共财政预算支出和基金预算支出。
2. 分区县财政支出为区县级实际支出，含市级下拨部分。

资料来源：北京市财政局。

3-19 续表1

单位：万元

区 县	地方公共财政预算支出中					
	#一般公共服务			#社会保障和就业		
	2012	2011	增长速度(%)	2012	2011	增长速度(%)
全 市	**2865685**	**2613757**	**9.6**	**4243122**	**3548827**	**19.6**
首都功能核心区	**333849**	**329348**	**1.4**	**687591**	**592611**	**16.0**
东 城 区	132605	124108	6.8	315972	281094	12.4
西 城 区	201244	205240	-1.9	371619	311517	19.3
城市功能拓展区	**548084**	**503976**	**8.8**	**1309026**	**1063290**	**23.1**
朝 阳 区	182745	157329	16.2	506481	394178	28.5
丰 台 区	134969	119462	13.0	235969	195516	20.7
石景山区	43946	44801	-1.9	104540	95249	9.8
海 淀 区	186424	182384	2.2	462036	378347	22.1
城市发展新区	**534667**	**495604**	**7.9**	**794510**	**689725**	**15.2**
房 山 区	152189	141793	7.3	186136	163058	14.2
通 州 区	85073	78027	9.0	157008	124584	26.0
顺 义 区	104001	106704	-2.5	168029	155110	8.3
昌 平 区	91271	78848	15.8	147309	138622	6.3
大 兴 区	102133	90232	13.2	136028	108351	25.5
生态涵养发展区	**350443**	**323363**	**8.4**	**440294**	**371634**	**18.5**
门头沟区	60483	46670	29.6	94583	73485	28.7
怀 柔 区	79657	79034	0.8	81384	66721	22.0
平 谷 区	67693	62032	9.1	95272	77747	22.5
密 云 县	92694	88624	4.6	93435	77125	21.1
延 庆 县	49916	47003	6.2	75620	76556	-1.2

3-19 续表2

单位：万元

区　县	地方公共财政预算支出中					
	#教育			#医疗卫生		
	2012	2011	增长速度(%)	2012	2011	增长速度(%)
全　市	**6286510**	**5200778**	**20.9**	**2560626**	**2254853**	**13.6**
首都功能核心区	**778412**	**674998**	**15.3**	**260865**	**205126**	**27.2**
东 城 区	325328	288216	12.9	94975	85758	10.7
西 城 区	453084	386782	17.1	165890	119368	39.0
城市功能拓展区	**1496213**	**1169405**	**27.9**	**512674**	**439294**	**16.7**
朝 阳 区	597877	470531	27.1	238981	187784	27.3
丰 台 区	264570	181848	45.5	82922	82374	0.7
石景山区	90678	71216	27.3	32495	27558	17.9
海 淀 区	543088	445810	21.8	158276	141578	11.8
城市发展新区	**891046**	**720589**	**23.7**	**416052**	**384617**	**8.2**
房 山 区	207600	152181	36.4	81717	97538	-16.2
通 州 区	147336	119635	23.2	93688	71022	31.9
顺 义 区	189024	160396	17.8	93276	85905	8.6
昌 平 区	147494	125449	17.6	69146	59634	16.0
大 兴 区	199592	162928	22.5	78225	70518	10.9
生态涵养发展区	**497984**	**408795**	**21.8**	**285920**	**286207**	**-0.1**
门头沟区	78024	72656	7.4	28467	23392	21.7
怀 柔 区	98649	85427	15.5	87606	80155	9.3
平 谷 区	131460	87531	50.2	50080	44182	13.3
密 云 县	100069	88224	13.4	75303	94369	-20.2
延 庆 县	89782	74957	19.8	44464	44109	0.8

3-19 续表3

单位：万元

区 县	地方公共财政预算支出中					
	#节能环保			#交通运输		
	2012	2011	增长速度(%)	2012	2011	增长速度(%)
全 市	**1135370**	**945135**	**20.1**	**2437624**	**1991209**	**22.4**
首都功能核心区	**116911**	**47505**	**146.1**	**2119**	**25000**	**-91.5**
东 城 区	58059	21629	168.4	2119	25000	-91.5
西 城 区	58852	25876	127.4			
城市功能拓展区	**170904**	**109421**	**56.2**		**2600**	
朝 阳 区	58245	45691	27.5			
丰 台 区	33089	16716	97.9		2600	
石景山区	14604	6535	123.5			
海 淀 区	64966	40479	60.5			
城市发展新区	**116762**	**61463**	**90.0**	**126229**	**128840**	**-2.0**
房 山 区	20498	19648	4.3	29798	34920	-14.7
通 州 区	26077	11711	122.7	13005	10912	19.2
顺 义 区	30716	14077	118.2	35661	20685	72.4
昌 平 区	21510	7962	170.2	30177	49924	-39.6
大 兴 区	17961	8065	122.7	17588	12399	41.9
生态涵养发展区	**118251**	**116810**	**1.2**	**70611**	**75101**	**-6.0**
门头沟区	29349	40114	-26.8	3819	2874	32.9
怀 柔 区	17168	17479	-1.8	7239	40714	-82.2
平 谷 区	22502	15184	48.2	19710	12246	61.0
密 云 县	32002	29760	7.5	27952	9559	192.4
延 庆 县	17230	14273	20.7	11891	9708	22.5

注：城六区交通运输财政支出统一包含在市本级支出中。

3-19 续表4

单位：万元

区 县	地方公共财政预算支出中					
	#农林水事务			#城乡社区事务		
	2012	2011	增长速度(%)	2012	2011	增长速度(%)
全 市	**2226932**	**1873372**	**18.9**	**4307560**	**3392685**	**27.0**
首都功能核心区	**367**	**298**	**23.2**	**1145453**	**809530**	**41.5**
东 城 区	167	136	22.8	276055	249998	10.4
西 城 区	200	162	23.5	869398	559532	55.4
城市功能拓展区	**396536**	**318141**	**24.6**	**1394012**	**975430**	**42.9**
朝 阳 区	220238	164548	33.8	331483	263614	25.7
丰 台 区	67795	45558	48.8	307785	207345	48.4
石景山区	20008	18652	7.3	81194	64040	26.8
海 淀 区	88495	89383	-1.0	673550	440431	52.9
城市发展新区	**753357**	**629596**	**19.7**	**666229**	**706996**	**-5.8**
房 山 区	127624	133493	-4.4	126198	180453	-30.1
通 州 区	153365	90341	69.8	95573	86817	10.1
顺 义 区	183641	143776	27.7	136935	131743	3.9
昌 平 区	130806	121240	7.9	144709	116104	24.6
大 兴 区	157921	140746	12.2	162814	191879	-15.1
生态涵养发展区	**570661**	**484365**	**17.8**	**412030**	**324462**	**27.0**
门头沟区	82409	71511	15.2	92270	89015	3.7
怀 柔 区	106102	96622	9.8	106092	73543	44.3
平 谷 区	95349	82220	16.0	62640	36917	69.7
密 云 县	151244	140389	7.7	66236	59049	12.2
延 庆 县	135557	93623	44.8	84792	65938	28.6

3-20 全社会固定资产投资额

单位：亿元

区 县	2012	2011	增长速度(%)
全 市	**6462.8**	**5910.6**	**9.3**
首都功能核心区	**381.0**	**362.5**	**5.1**
东 城 区	182.5	175.2	4.2
西 城 区	198.4	187.3	6.0
城市功能拓展区	**2689.3**	**2486.2**	**8.2**
朝 阳 区	1195.5	1177.0	1.6
丰 台 区	660.1	553.0	19.4
石景山区	144.8	130.9	10.6
海 淀 区	688.9	625.3	10.2
城市发展新区	**2725.3**	**2504.6**	**8.8**
房 山 区	490.1	454.5	7.8
通 州 区	506.1	415.8	21.7
顺 义 区	418.6	436.0	-4.0
昌 平 区	490.1	412.6	18.8
大 兴 区	480.5	465.5	3.2
北京经济技术开发区	339.9	320.2	6.2
生态涵养发展区	**667.2**	**557.2**	**19.7**
门头沟区	190.7	142.3	34.0
怀 柔 区	138.3	119.9	15.3
平 谷 区	122.5	100.6	21.8
密 云 县	145.3	132.1	10.0
延 庆 县	70.4	62.3	12.9

注：1.本资料按项目所在建设地地址划分(表3—20续表同此)。

2.从2011年起，根据国家统计局相关规定，固定资产投资统计起点由50万元调整至500万元。

3-20 续表

单位：亿元

区 县	城镇固定资产投资			#房地产开发投资			农村投资		
	2012	2011	增长速度(%)	2012	2011	增长速度(%)	2012	2011	增长速度(%)
全 市	**5853.1**	**5463.9**	**7.1**	**3153.4**	**3036.3**	**3.9**	**609.8**	**446.7**	**36.5**
首都功能核心区	**381.0**	**362.5**	**5.1**	**192.5**	**164.2**	**17.2**			
东 城 区	182.5	175.2	4.2	62.7	63.0	-0.5			
西 城 区	198.4	187.3	6.0	129.9	101.2	28.3			
城市功能拓展区	**2642.7**	**2448.4**	**7.9**	**1388.7**	**1324.9**	**4.8**	**46.6**	**37.8**	**23.0**
朝 阳 区	1161.4	1149.1	1.1	610.4	695.8	-12.3	34.1	27.9	22.3
丰 台 区	653.4	549.8	18.8	358.9	269.8	33.0	6.7	3.2	109.8
石景山区	144.8	130.9	10.6	74.8	78.2	-4.4			
海 淀 区	683.2	618.5	10.4	344.7	281.1	22.6	5.8	6.7	-14.8
城市发展新区	**2356.2**	**2284.2**	**3.2**	**1343.9**	**1385.6**	**-3.0**	**369.1**	**220.5**	**67.4**
房 山 区	390.5	395.5	-1.3	181.9	224.8	-19.1	99.6	59.0	68.9
通 州 区	418.0	375.0	11.5	296.4	268.1	10.6	88.0	40.8	115.6
顺 义 区	371.8	394.3	-5.7	195.3	230.7	-15.3	46.8	41.7	12.3
昌 平 区	467.3	381.3	22.5	276.5	279.4	-1.0	22.8	31.3	-27.0
大 兴 区	368.7	417.8	-11.8	288.1	312.0	-7.7	111.8	47.7	134.5
北京经济技术开发区	339.9	320.2	6.2	105.8	70.7	49.6			
生态涵养发展区	**473.1**	**368.8**	**28.3**	**228.3**	**161.6**	**41.3**	**194.1**	**188.4**	**3.0**
门头沟区	154.0	124.7	23.5	73.4	49.0	49.8	36.7	17.6	108.3
怀 柔 区	114.3	73.4	55.8	52.9	21.9	141.6	24.0	46.6	-48.4
平 谷 区	68.4	57.5	19.0	39.6	40.3	-1.8	54.1	43.1	25.6
密 云 县	86.1	77.9	10.5	43.1	38.2	12.9	59.2	54.1	9.3
延 庆 县	50.3	35.3	42.5	19.3	12.2	58.2	20.1	27.0	-25.7

注：城镇固定资产投资中包括房地产开发投资。

3-21 全社会房屋建筑施工及竣工面积

单位：万平方米

区 县	房屋建筑施工面积			本年房屋建筑竣工面积		
	2012	2011	增长速度(%)	2012	2011	增长速度(%)
全 市	**20045.4**	**18065.2**	**11.0**	**3723.5**	**4032.9**	**-7.7**
首都功能核心区	**665.1**	**997.0**	**-33.3**	**153.3**	**278.3**	**-44.9**
东 城 区	374.9	552.5	-32.1	82.8	111.1	-25.4
西 城 区	290.2	444.5	-34.7	70.5	167.3	-57.8
城市功能拓展区	**7552.9**	**7428.3**	**1.7**	**1352.5**	**1840.5**	**-26.5**
朝 阳 区	3864.6	3983.0	-3.0	704.8	1129.4	-37.6
丰 台 区	1460.3	1196.9	22.0	220.6	169.3	30.2
石景山区	365.0	373.4	-2.3	80.8	59.1	36.7
海 淀 区	1862.9	1874.9	-0.6	346.3	482.6	-28.2
城市发展新区	**9792.0**	**8117.2**	**20.6**	**1710.1**	**1466.3**	**16.6**
房 山 区	1373.5	835.7	64.4	207.7	131.6	57.8
通 州 区	1730.4	1527.9	13.3	342.2	387.2	-11.6
顺 义 区	1632.2	1482.3	10.1	224.8	241.5	-6.9
昌 平 区	1857.4	1512.7	22.8	305.3	200.4	52.3
大 兴 区	1831.1	1634.5	12.0	558.8	331.3	68.7
北京经济技术开发区	1367.4	1124.2	21.6	71.3	174.2	-59.1
生态涵养发展区	**2035.4**	**1522.7**	**33.7**	**507.6**	**447.8**	**13.4**
门头沟区	624.5	234.7	166.1	21.8	54.5	-60.1
怀 柔 区	426.5	358.7	18.9	109.9	100.1	9.8
平 谷 区	344.8	374.0	-7.8	150.4	115.5	30.3
密 云 县	465.8	369.1	26.2	130.2	105.1	23.9
延 庆 县	173.8	186.2	-6.7	95.4	72.7	31.2

注：1.此表为全社会口径，包括城镇、房地产开发、农村农户和非农户数据。

2.从2011年起，根据国家统计局相关规定，固定资产投资统计起点由50万元调整至500万元。

3-22 商品房基本情况

单位：万平方米

区 县	商品房施工面积			本年商品房竣工面积		
	2012	2011	增长速度(%)	2012	2011	增长速度(%)
全 市	**13122.5**	**12065.4**	**8.8**	**2390.9**	**2245.2**	**6.5**
首都功能核心区	**430.6**	**541.0**	**-20.4**	**107.1**	**132.6**	**-19.2**
东 城 区	240.9	254.3	-5.3	50.1	13.3	276.3
西 城 区	189.8	286.7	-33.8	57.0	119.2	-52.2
城市功能拓展区	**5455.0**	**5294.4**	**3.0**	**1050.1**	**1267.2**	**-17.1**
朝 阳 区	2732.4	2829.8	-3.4	560.1	821.8	-31.8
丰 台 区	1288.8	992.2	29.9	214.6	161.5	32.9
石景山区	307.1	386.0	-20.4	66.5	39.8	67.1
海 淀 区	1126.8	1086.4	3.7	208.9	244.2	-14.5
城市发展新区	**6290.7**	**5453.8**	**15.3**	**1070.2**	**726.2**	**47.4**
房 山 区	705.3	587.3	20.1	117.1	83.1	40.9
通 州 区	1199.3	1049.7	14.3	165.6	157.7	5.0
顺 义 区	1039.0	910.1	14.2	100.8	167.3	-39.8
昌 平 区	1319.7	1209.3	9.1	176.2	114.2	54.2
大 兴 区	1409.0	1143.8	23.2	481.5	126.6	280.2
北京经济技术开发区	618.4	553.6	11.7	29.2	77.3	-62.2
生态涵养发展区	**946.2**	**776.1**	**21.9**	**163.5**	**119.3**	**37.1**
门头沟区	305.9	130.0	135.3	10.6	10.3	3.5
怀 柔 区	203.3	129.5	57.0	42.1	3.2	1231.5
平 谷 区	138.5	181.9	-23.8	39.9	37.0	7.9
密 云 县	225.3	251.5	-10.4	45.8	60.6	-24.5
延 庆 县	73.2	83.2	-12.1	25.0	8.2	205.0

3-22 续表

单位：万平方米

区 县	本年商品房销售面积			#住宅销售面积		
	2012	2011	增长速度(%)	2012	2011	增长速度(%)
全 市	**1943.7**	**1440.0**	**35.0**	**1483.4**	**1035.0**	**43.3**
首都功能核心区	**67.3**	**71.2**	**-5.5**	**30.2**	**29.3**	**3.1**
东 城 区	21.9	28.8	-24.0	9.5	13.0	-26.5
西 城 区	45.4	42.4	7.1	20.6	16.3	26.5
城市功能拓展区	**805.3**	**631.5**	**27.5**	**568.5**	**390.7**	**45.5**
朝 阳 区	472.7	389.3	21.4	334.3	252.3	32.5
丰 台 区	142.1	90.9	56.3	93.5	50.2	86.2
石景山区	26.6	31.6	-16.0	9.7	19.9	-51.0
海 淀 区	164.0	119.6	37.0	130.9	68.3	91.7
城市发展新区	**900.6**	**645.9**	**39.4**	**724.4**	**528.4**	**37.1**
房 山 区	138.9	104.2	33.3	125.1	99.4	25.8
通 州 区	189.8	117.4	61.7	152.4	94.9	60.5
顺 义 区	129.9	88.4	47.1	99.3	67.0	48.2
昌 平 区	190.7	102.9	85.3	167.6	71.3	135.0
大 兴 区	220.5	209.8	5.1	174.2	195.4	-10.9
北京经济技术开发区	30.8	23.3	32.4	5.9	0.3	1958.7
生态涵养发展区	**170.5**	**91.4**	**86.4**	**160.3**	**86.6**	**85.1**
门头沟区	48.0	6.1	685.2	43.1	4.8	804.0
怀 柔 区	23.2	23.8	-2.4	22.1	23.1	-4.4
平 谷 区	30.2	14.0	114.8	29.5	13.7	116.0
密 云 县	52.9	36.4	45.2	49.4	34.7	42.6
延 庆 县	16.3	11.1	46.7	16.1	10.4	55.0

注：销售面积为期房与现房销售面积之和。

3-23 能源消费基本情况(2012年)

区　县	能源消费总量（万吨标准煤）	万元地区生产总值能耗下降率（%）
全　市	**7177.7**	**4.75**
首都功能核心区	**714.1**	**4.03**
东 城 区	281.6	3.30
西 城 区	432.5	4.34
城市功能拓展区	**2630.6**	**4.56**
朝 阳 区	1093.3	4.07
丰 台 区	407.3	4.02
石景山区	332.5	9.25
海 淀 区	797.5	2.96
城市发展新区	**2937.9**	**4.88**
房 山 区	898.5	7.37
通 州 区	296.0	6.73
顺 义 区	955.2	4.14
昌 平 区	364.8	8.41
大 兴 区	275.8	-0.83
北京经济技术开发区	147.6	-8.01
生态涵养发展区	**439.7**	**5.16**
门头沟区	70.3	5.96
怀 柔 区	106.9	5.81
平 谷 区	104.4	5.97
密 云 县	105.0	3.64
延 庆 县	53.1	4.07

注：1.能源消费总量、万元地区生产总值能耗下降率为年度核算数据。
2.万元地区生产总值能耗下降率按可比价计算。
3.根据有关核算原则，在进行能源核算时，对部分无法进行区县分解的数据，由市统计局统一核算，故表中各区县及北京经济技术开发区能源消费量之和不等于全市能源消费量。

3-24 全社会用电量情况(2012年)

单位：万千瓦时

区 县	合计	第一产业	第二产业	工业	建筑业	第三产业	居民生活
全 市	**8742835**	**181391**	**3209078**	**2980645**	**228430**	**3734022**	**1618344**
首都功能核心区	**966479**	**1**	**49549**	**32892**	**16657**	**703341**	**213588**
东 城 区	419407		16765	11182	5583	306303	96339
西 城 区	547072	1	32784	21710	11074	397038	117249
城市功能拓展区	**3520866**	**26202**	**525476**	**419782**	**105694**	**2143647**	**825541**
朝 阳 区	1508558	4797	232324	182542	49783	906792	364643
丰 台 区	676493	6256	129466	105093	24373	364462	176309
石景山区	157466	231	44476	41111	3365	76121	36638
海 淀 区	1178349	14918	119210	91036	28174	796271	247951
城市发展新区	**2890695**	**123804**	**1570049**	**1479804**	**90245**	**722358**	**474484**
房 山 区	554287	23623	392866	381483	11382	75044	62755
通 州 区	464108	27967	225423	206163	19260	101975	108743
顺 义 区	536258	26440	255139	240707	14433	166599	88080
昌 平 区	562814	19697	225570	204381	21189	197355	120193
大 兴 区	429630	26028	194633	180141	14492	123918	85052
北京经济技术开发区	343598	49	276419	266930	9489	57468	9663
生态涵养发展区	**562647**	**31384**	**261856**	**246022**	**15834**	**164676**	**104731**
门头沟区	89887	1947	34818	30942	3876	32399	20722
怀 柔 区	148917	6900	81926	78322	3604	37856	22235
平 谷 区	116853	10588	62279	59558	2721	20648	23337
密 云 县	136187	6314	73385	69441	3944	30383	26104
延 庆 县	70804	5635	9447	7759	1688	43390	12332

注：表内全市合计中包括输送损失，各区县及北京经济技术开发区用电量不含输送损失，故表中各区县及北京经济技术开发区用电量之和不等于全市。

资料来源：北京市电力公司。

3-25 农村基本情况

区县	乡镇及行政村常住户数(万户)			乡镇及行政村常住人口(万人)			乡镇及行政村从业人员(万人)			乡镇及行政村农林牧渔业从业人员(万人)		
	2012	2011	增长速度(%)	2012	2011	增长速度(%)	2012	2011	增长速度(%)	2012	2011	增长速度(%)
全市	**215.2**	**212.4**	**1.3**	**582.5**	**574.8**	**1.3**	**341.7**	**338.3**	**1.0**	**56.3**	**58.1**	**-3.0**
城市功能拓展区	**59.0**	**60.6**	**-2.6**	**157.4**	**163.0**	**-3.5**	**96.8**	**101.5**	**-4.6**	**3.0**	**3.3**	**-8.5**
朝阳区	31.5	31.6	-0.2	80.7	81.0	-0.5	49.9	50.0	-0.1	0.6	0.7	-8.6
丰台区	12.6	13.1	-3.7	36.0	38.2	-6.0	22.9	24.5	-6.6	1.2	1.3	-8.5
海淀区	14.8	15.9	-6.5	40.7	43.7	-6.9	24.0	27.0	-10.9	1.2	1.3	-8.4
城市发展新区	**110.1**	**105.8**	**4.0**	**309.1**	**296.5**	**4.3**	**179.5**	**172.2**	**4.3**	**30.6**	**31.7**	**-3.5**
房山区	24.6	23.8	3.2	56.4	55.3	2.1	29.6	29.2	1.3	7.3	7.4	-1.6
通州区	25.8	24.8	3.9	70.5	67.6	4.4	39.7	37.9	4.8	6.4	6.9	-7.3
顺义区	20.6	20.0	2.8	57.3	55.3	3.6	31.9	30.8	3.9	4.1	4.3	-4.3
昌平区	20.0	18.8	6.3	61.5	57.7	6.5	38.9	36.7	6.1	4.0	4.0	-0.2
大兴区	19.2	18.4	4.4	63.3	60.6	4.5	39.4	37.6	4.9	8.8	9.1	-3.4
生态涵养发展区	**46.2**	**46.1**	**0.2**	**116.1**	**115.3**	**0.7**	**65.3**	**64.7**	**1.0**	**22.7**	**23.0**	**-1.4**
门头沟区	4.1	4.3	-2.8	8.9	9.0	-0.9	4.6	4.5	0.3	1.0	1.1	-8.3
怀柔区	9.1	9.1	0.3	22.9	23.1	-0.5	12.5	12.4	1.3	3.9	3.9	1.0
平谷区	11.0	11.0	0.2	31.4	30.8	2.0	17.8	17.6	1.3	5.7	5.8	-1.6
密云县	12.6	12.5	0.7	31.5	31.1	1.0	18.2	18.1	0.7	7.3	7.4	-1.5
延庆县	9.3	9.2	0.8	21.4	21.3	0.1	12.2	12.1	0.6	4.9	4.9	-1.5

3-25 续表

区 县	农业机械总动力(万千瓦)			化肥施用量(折纯量)(吨)			农村用电量(万千瓦小时)			有效灌溉面积(千公顷)		
	2012	2011	增长速度(%)	2012	2011	增长速度(%)	2012	2011	增长速度(%)	2012	2011	增长速度(%)
全 市	**241.1**	**265.2**	**-9.1**	**136707.0**	**138471.8**	**-1.3**	**473120.8**	**454008.6**	**4.2**	**159.24**	**163.09**	**-2.4**
城市功能拓展区	**14.5**	**14.9**	**-2.9**	**1563.7**	**1471.1**	**6.3**	**153481.7**	**149539.2**	**2.6**	**5.73**	**5.87**	**-2.4**
朝 阳 区	1.0	1.8	-45.8	319.3	202.9	57.4	76342.1	74659.3	2.3	3.41	3.42	-0.4
丰 台 区	5.3	4.4	18.7	124.1	195.0	-36.4	45426.1	43795.3	3.7	1.45	1.45	
海 淀 区	8.2	8.7	-5.3	1120.3	1073.2	4.4	31713.5	31084.6	2.0	0.87	1.00	-13.0
城市发展新区	**138.4**	**153.3**	**-9.7**	**100896.7**	**102221.7**	**-1.3**	**234489.5**	**224879.1**	**4.3**	**118.26**	**121.44**	**-2.6**
房 山 区	31.2	37.5	-16.9	13374.1	13907.3	-3.8	45477.4	42770.3	6.3	19.17	19.35	-0.9
通 州 区	25.7	27.2	-5.4	27321.3	29161.1	-6.3	58437.5	55636.5	5.0	27.81	29.49	-5.7
顺 义 区	37.8	39.6	-4.4	24302.4	23983.1	1.3	42604.5	42157.8	1.1	28.46	29.39	-3.2
昌 平 区	6.9	9.2	-25.3	3882.3	4047.2	-4.1	55057.6	51804.3	6.3	5.74	6.16	-6.9
大 兴 区	36.8	39.8	-7.6	32016.6	31123.0	2.9	32912.5	32510.2	1.2	37.08	37.05	0.1
生态涵养发展区	**88.2**	**93.5**	**-5.6**	**34246.6**	**34779.0**	**-1.5**	**85149.6**	**79590.3**	**7.0**	**35.25**	**35.78**	**-1.5**
门头沟区	2.0	2.0	1.8	132.7	158.5	-16.3	8087.2	8018.4	0.9	0.13	0.13	
怀 柔 区	15.1	15.8	-4.1	4846.8	4678.8	3.6	16981.8	16405.8	3.5	7.07	7.19	-1.6
平 谷 区	27.0	30.8	-12.2	8753.8	8789.1	-0.4	31787.8	29475.9	7.8	10.15	10.62	-4.5
密 云 县	23.8	25.3	-5.9	7203.4	7094.1	1.5	18286.9	16575.4	10.3	5.85	5.83	0.3
延 庆 县	20.2	19.6	3.0	13309.9	14058.5	-5.3	10005.9	9114.8	9.8	12.05	12.01	0.3

注：全市2011年农业机械总动力包含政府补贴的未分配到各区县的农机具，故分区县相加不等于全市。数据来源于北京市农业局。

3-26 农林牧渔业总产值

单位：万元

区 县	农林牧渔业总产值			农业			林业		
	2012	2011	增长速度(%)	2012	2011	增长速度(%)	2012	2011	增长速度(%)
全 市	**3957128.8**	**3631375.5**	**9.0**	**1662890.9**	**1633731.8**	**1.8**	**548252.5**	**189202.3**	**189.8**
城市功能拓展区	**136907.1**	**109398.1**	**25.1**	**40052.7**	**40081.0**	**-0.1**	**57595.5**	**27570.8**	**108.9**
朝阳区	45142.2	35532.2	27.0	7826.6	11032.6	-29.1	22951.3	9336.7	145.8
丰台区	34454.1	26277.2	31.1	13891.3	14026.9	-1.0	14424.4	3803.9	279.2
海淀区	57310.8	47588.7	20.4	18334.8	15021.5	22.1	20219.8	14430.2	40.1
城市发展新区	**2463257.8**	**2269546.7**	**8.5**	**1053378.8**	**1065743.6**	**-1.2**	**322769.4**	**54568.4**	**491.5**
房山区	464499.0	450201.6	3.2	167929.8	190873.0	-12.0	79450.6	12086.6	557.3
通州区	515362.3	453712.0	13.6	248618.6	257525.0	-3.5	70951.2	6384.6	1011.3
顺义区	675548.2	651669.6	3.7	261831.8	270389.2	-3.2	60915.7	15923.9	282.5
昌平区	259915.4	198343.6	31.0	99453.1	81102.1	22.6	58803.9	16032.0	266.8
大兴区	547932.9	515619.9	6.3	275545.5	265854.3	3.6	52648.0	4141.3	1171.3
生态涵养发展区	**1347463.9**	**1245030.7**	**8.2**	**569459.4**	**527907.2**	**7.9**	**167887.6**	**107063.1**	**56.8**
门头沟区	53219.3	50613.5	5.1	11189.8	8683.7	28.9	26420.6	29336.4	-9.9
怀柔区	191308.1	182607.0	4.8	70455.8	63939.2	10.2	24806.8	18042.6	37.5
平谷区	397091.7	344230.6	15.4	222272.1	195355.6	13.8	25727.1	9909.2	159.6
密云县	456101.8	440634.8	3.5	193925.1	182084.7	6.5	40641.1	27572.1	47.4
延庆县	249743.0	226944.8	10.0	71616.6	77844.0	-8.0	50292.0	22202.8	126.5

注：全市渔业产值含远洋捕捞，区县不包括远洋捕捞，故分区县相加不等于全市。

3-26 续表

单位：万元

区 县	牧业			渔业			农林牧渔服务业		
	2012	2011	增长速度(%)	2012	2011	增长速度(%)	2012	2011	增长速度(%)
全 市	**1541607.2**	**1627269.9**	**-5.3**	**129778.2**	**115171.5**	**12.7**	**74600.0**	**66000.0**	**13.0**
城市功能拓展区	**21882.8**	**24276.7**	**-9.9**	**7642.9**	**9082.6**	**-15.9**	**9733.2**	**8387.0**	**16.1**
朝阳区	5984.6	5865.8	2.0	5580.6	6399.3	-12.8	2799.1	2897.8	-3.4
丰台区	3258.0	5093.5	-36.0	1684.2	2404.2	-29.9	1196.2	948.7	26.1
海淀区	12640.2	13317.4	-5.1	378.1	279.1	35.5	5737.9	4540.5	26.4
城市发展新区	**971130.4**	**1047874.3**	**-7.3**	**66130.7**	**56615.1**	**16.8**	**49848.5**	**44745.3**	**11.4**
房山区	190084.4	227307.1	-16.4	15163.4	9765.3	55.3	11870.8	10169.6	16.7
通州区	162435.6	158669.6	2.4	24760.4	23084.5	7.3	8596.5	8048.3	6.8
顺义区	317407.7	333274.1	-4.8	20004.1	17941.7	11.5	15388.9	14140.7	8.8
昌平区	92041.8	91932.2	0.1	3253.1	3455.7	-5.9	6363.5	5821.6	9.3
大兴区	209160.9	236691.3	-11.6	2949.7	2367.9	24.6	7628.8	6565.1	16.2
生态涵养发展区	**548594.0**	**555118.9**	**-1.2**	**46504.6**	**42073.8**	**10.5**	**15018.3**	**12867.7**	**16.7**
门头沟区	14867.3	11922.4	24.7				741.6	671.0	10.5
怀柔区	82081.0	86830.3	-5.5	13198.4	13075.6	0.9	766.1	719.3	6.5
平谷区	129264.9	121236.5	6.6	18669.4	16690.4	11.9	1158.2	1038.9	11.5
密云县	202944.3	215722.4	-5.9	11002.5	8800.0	25.0	7588.8	6455.6	17.6
延庆县	119436.5	119407.3	0.02	3634.3	3507.8	3.6	4763.6	3982.9	19.6

3–27 农作物播种面积

单位：公顷

区 县	农作物播种面积			#粮食作物面积			#蔬菜及食用菌面积		
	2012	2011	增长速度(%)	2012	2011	增长速度(%)	2012	2011	增长速度(%)
全 市	**282715**	**302583**	**-6.6**	**193875**	**209382**	**-7.4**	**64090**	**66797**	**-4.1**
城市功能拓展区	**3049**	**3502**	**-12.9**	**1089**	**1221**	**-10.8**	**1402**	**1555**	**-9.9**
朝 阳 区	785	792	-0.9	266	232	14.7	414	476	-13.2
丰 台 区	820	1130	-27.4	307	415	-25.9	192	366	-47.7
海 淀 区	1444	1581	-8.6	516	575	-10.2	797	713	11.8
城市发展新区	**196430**	**212192**	**-7.4**	**129354**	**141262**	**-8.4**	**49142**	**51632**	**-4.8**
房 山 区	32990	34324	-3.9	26044	27718	-6.0	4957	4875	1.7
通 州 区	43903	51697	-15.1	28025	33916	-17.4	14046	15838	-11.3
顺 义 区	50572	52413	-3.5	34931	36303	-3.8	10090	10277	-1.8
昌 平 区	7708	9295	-17.1	4560	5669	-19.6	1514	1565	-3.3
大 兴 区	61258	64464	-5.0	35795	37655	-4.9	18534	19077	-2.8
生态涵养发展区	**83236**	**86888**	**-4.2**	**63431**	**66898**	**-5.2**	**13546**	**13609**	**-0.5**
门头沟区	3109	3253	-4.4	1631	1838	-11.2	122	126	-2.7
怀 柔 区	11784	12238	-3.7	10055	10323	-2.6	1161	1265	-8.3
平 谷 区	17435	18494	-5.7	11909	12858	-7.4	5075	5045	0.6
密 云 县	25022	25822	-3.1	18703	19427	-3.7	4644	4670	-0.6
延 庆 县	25886	27081	-4.4	21133	22452	-5.9	2544	2503	1.6

3–28 主要农产品产量

单位：吨

区 县	粮食			蔬菜及食用菌			鲜蛋		
	2012	2011	增长速度(%)	2012	2011	增长速度(%)	2012	2011	增长速度(%)
全 市	**1137734**	**1217700**	**-6.6**	**2799020**	**2968701**	**-5.7**	**152409**	**151463**	**0.6**
城市功能拓展区	**5661**	**6270**	**-9.7**	**35436**	**41965**	**-15.6**	**1196**	**2147**	**-44.3**
朝 阳 区	1574	1416	11.1	7582	11445	-33.7			
丰 台 区	1004	1433	-30.0	4044	7414	-45.5	852	1665	-48.8
海 淀 区	3084	3422	-9.9	23810	23107	3.0	344	482	-28.8
城市发展新区	**757714**	**818408**	**-7.4**	**2106602**	**2257187**	**-6.7**	**60317**	**58452**	**3.2**
房 山 区	128838	147587	-12.7	169814	186084	-8.7	11766	10914	7.8
通 州 区	169521	198048	-14.4	632417	705212	-10.3	7546	7117	6.0
顺 义 区	208784	212864	-1.9	446153	458948	-2.8	14794	13324	11.0
昌 平 区	21082	25388	-17.0	41646	43455	-4.2	9081	8522	6.6
大 兴 区	229489	234521	-2.1	816572	863488	-5.4	17130	18575	-7.8
生态涵养发展区	**352418**	**400562**	**-12.0**	**656982**	**669549**	**-1.9**	**90896**	**90864**	**0.04**
门头沟区	2580	2988	-13.7	3058	1915	59.7	296	368	-19.5
怀 柔 区	57430	60072	-4.4	37495	37570	-0.2	2463	3407	-27.7
平 谷 区	68856	73647	-6.5	252673	253717	-0.4	30714	30334	1.3
密 云 县	97686	103753	-5.8	257585	268146	-3.9	21476	21479	-0.01
延 庆 县	125866	160102	-21.4	106171	108202	-1.9	35947	35276	1.9

注：全市粮食产量为抽样调查推算数据，故与区县合计数不等。

3-28 续表1

单位：吨

区 县	干鲜果品						瓜类及草莓		
				#水果					
	2012	2011	增长速度(%)	2012	2011	增长速度(%)	2012	2011	增长速度(%)
全　市	**842580**	**878066**	**-4.0**	**795836**	**830681**	**-4.2**	**340211**	**378007**	**-10.0**
城市功能拓展区	**9017**	**8514**	**5.9**	**9001**	**8500**	**5.9**	**357**	**356**	**0.3**
朝 阳 区	960	1007	-4.6	960	1007	-4.6	84	119	-29.5
丰 台 区	1490	1738	-14.2	1484	1728	-14.1	69	49	41.2
海 淀 区	6567	5770	13.8	6557	5766	13.7	205	189	8.3
城市发展新区	**353620**	**361487**	**-2.2**	**350332**	**357527**	**-2.0**	**334143**	**372153**	**-10.2**
房 山 区	62589	68310	-8.4	61155	66272	-7.7	8420	12048	-30.1
通 州 区	62004	62228	-0.4	61914	62144	-0.4	29306	35875	-18.3
顺 义 区	73210	71711	2.1	73134	71643	2.1	98070	104483	-6.1
昌 平 区	40921	40390	1.3	39271	38642	1.6	12154	7958	52.7
大 兴 区	114896	118849	-3.3	114857	118827	-3.3	186193	211789	-12.1
生态涵养发展区	**479943**	**508065**	**-5.5**	**436503**	**464655**	**-6.1**	**5710**	**5497**	**3.9**
门头沟区	3900	3815	2.2	3447	3305	4.3	2	3	-41.2
怀 柔 区	36561	38030	-3.9	21271	22670	-6.2	691	843	-18.0
平 谷 区	327132	350878	-6.8	322671	346573	-6.9	2749	2533	8.5
密 云 县	83122	82192	1.1	63642	63080	0.9	1026	730	40.5
延 庆 县	29228	33150	-11.8	25472	29027	-12.2	1244	1388	-10.4

3-28 续表2

单位：吨

区 县	肉类			#猪牛羊肉		
	2012	2011	增长速度(%)	2012	2011	增长速度(%)
全 市	**431926**	**444156**	**-2.8**	**273172**	**276054**	**-1.0**
城市功能拓展区	**2946**	**3441**	**-14.4**	**2377**	**2851**	**-16.6**
朝 阳 区	11	10	5.9	11	7	54.3
丰 台 区	553	1004	-44.9	431	897	-52.0
海 淀 区	2381	2426	-1.9	1935	1947	-0.6
城市发展新区	**269629**	**277397**	**-2.8**	**199754**	**204766**	**-2.4**
房 山 区	50613	50879	-0.5	34775	33223	4.7
通 州 区	45503	41299	10.2	29360	27729	5.9
顺 义 区	103000	103603	-0.6	83796	85310	-1.8
昌 平 区	10161	11092	-8.4	8077	8579	-5.9
大 兴 区	60352	70523	-14.4	43747	49924	-12.4
生态涵养发展区	**159351**	**163318**	**-2.4**	**71041**	**68438**	**3.8**
门头沟区	6218	5909	5.2	850	692	22.9
怀 柔 区	26567	26664	-0.4	9972	8173	22.0
平 谷 区	42135	41046	2.7	31049	30410	2.1
密 云 县	56252	62335	-9.8	18974	19033	-0.3
延 庆 县	28179	27365	3.0	10195	10130	0.6

3-28 续表3

单位：吨

区 县	奶类			#牛奶		
	2012	2011	增长速度(%)	2012	2011	增长速度(%)
全 市	**650522**	**639759**	**1.7**	**650522**	**639755**	**1.7**
城市功能拓展区	**34904**	**34043**	**2.5**	**34904**	**34043**	**2.5**
朝 阳 区	16946	16559	2.3	16946	16559	2.3
丰 台 区	2977	3031	-1.8	2977	3031	-1.8
海 淀 区	14981	14453	3.7	14981	14453	3.7
城市发展新区	**405883**	**392166**	**3.5**	**405883**	**392164**	**3.5**
房 山 区	34563	34653	-0.3	34563	34653	-0.3
通 州 区	103799	100973	2.8	103799	100973	2.8
顺 义 区	60138	51606	16.5	60138	51606	16.5
昌 平 区	56034	54910	2.0	56034	54908	2.1
大 兴 区	151349	150023	0.9	151349	150023	0.9
生态涵养发展区	**209735**	**213550**	**-1.8**	**209735**	**213548**	**-1.8**
门头沟区	566	900	-37.1	566	899	-37.1
怀 柔 区	45246	46122	-1.9	45246	46122	-1.9
平 谷 区	3383	3725	-9.2	3383	3725	-9.2
密 云 县	81573	80754	1.0	81573	80752	1.0
延 庆 县	78968	82050	-3.8	78968	82050	-3.8

3-28 续表4

单位：百枝、百盆

区 县	鲜切花			盆栽花			盆栽观叶植物		
	2012	2011	增长速度(%)	2012	2011	增长速度(%)	2012	2011	增长速度(%)
全 市	**489388**	**656089**	**-25.4**	**1408332**	**1333302**	**5.6**	**9761**	**17146**	**-43.1**
城市功能拓展区	**4850**	**1521**	**218.8**	**96040**	**86500**	**11.0**	**3955**	**12860**	**-69.2**
朝 阳 区	450	20	2207.7	540	680	-20.6	210	471	-55.5
丰 台 区	4083	960	325.4	74608	58582	27.4	3610	12330	-70.7
海 淀 区	317	542	-41.5	20892	27238	-23.3	135	58	132.3
城市发展新区	**356578**	**512459**	**-30.4**	**1152406**	**1114363**	**3.4**	**5733**	**4264**	**34.4**
房 山 区	10479	30141	-65.2	94032	87471	7.5	3949	3163	24.8
通 州 区	225225	301205	-25.2	112157	115390	-2.8	216	136	58.9
顺 义 区	49779	45554	9.3	589753	573644	2.8	261	243	7.3
昌 平 区	34835	95270	-63.4	72064	91751	-21.5	198	622	-68.2
大 兴 区	36260	40290	-10.0	284401	246107	15.6	1109	100	1009.0
生态涵养发展区	**127959**	**142108**	**-10.0**	**159886**	**132439**	**20.7**	**73**	**22**	**230.0**
门头沟区				180	170	5.9			
怀 柔 区	949	9069	-89.5	28202	26047	8.3	10	8	20.0
平 谷 区	18490	17438	6.0	113	165	-31.5			
密 云 县	33852	54806	-38.2	1015	1367	-25.8	5		
延 庆 县	74668	60795	22.8	130376	104689	24.5	58	14	314.3

3-29 水产品产量

单位：吨

区 县	2012	2011	增长速度(%)
全 市	**63842**	**61228**	**4.3**
城市功能拓展区	**1635**	**1653**	**-1.1**
朝阳区	493	381	29.4
丰台区	623	682	-8.7
海淀区	519	590	-12.0
城市发展新区	**26561**	**26521**	**0.2**
房山区	2060	2464	-16.4
通州区	8729	9009	-3.1
顺义区	11704	11020	6.2
昌平区	2168	2132	1.7
大兴区	1900	1896	0.2
生态涵养发展区	**26066**	**25522**	**2.1**
门头沟区			
怀柔区	3756	3510	7.0
平谷区	14510	14512	
密云县	4700	4400	6.8
延庆县	3100	3100	

注：全市合计中含远洋捕捞数据(2011年为7532吨，2012年为9580吨)，分区县不包括，故分区县相加不等于全市。

数据来源：北京市农业局。

3-30 生猪饲养和产量情况(2012年)

区 县	年末生猪存栏(头)	生猪出栏(头)	猪肉产量(吨)
全 市	**1873896**	**3061116**	**239416**
城市功能拓展区	**22840**	**29627**	**2242**
朝 阳 区			
丰 台 区	2993	4795	360
海 淀 区	19847	24832	1882
城市发展新区	**1344334**	**2229589**	**175872**
房 山 区	288377	401595	31380
通 州 区	153460	312674	25273
顺 义 区	572455	934450	73719
昌 平 区	74950	94943	7428
大 兴 区	255092	485927	38072
生态涵养发展区	**506722**	**801900**	**61301**
门头沟区	4711	6575	505
怀 柔 区	74073	114901	9020
平 谷 区	224386	361445	27148
密 云 县	138925	213672	16356
延 庆 县	64627	105307	8273

3-31 农业观光园情况

区 县	农业观光园个数(个)		从业人员(人)		接待人次(人次)		经营总收入(万元)	
	2012	2011	2012	2011	2012	2011	2012	2011
全 市	**1283**	**1300**	**48906**	**46038**	**19399472**	**18429456**	**268821**	**217152**
城市功能拓展区	**85**	**82**	**5511**	**6299**	**2810589**	**2838861**	**55253**	**49637**
朝 阳 区	14	14	2271	3047	1325973	1223999	45654	40803
丰 台 区	13	10	853	880	1164760	1204115	2687	2196
海 淀 区	58	58	2387	2372	319856	410747	6912	6638
城市发展新区	**528**	**533**	**26306**	**22740**	**7188397**	**6640493**	**119603**	**90921**
房 山 区	108	108	3138	3001	1596625	1800346	16691	17033
通 州 区	51	47	2288	1640	655033	634657	15624	10207
顺 义 区	58	69	2510	2728	771332	879808	14216	13379
昌 平 区	199	201	7227	6125	1991438	1209003	53406	32062
大 兴 区	112	108	11143	9246	2173969	2116679	19666	18240
生态涵养发展区	**669**	**684**	**17049**	**16956**	**9398586**	**8947959**	**93955**	**76581**
门头沟区	62	56	1571	1348	492578	526553	7730	7775
怀 柔 区	223	234	2299	2464	1774509	1743432	14938	13993
平 谷 区	207	209	8364	8397	3365214	3165428	23790	20376
密 云 县	142	148	3505	3425	3229420	2978875	41942	29820
延 庆 县	35	37	1310	1322	536865	533671	5555	4617

注：全市合计中含石景山区数据，故分区县相加不等于合计。

3-32 民俗旅游情况

区 县	民俗旅游接待户数(户)		从业人员(人)		民俗旅游接待人次(人次)		民俗旅游总收入(万元)	
	2012	2011	2012	2011	2012	2011	2012	2011
全 市	**8367**	**8396**	**18705**	**18232**	**16957639**	**16688923**	**90548**	**86822**
城市功能拓展区	**63**	**39**	**69**	**103**	**54775**	**70868**	**331**	**417**
朝 阳 区	8	8	12	12	5392	3784	34	28
丰 台 区		1		43		24738		155
海 淀 区	55	30	57	48	49383	42346	297	234
城市发展新区	**1845**	**2043**	**3909**	**4058**	**3464885**	**4276450**	**17653**	**22915**
房 山 区	1248	1404	1802	1903	1725634	2163460	9204	12943
通 州 区	77	76	131	126	31696	31886	1003	891
顺 义 区	28	28	44	44	22619	23403	75	75
昌 平 区	326	348	1183	1274	1283966	1680321	5924	7678
大 兴 区	166	187	749	711	400970	377380	1447	1328
生态涵养发展区	**6459**	**6314**	**14727**	**14071**	**13437979**	**12341605**	**72564**	**63490**
门头沟区	564	561	1463	1444	650135	681880	4893	5031
怀 柔 区	1598	1613	2933	2858	2148578	2130311	13807	13175
平 谷 区	2216	2237	5243	5171	3716780	3465904	19649	16658
密 云 县	1305	1215	2644	2440	3144497	2905120	15499	14107
延 庆 县	776	688	2444	2158	3777989	3158390	18716	14520

注：民俗旅游接待户数为实际经营的户数。

3-33 设施农业生产情况(2012年)

区 县	设施农业播种面积(公顷)	设施农业总收入(万元)	#花卉苗木收入	设施农业产品产量 蔬菜及食用菌产量(吨)	瓜果产量(吨)	水果产量(吨)
全 市	**37797**	**519824**	**48297**	**1122963**	**243460**	**6430**
城市功能拓展区	**1183**	**20575**	**8045**	**21286**	**351**	**119**
朝阳区	272	3673	38	4685	84	4
丰台区	308	9522	7382	3486	69	19
海淀区	603	7380	625	13115	199	96
城市发展新区	**31928**	**401903**	**34153**	**912075**	**239409**	**3505**
房山区	2563	38034	2085	71179	2161	82
通州区	6984	103607	6600	261106	8297	677
顺义区	6008	65024	11673	158794	60281	190
昌平区	1516	58849	6611	21435	12145	89
大兴区	14857	136390	7183	399561	156525	2467
生态涵养发展区	**4686**	**97346**	**6100**	**189603**	**3699**	**2807**
门头沟区	32	2023	14	1772	1	
怀柔区	469	9340	587	12900	661	118
平谷区	1632	31327	681	63540	1280	2309
密云县	1835	40391	2034	87018	855	325
延庆县	717	14266	2782	24372	903	54

3-34 种业发展情况(2012年)

区 县	种业收入(万元)	#销往外埠收入(万元)	种业产品产量						
			小麦种(公斤)	玉米种(公斤)	树苗(百株)	种猪(头)	种羊(只)	种雏禽(万只)	种鱼苗(万尾)
全 市	**160948**	**97037**	**5700925**	**1113903**	**29742**	**255546**	**2491**	**3429**	**12180**
城市功能拓展区	**2874**	**2176**			**461**	**7585**		**56**	**2866**
朝阳区	309	256							2866
丰台区									
海淀区	2565	1920			461	7585		56	
城市发展新区	**109994**	**66830**	**5630925**		**16748**	**225027**	**2491**	**1236**	**6382**
房山区	8191	1762	791500			2805	20	175	
通州区	9824	5556	3047305		11040	2337	361		6371
顺义区	56810	35765	452120			179747	1980	424	
昌平区	22503	16221			5708	5420	130	632	1
大兴区	12666	7526	1340000			34718		5	10
生态涵养发展区	**48081**	**28033**	**70000**	**1113903**	**12533**	**22934**		**2137**	**2932**
门头沟区	1034				4651			4	
怀柔区	6574	3316	70000	391559	569	7000		744	2858
平谷区	15738	7439			4532	3658		1012	
密云县	13081	9486		722344	130	9697		377	14
延庆县	11654	7792			2651	2579			60

3-35 郊区县乡镇企业主要经济指标(2012年)

区 县	企业个数(个)	从业人员(人)	总收入(万元)	利润总额(万元)	上缴税金(万元)
全 市	**154436**	**1292746**	**49466979**	**2686674**	**2121555**
城市功能拓展区	**5035**	**144403**	**7067814**	**431672**	**287677**
朝阳区	432	38985	4534626	186909	154730
丰台区	706	46603	1160776	123733	55834
海淀区	3897	58815	1372412	121030	77113
城市发展新区	**105038**	**918307**	**34257769**	**1857449**	**1592884**
房山区	34922	287849	5239970	232156	134758
通州区	26051	196584	6085556	266712	275498
顺义区	26324	222979	12262949	771406	596981
昌平区	2177	64512	2933435	212215	119123
大兴区	15564	146383	7735859	374960	466524
生态涵养发展区	**44363**	**230036**	**8141396**	**397553**	**240994**
门头沟区	7572	21251	513397	56893	13177
怀柔区	10046	58020	2984963	241806	131388
平谷区	7805	56612	1590183	9918	33179
密云县	11864	60452	1781951	47266	45466
延庆县	7076	33701	1270902	41670	17784

数据来源：北京市经济和信息化委员会。

3-36 郊区县乡镇个体、私营企业主要经济指标(2012年)

区 县	企业个数 (个)	从业人员 (人)	总收入 (万元)	利润总额 (万元)	上缴税金 (万元)
全 市	**144873**	**698787**	**12939609**	**925939**	**497058**
城市功能拓展区	**3694**	**36173**	**1406357**	**58865**	**41362**
朝 阳 区	96	6796	764971	33393	21572
丰 台 区	221	2331	62511	3157	2571
海 淀 区	3377	27046	578875	22315	17219
城市发展新区	**98260**	**529303**	**8698269**	**649433**	**388755**
房 山 区	34457	246667	3125828	184043	61270
通 州 区	22842	90862	1385769	84476	76766
顺 义 区	25755	113186	2020803	211330	138820
昌 平 区	1713	19172	397333	41744	20447
大 兴 区	13493	59416	1768536	127840	91452
生态涵养发展区	**42919**	**133311**	**2834983**	**217641**	**66941**
门头沟区	7447	16889	348531	48224	8075
怀 柔 区	9656	23026	662287	83099	16922
平 谷 区	7316	25399	275581	20487	12514
密 云 县	11571	41321	729286	30142	19414
延 庆 县	6929	26676	819298	35689	10016

数据来源：北京市经济和信息化委员会。

3–37 规模以上工业企业产值情况

单位：万元

区 县	工业总产值(当年价格)		#国有控股	
	2012	2011	2012	2011
全 市	**155962123**	**145136282**	**90858999**	**81763848**
首都功能核心区	**9427155**	**8834102**	**6909831**	**6566442**
东 城 区	1095985	1066448	447271	412140
西 城 区	8331170	7767654	6462560	6154302
城市功能拓展区	**34183914**	**34196749**	**20316776**	**20890646**
朝 阳 区	12392069	11888945	8999021	8358541
丰 台 区	3864183	4078374	2383984	2384516
石景山区	3034631	3791956	2521464	3209920
海 淀 区	14893031	14437474	6412307	6937669
城市发展新区	**78793334**	**75209228**	**38025633**	**34052116**
房 山 区	10198611	10257346	8954444	8918559
通 州 区	6100084	5867052	1524329	1512632
顺 义 区	22990146	20667613	11532225	10342269
昌 平 区	11917196	10778590	8517365	7116326
大 兴 区	5708719	4791509	1238434	896668
北京经济技术开发区	21878578	22847118	6258836	5265662
生态涵养发展区	**10915240**	**10771189**	**2964278**	**4129629**
门头沟区	1045874	897172	550471	544887
怀 柔 区	4404012	4990862	1334820	2794608
平 谷 区	2168076	1991186	80157	45458
密 云 县	2620273	2234443	707365	497313
延 庆 县	677005	657526	291465	247363

注：1. 统计范围为年主营业务收入2000万元及以上的工业法人单位。

2. 根据有关规定，国家电网公司、华北电网有限公司、冀北电力有限公司的“工业总产值(当年价格)、工业销售产值年价格)”由北京市统计局统一核算，故表中“工业总产值(当年价格)、工业销售产值(当年价格)”指标分区县数据之和不等于全市合计。

3-37 续表1

单位：万元

区 县	#内资		#港澳台商投资企业		#外商投资企业	
	2012	2011	2012	2011	2012	2011
全 市	**97361379**	**87810931**	**11232295**	**11047040**	**47368450**	**46278310**
首都功能核心区	**7321423**	**6871573**	**119675**	**130877**	**1986057**	**1831652**
东 城 区	687866	560280	66419	74000	341699	432168
西 城 区	6633557	6311292	53256	56877	1644358	1399484
城市功能拓展区	**25172026**	**24646913**	**5375421**	**5104660**	**3636468**	**4445177**
朝 阳 区	9712214	9224248	1204183	1061849	1475672	1602848
丰 台 区	3333716	3337609	74530	80730	455938	660035
石景山区	2582144	2996303	35711	26980	416776	768673
海 淀 区	9543952	9088753	4060997	3935101	1288082	1413621
城市发展新区	**36487347**	**33599607**	**4700752**	**4966189**	**37605236**	**36643430**
房 山 区	9693183	9787036	60644	86867	444784	383443
通 州 区	3836376	3699008	310549	344959	1953159	1823085
顺 义 区	5166612	4990853	1012355	1034150	16811179	14642609
昌 平 区	10237542	9144384	405337	433760	1274318	1200446
大 兴 区	4213469	3423851	852463	732359	642787	635299
北京经济技术开发区	3340165	2554475	2059404	2334094	16479009	17958548
生态涵养发展区	**5738104**	**6567824**	**1036447**	**845314**	**4140690**	**3358050**
门头沟区	970305	831487	46716	44827	28852	20858
怀 柔 区	2118851	3510596	311478	220228	1973684	1260038
平 谷 区	672152	590571	142866	126670	1353058	1273945
密 云 县	1476605	1225397	441606	351112	702063	657933
延 庆 县	500191	409773	93781	102477	83033	145276

3-37 续表2

单位：万元

区 县	#大型企业		#中型企业		#小型企业	
	2012	2011	2012	2011	2012	2011
全 市	**90946981**	**88471437**	**31448706**	**24421635**	**32683751**	**31307589**
首都功能核心区	**7420967**	**6594541**	**869391**	**689486**	**1122211**	**1529293**
东 城 区	302110	280995	500762	399839	283547	368883
西 城 区	7118857	6313547	368629	289646	838664	1160410
城市功能拓展区	**15017894**	**15404421**	**8772127**	**8003284**	**10198398**	**10628124**
朝 阳 区	3952624	4242712	2870776	1830338	5507815	5746058
丰 台 区	1247986	1334925	1411154	1409659	1174397	1301232
石景山区	2353908	3021863	375358	283427	293226	474965
海 淀 区	7463376	6804921	4114839	4479861	3222960	3105870
城市发展新区	**44732290**	**45695680**	**13170996**	**12794374**	**17856535**	**16034971**
房 山 区	8677017	8719744	376830	453179	1055281	972098
通 州 区	918894	834288	2407008	2260876	2560960	2588563
顺 义 区	17921200	15594811	2415767	2276318	2630147	2761622
昌 平 区	564303	3631843	2266847	1941853	6546343	4988969
大 兴 区	1011708	724057	1388280	1224988	3181486	2747308
北京经济技术开发区	15639168	16190937	4316264	4637160	1882318	1976411
生态涵养发展区	**3217540**	**4651780**	**2853678**	**2934491**	**3506609**	**3115201**
门头沟区	707809	628521	47969	59999	284393	203706
怀 柔 区	1583467	2972885	695681	878208	1186697	1107137
平 谷 区	380886	349088	953777	1063556	805748	565209
密 云 县	545378	701286	849010	640270	868082	876891
延 庆 县			307241	292458	361689	362258

注：2011年开始，企业大中小型划分标准执行《国家统计局关于印发统计上大中小微型企业划分办法的通知》(国统字[2011]75号)。

3-37 续表3

单位：万元

区 县	轻工业		重工业	
	2012	2011	2012	2011
全 市	**24021367**	**22271646**	**131940756**	**122864636**
首都功能核心区	**1484747**	**1634255**	**7942408**	**7199848**
东 城 区	585465	498838	510520	567610
西 城 区	899282	1135417	7431888	6632238
城市功能拓展区	**3755361**	**3695381**	**30428553**	**30501368**
朝 阳 区	1440174	1332854	10951895	10556091
丰 台 区	696173	737815	3168010	3340559
石景山区	54027	50113	2980604	3741843
海 淀 区	1564987	1574599	13328044	12862875
城市发展新区	**15366417**	**13810616**	**63426918**	**61398611**
房 山 区	488776	464841	9709835	9792505
通 州 区	2399234	2243219	3700850	3623833
顺 义 区	3013840	2747413	19976307	17920199
昌 平 区	1557759	1415170	10359437	9363420
大 兴 区	2485147	1937845	3223572	2853664
北京经济技术开发区	5421661	5002128	16456917	17844990
生态涵养发展区	**3414844**	**3131393**	**7500398**	**7639795**
门头沟区	167203	118097	878671	779075
怀 柔 区	1499506	1388616	2904507	3602246
平 谷 区	592367	567864	1575709	1423321
密 云 县	887354	802387	1732919	1432056
延 庆 县	268414	254429	408592	403097

3-37 续表4

单位：万元

区 县	工业销售产值(当年价格)		#出口交货值	
	2012	2011	2012	2011
全 市	**154466492**	**143574357**	**15165151**	**15359596**
首都功能核心区	**9442754**	**8725825**	**355464**	**486059**
东 城 区	1057000	1006205	163565	203240
西 城 区	8385754	7719620	191899	282819
城市功能拓展区	**33499740**	**33775815**	**2057968**	**2160329**
朝 阳 区	12257420	11694805	886902	973632
丰 台 区	3874466	3998922	145378	115897
石景山区	3022030	3785434	178001	294787
海 淀 区	14345824	14296654	847687	776013
城市发展新区	**78035675**	**74235232**	**11855920**	**11771487**
房 山 区	10200138	10250122	103123	107660
通 州 区	6003765	5794444	538882	585379
顺 义 区	22738215	20499086	3560056	3202722
昌 平 区	11907442	10687116	467626	436533
大 兴 区	5480854	4606737	215669	218636
北京经济技术开发区	21705261	22397727	6970564	7220557
生态涵养发展区	**10845843**	**10712472**	**895797**	**941720**
门头沟区	1014178	841396	239834	270530
怀 柔 区	4471670	5099474	213415	184179
平 谷 区	2153378	1938791	89135	125502
密 云 县	2585263	2211629	195049	183443
延 庆 县	621354	621182	158364	178066

3-38 规模以上工业企业主要财务指标

单位：个

区 县	企业单位个数		在2012年企业单位个数中				
	2012	2011	#大型	#中型	#小型	轻工业	重工业
全 市	**3692**	**3740**	**166**	**610**	**2748**	**1264**	**2428**
首都功能核心区	**108**	**107**	**11**	**19**	**72**	**48**	**60**
东 城 区	41	42	3	8	28	22	19
西 城 区	67	65	8	11	44	26	41
城市功能拓展区	**1095**	**1159**	**57**	**196**	**801**	**261**	**834**
朝 阳 区	336	353	14	56	254	96	240
丰 台 区	220	239	10	43	159	53	167
石景山区	62	68	7	13	38	9	53
海 淀 区	477	499	26	84	350	103	374
城市发展新区	**1994**	**2009**	**81**	**312**	**1502**	**760**	**1234**
房 山 区	169	172	10	18	130	53	116
通 州 区	457	465	7	72	349	183	274
顺 义 区	325	329	23	62	233	123	202
昌 平 区	303	329	4	50	237	100	203
大 兴 区	480	455	6	44	400	214	266
北京经济技术开发区	260	259	31	66	153	87	173
生态涵养发展区	**495**	**465**	**17**	**83**	**373**	**195**	**300**
门头沟区	47	45	2	2	40	16	31
怀 柔 区	155	145	5	20	125	65	90
平 谷 区	117	106	3	28	82	49	68
密 云 县	132	128	7	25	93	51	81
延 庆 县	44	41		8	33	14	30

注：1.统计范围为年主营业务收入2000万元及以上的工业法人单位。

2.2011年开始，企业大中小型划分标准执行《国家统计局关于印发统计上大中小微型企业划分办法的通知》(国统字[2011]75号)。

3-38 续表1

单位：个

区 县	在2012年企业单位个数中			
	#国有控股	#内资	#港澳台商投资	#外商投资
全 市	**790**	**2767**	**240**	**685**
首都功能核心区	**54**	**87**	**4**	**17**
东 城 区	17	30	2	9
西 城 区	37	57	2	8
城市功能拓展区	**359**	**906**	**54**	**135**
朝 阳 区	122	268	24	44
丰 台 区	79	187	7	26
石景山区	23	50	4	8
海 淀 区	135	401	19	57
城市发展新区	**307**	**1429**	**140**	**425**
房 山 区	31	146	3	20
通 州 区	63	347	23	87
顺 义 区	59	188	30	107
昌 平 区	53	244	18	41
大 兴 区	58	407	22	51
北京经济技术开发区	43	97	44	119
生态涵养发展区	**70**	**345**	**42**	**108**
门头沟区	6	41	4	2
怀 柔 区	17	96	15	44
平 谷 区	10	73	9	35
密 云 县	23	97	13	22
延 庆 县	14	38	1	5

3-38 续表2

单位：万元

区 县	资产总计		负债合计		所有者权益合计	
	2012	2011	2012	2011	2012	2011
全 市	**286131557**	**253217462**	**148372202**	**126486073**	**137746559**	**126731389**
首都功能核心区	**113485097**	**102265483**	**55188087**	**45168754**	**58297009**	**57096729**
东 城 区	1861362	1603585	897925	725955	963437	877630
西 城 区	111623735	100661898	54290162	44442799	57333572	56219099
城市功能拓展区	**81612175**	**73987216**	**43165887**	**39405832**	**38437764**	**34581385**
朝 阳 区	23387523	20482091	10706850	9179484	12677813	11302607
丰 台 区	6666416	6335500	3854029	3699235	2812384	2636265
石景山区	23700950	23598875	12991880	13383669	10708293	10215206
海 淀 区	27857286	23570750	15613128	13143444	12239274	10427307
城市发展新区	**76922182**	**66690720**	**42271525**	**36449456**	**34647928**	**30241261**
房 山 区	6930693	5537888	4211585	3201245	2719108	2336643
通 州 区	6647951	5667925	3945139	3259109	2702812	2408815
顺 义 区	20860691	17250710	11636457	9139097	9223725	8111612
昌 平 区	11557809	9664870	5951083	5131254	5605218	4533616
大 兴 区	6479048	4651482	3537185	2747801	2941804	1903680
北京经济技术开发区	24445990	23917845	12990076	12970950	11455261	10946895
生态涵养发展区	**14112103**	**10274044**	**7746704**	**5462032**	**6363859**	**4812012**
门头沟区	1526841	1369837	527677	511842	999096	857995
怀 柔 区	4677677	3031195	2611407	1930333	2065983	1100862
平 谷 区	2159638	1682299	1290971	941915	868391	740384
密 云 县	2929201	2340262	1738138	1343835	1190154	996427
延 庆 县	2818746	1850451	1578511	734107	1240235	1116344

3-38 续表3

单位：万元

区 县	主营业务收入		利润总额		利税总额	
	2012	2011	2012	2011	2012	2011
全 市	**169051357**	**157533565**	**12678868**	**11294991**	**20104385**	**18061726**
首都功能核心区	**32442868**	**25239663**	**3787482**	**2799335**	**4775118**	**3702372**
东 城 区	1266495	1232269	141495	121153	203838	176296
西 城 区	31176373	24007394	3645987	2678182	4571280	3526076
城市功能拓展区	**43898334**	**43948354**	**3259478**	**2617438**	**4698706**	**3818924**
朝 阳 区	13125713	12594540	691230	954518	1149940	1324903
丰 台 区	4665604	4613755	285564	342771	430853	471087
石景山区	6574342	7737166	907458	119940	1121851	325399
海 淀 区	19532675	19002893	1375226	1200209	1996062	1697535
城市发展新区	**80588530**	**76557027**	**4564625**	**4935161**	**8976134**	**9066132**
房 山 区	10413108	10472834	-10755	-31557	978826	1118529
通 州 区	6659384	6402805	267401	321609	726625	714750
顺 义 区	23270468	21045540	1918396	1669750	3208661	2779465
昌 平 区	11828718	10356820	532692	766452	819613	1063409
大 兴 区	5714982	4912159	330132	321868	535489	483832
北京经济技术开发区	22701870	23366869	1526759	1887039	2706920	2906147
生态涵养发展区	**12121627**	**11788522**	**1067283**	**943059**	**1654429**	**1474299**
门头沟区	1030446	895766	203003	220453	323432	337968
怀 柔 区	5071412	5433872	420129	286849	657719	501248
平 谷 区	2421853	2219457	138518	132180	226458	199879
密 云 县	2890315	2556894	175165	211672	288866	317969
延 庆 县	707601	682533	130468	91905	157954	117235

3-38 续表4

区 县	应交税金合计(万元)		#应交增值税		从业人员年平均人数(人)	
	2012	2011	2012	2011	2012	2011
全 市	**9628722**	**8695360**	**4557614**	**4270556**	**1201482**	**1178714**
首都功能核心区	**1535440**	**1216535**	**724495**	**726337**	**84485**	**85634**
东 城 区	89388	76454	50197	46015	14460	14702
西 城 区	1446052	1140081	674298	680322	70025	70932
城市功能拓展区	**1851357**	**1570617**	**1159569**	**972573**	**363932**	**357732**
朝 阳 区	594684	502292	354116	285538	115878	108185
丰 台 区	198654	187094	120723	106263	61653	63011
石景山区	235938	235038	177438	178916	41706	51442
海 淀 区	822081	646194	507292	401856	144695	135094
城市发展新区	**5482158**	**5186839**	**2229722**	**2160511**	**604503**	**590200**
房 山 区	1008368	1175050	206050	352232	49858	50104
通 州 区	534535	461707	211995	179473	87231	88141
顺 义 区	1721002	1481527	673528	583987	143707	135586
昌 平 区	424093	462524	231988	242470	88345	90664
大 兴 区	270449	223384	171364	136764	80773	73439
北京经济技术开发区	1523712	1382647	734797	665585	154589	152266
生态涵养发展区	**759767**	**721369**	**443827**	**411135**	**148562**	**145148**
门头沟区	159727	167606	84940	81192	24530	24518
怀 柔 区	284007	258548	177178	165279	42742	40563
平 谷 区	129584	102831	73636	57274	30633	30680
密 云 县	150692	160331	85429	85878	40915	39849
延 庆 县	35759	32053	22644	21512	9742	9538

注：应交税金合计主要包括应交增值税、应交所得税、营业税金及附加和管理费用中的税金等。

3–39 建筑业主要指标

区 县	企业个数（个）			建筑施工企业年末从业人员（万人）			建筑施工企业总产值（亿元）		
	2012	2011	增长速度(%)	2012	2011	增长速度(%)	2012	2011	增长速度(%)
全 市	**3572**	**3667**	**-2.6**	**49.2**	**49.6**	**-0.8**	**6588.3**	**6046.3**	**9.0**
首都功能核心区	**490**	**513**	**-4.5**	**6.7**	**6.8**	**-1.5**	**1005.9**	**956.0**	**5.2**
东 城 区	167	183	-8.7	2.7	2.5	8.0	445.9	431.7	3.3
西 城 区	323	330	-2.1	4.0	4.3	-7.0	560.0	524.3	6.8
城市功能拓展区	**1651**	**1694**	**-2.5**	**24.5**	**24.4**	**0.4**	**3394.4**	**3126.1**	**8.6**
朝 阳 区	704	719	-2.1	7.3	7.3		879.2	816.9	7.6
丰 台 区	303	309	-1.9	6.7	6.6	1.5	819.7	777.7	5.4
石景山区	82	83	-1.2	2.3	2.1	9.5	358.5	342.1	4.8
海 淀 区	562	583	-3.6	8.2	8.4	-2.4	1337.0	1189.4	12.4
城市发展新区	**1060**	**1102**	**-3.8**	**14.4**	**14.6**	**-1.4**	**1801.6**	**1607.7**	**12.1**
房 山 区	126	134	-6.0	2.5	2.9	-13.8	294.0	291.8	0.8
通 州 区	225	233	-3.4	2.9	3.2	-9.4	478.2	421.8	13.4
顺 义 区	179	188	-4.8	4.2	4.2		220.8	198.7	11.1
昌平 区	154	171	-9.9	1.2	1.2		260.7	234.5	11.2
大 兴 区	352	353	-0.3	2.5	2.1	19.0	284.7	225.3	26.4
北京经济技术开发区	24	23	4.3	1.1	1.0	10.0	263.2	235.6	11.7
生态涵养发展区	**371**	**358**	**3.6**	**3.6**	**3.8**	**-5.3**	**386.4**	**356.5**	**8.4**
门头沟区	74	69	7.2	0.5	0.4	25.0	71.7	58.8	21.9
怀 柔 区	80	77	3.9	0.9	0.8	12.5	84.9	84.7	0.2
平 谷 区	113	109	3.7	1.1	1.1		83.1	79.2	4.9
密 云 县	56	56		0.9	1.1	-18.2	96.4	87.9	9.7
延 庆 县	48	47	2.1	0.2	0.4	-50.0	50.3	45.9	9.6

注：建筑业相关数据是按照建筑业企业经营地划分，统计范围为施工总承包、专业承包建筑业企业。

3-39 续表1

单位：亿元

区县	营业收入			应交税金合计			#应交所得税		
	2012	2011	增长速度(%)	2012	2011	增长速度(%)	2012	2011	增长速度(%)
全　市	**8194.5**	**7653.9**	**7.1**	**263.0**	**259.8**	**1.2**	**41.8**	**37.8**	**10.6**
首都功能核心区	**1291.4**	**1171.3**	**10.3**	**42.0**	**37.9**	**10.8**	**6.8**	**5.1**	**33.3**
东城区	606.4	516.1	17.5	19.5	16.3	19.6	3.5	2.4	45.8
西城区	685.0	655.2	4.5	22.5	21.5	4.7	3.3	2.7	22.2
城市功能拓展区	**4525.6**	**4339.6**	**4.3**	**136.3**	**141.8**	**-3.9**	**20.5**	**19.7**	**4.1**
朝阳区	1189.0	1122.7	5.9	36.0	34.4	4.7	5.7	4.1	39.0
丰台区	1065.4	966.5	10.2	29.4	35.3	-16.7	3.6	3.5	2.9
石景山区	541.0	543.9	-0.5	15.6	14.7	6.1	3.9	3.1	25.8
海淀区	1730.2	1706.5	1.4	55.3	57.5	-3.8	7.3	9.0	-18.9
城市发展新区	**1992.2**	**1758.7**	**13.3**	**69.8**	**66.0**	**5.8**	**12.2**	**10.7**	**14.0**
房山区	337.1	321.1	5.0	13.0	13.9	-6.5	2.0	2.4	-16.7
通州区	578.1	471.1	22.7	20.3	18.9	7.4	4.4	3.5	25.7
顺义区	239.7	200.7	19.4	9.1	7.8	16.7	1.6	1.3	23.1
昌平区	265.1	247.1	7.3	9.9	9.3	6.5	1.6	1.3	23.1
大兴区	290.4	262.2	10.8	9.9	9.1	8.8	1.4	1.0	40.0
北京经济技术开发区	281.8	256.5	9.9	7.6	7.1	7.0	1.2	1.2	
生态涵养发展区	**385.3**	**384.3**	**0.3**	**14.9**	**14.1**	**5.7**	**2.3**	**2.3**	
门头沟区	74.4	59.7	24.6	2.7	2.2	22.7	0.3	0.2	50.0
怀柔区	80.9	97.1	-16.7	2.8	3.3	-15.2	0.2	0.2	
平谷区	88.6	93.3	-5.0	3.4	3.6	-5.6	0.9	1.0	-10.0
密云县	97.6	90.9	7.4	4.4	3.6	22.2	0.8	0.8	
延庆县	43.8	43.3	1.2	1.6	1.5	6.7	0.1	0.1	

3-39 续表2

单位：亿元

区 县	利润总额			流动资产合计			在建工程		
	2012	2011	增长速度(%)	2012	2011	增长速度(%)	2012	2011	增长速度(%)
全 市	**293.0**	**219.6**	**33.4**	**9056.9**	**7749.8**	**16.9**	**53.5**	**65.7**	**-18.6**
首都功能核心区	**38.7**	**35.7**	**8.4**	**1529.9**	**1413.3**	**8.3**	**2.6**	**9.2**	**-71.7**
东 城 区	19.8	21.8	-9.2	785.6	664.4	18.2	0.5	6.2	-91.9
西 城 区	18.9	13.9	36.0	744.3	748.9	-0.6	2.1	3.0	-30.0
城市功能拓展区	**186.4**	**123.2**	**51.3**	**5497.3**	**4617.1**	**19.1**	**34.4**	**33.9**	**1.5**
朝 阳 区	27.7	18.4	50.5	1160.4	967.4	20.0	6.0	4.6	30.4
丰 台 区	35.2	53.3	-34.0	1391.9	1172.2	18.7	2.8	3.4	-17.6
石景山区	20.5	15.9	28.9	549.1	433.5	26.7	1.0	1.5	-33.3
海 淀 区	103.0	35.6	189.3	2395.9	2044.0	17.2	24.6	24.4	0.8
城市发展新区	**59.4**	**52.0**	**14.2**	**1698.0**	**1422.4**	**19.4**	**14.0**	**20.0**	**-30.0**
房 山 区	14.2	14.1	0.7	355.9	303.7	17.2	4.2	7.5	-44.0
通 州 区	17.1	14.5	17.9	387.3	360.9	7.3	1.4	3.0	-53.3
顺 义 区	7.1	5.2	36.5	261.2	193.9	34.7	1.6	5.0	-68.0
昌 平 区	6.2	4.7	31.9	244.4	205.8	18.8	2.9	1.8	61.1
大 兴 区	6.0	4.8	25.0	222.5	165.1	34.8	3.6	2.5	44.0
北京经济技术开发区	8.8	8.7	1.1	226.7	193.0	17.5	0.3	0.2	50.0
生态涵养发展区	**8.5**	**8.7**	**-2.3**	**331.7**	**297.0**	**11.7**	**2.5**	**2.6**	**-3.8**
门头沟区	0.9	0.9		48.0	40.7	17.9	0.1	0.1	
怀 柔 区	0.8	1.0	-20.0	74.0	67.2	10.1	0.2	0.1	100.0
平 谷 区	3.3	3.6	-8.3	97.7	91.6	6.7	1.3	1.6	-18.8
密 云 县	3.4	2.8	21.4	68.4	59.1	15.7	0.5	0.6	-16.7
延 庆 县	0.1	0.4	-75.0	43.6	38.4	13.5	0.4	0.2	100.0

注：应交税金合计主要包括应交增值税、应交所得税、营业税金及附加和管理费用中的税金等。

3-39 续表3

单位：亿元

区 县	资产总计			负债合计			所有者权益合计		
	2012	2011	增长速度(%)	2012	2011	增长速度(%)	2012	2011	增长速度(%)
全 市	**13605.9**	**12014.4**	**13.2**	**9172.3**	**7904.7**	**16.0**	**4433.7**	**4109.7**	**7.9**
首都功能核心区	**2019.4**	**1835.9**	**10.0**	**1443.3**	**1337.7**	**7.9**	**576.1**	**498.1**	**15.7**
东 城 区	969.6	829.9	16.8	679.7	598.0	13.7	289.9	231.8	25.1
西 城 区	1049.8	1006.0	4.4	763.6	739.7	3.2	286.2	266.3	7.5
城市功能拓展区	**9149.5**	**8128.4**	**12.6**	**5873.9**	**5040.0**	**16.5**	**3275.6**	**3088.5**	**6.1**
朝 阳 区	1407.2	1224.5	14.9	1147.6	997.4	15.1	259.6	227.1	14.3
丰 台 区	2597.5	2361.4	10.0	1627.3	1426.1	14.1	970.2	935.3	3.7
石景山区	604.0	484.9	24.6	507.6	402.8	26.0	96.4	82.2	17.3
海 淀 区	4540.8	4057.6	11.9	2591.4	2213.7	17.1	1949.4	1843.9	5.7
城市发展新区	**2041.9**	**1710.5**	**19.4**	**1565.2**	**1278.1**	**22.5**	**476.8**	**432.4**	**10.3**
房 山 区	421.3	363.5	15.9	298.9	251.3	18.9	122.4	112.2	9.1
通 州 区	464.7	422.3	10.0	376.4	340.0	10.7	88.3	82.4	7.2
顺 义 区	305.5	237.4	28.7	239.8	180.2	33.1	65.7	57.2	14.9
昌 平 区	289.1	241.8	19.6	225.4	181.8	24.0	63.6	59.9	6.2
大 兴 区	261.8	197.1	32.8	181.2	126.6	43.1	80.6	70.5	14.3
北京经济技术开发区	299.5	248.4	20.6	243.5	198.2	22.8	56.2	50.2	11.8
生态涵养发展区	**395.1**	**339.6**	**16.3**	**289.9**	**248.9**	**16.5**	**105.2**	**90.7**	**16.0**
门头沟区	52.9	45.2	17.0	42.6	36.7	16.1	10.3	8.5	21.2
怀 柔 区	84.0	78.8	6.6	64.4	60.9	5.7	19.6	17.9	9.5
平 谷 区	128.5	103.8	23.8	89.8	72.5	23.9	38.7	31.3	23.6
密 云 县	81.1	69.0	17.5	57.2	48.1	18.9	23.9	20.9	14.4
延 庆 县	48.6	42.8	13.6	35.9	30.7	16.9	12.7	12.1	5.0

3-40 民用汽车(2012年)

单位：辆

区 县	民用汽车拥有量	#私人汽车
全 市	**4957409**	**4074786**
首都功能核心区	**822176**	**632590**
东 城 区	382619	279976
西 城 区	439557	352614
城市功能拓展区	**2468381**	**2110377**
朝 阳 区	917555	771852
丰 台 区	587624	517691
石景山区	140758	117819
海 淀 区	822444	703015
城市发展新区	**1299610**	**1058334**
房 山 区	199798	165047
通 州 区	246194	192640
顺 义 区	200228	162735
昌 平 区	341149	293316
大 兴 区	312241	244596
生态涵养发展区	**367242**	**273485**
门头沟区	62621	44444
怀 柔 区	85316	59266
平 谷 区	89177	62404
密 云 县	77395	64913
延 庆 县	52733	42458

资料来源：北京市公安局公安交通管理局。

3-41 备案停车场情况(2012年)

单位：个

区 县	备案停车场个数	备案停车场车位总数
全 市	**6273**	**1611372**
首都功能核心区		
东 城 区	512	87009
西 城 区	711	114613
城市功能拓展区		
朝 阳 区	2033	569808
丰 台 区	581	172718
石景山区	186	43528
海 淀 区	1203	308702
城市发展新区		
房 山 区	109	37311
通 州 区	190	51353
顺 义 区	81	19868
昌 平 区	208	93585
大 兴 区	199	42408
北京经济技术开发区	61	26151
生态涵养发展区		
门头沟区	49	8503
怀 柔 区	27	11033
平 谷 区	35	6637
密 云 县	53	9901
延 庆 县	23	5858
西 客 站	**12**	**2386**

注：统计范围指北京市辖区内全部备案停车场。

资料来源：北京市交通委员会。

3-42 限额以上批发和零售业基本情况(2012年)

区 县	单位个数(个)	年末从业人员(人)	商品购进额(亿元)	商品销售额(亿元)		
					批发额	零售额
全 市	**8108**	**719943**	**48745.6**	**52383.0**	**45989.6**	**6393.4**
首都功能核心区	**1457**	**168625**	**12678.5**	**13434.3**	**12036.1**	**1398.3**
东 城 区	667	89010	6671.2	7077.8	6341.0	736.8
西 城 区	790	79615	6007.3	6356.5	5695.1	661.5
城市功能拓展区	**5001**	**438004**	**30401.6**	**32980.9**	**29080.5**	**3900.4**
朝 阳 区	2187	234131	13967.4	16226.4	14285.5	1940.9
丰 台 区	589	54207	2436.4	2533.8	2005.5	528.3
石景山区	194	26609	1011.2	1050.7	787.4	263.3
海 淀 区	2031	123057	12986.6	13170.0	12002.1	1167.9
城市发展新区	**1308**	**97954**	**5149.6**	**5425.3**	**4410.3**	**1015.0**
房 山 区	324	11430	874.8	895.2	789.8	105.3
通 州 区	176	19383	603.5	643.6	486.9	156.7
顺 义 区	186	18745	650.7	727.6	557.5	170.1
昌 平 区	225	12883	948.1	979.6	824.1	155.5
大 兴 区	261	16927	558.0	573.7	449.8	124.0
北京经济技术开发区	136	18586	1514.5	1605.6	1302.2	303.4
生态涵养发展区	**342**	**15360**	**516.1**	**542.3**	**462.6**	**79.7**
门头沟区	117	3074	116.0	120.7	103.8	16.9
怀 柔 区	50	2881	92.2	96.2	78.6	17.6
平 谷 区	59	2647	146.9	147.9	127.3	20.6
密 云 县	82	4504	138.7	149.0	131.8	17.2
延 庆 县	34	2254	22.3	28.5	21.1	7.4

注：统计范围为年主营业务收入2000万元及以上的批发业法人单位和个体经营户；年主营业务收入500万元及以上的零售业法人单位和个体经营户。

3-43 限额以上住宿和餐饮业基本情况(2012年)

区 县	单位个数(个)	年末从业人员(人)	营业额(亿元)	#客房收入	#餐饮收入
全 市	**3171**	**414604**	**922.3**	**190.7**	**636.6**
首都功能核心区	**825**	**134465**	**336.7**	**63.3**	**249.5**
东 城 区	390	85623	224.6	37.8	171.3
西 城 区	435	48842	112.1	25.5	78.2
城市功能拓展区	**1802**	**203222**	**456.9**	**103.3**	**301.8**
朝 阳 区	822	94835	232.4	48.9	156.2
丰 台 区	230	20500	40.6	9.2	26.9
石景山区	48	5485	7.8	1.9	4.4
海 淀 区	702	82402	176.1	43.3	114.3
城市发展新区	**364**	**59995**	**104.1**	**17.3**	**71.7**
房 山 区	61	4743	7.3	1.3	4.5
通 州 区	42	3659	4.9	0.9	3.4
顺 义 区	77	15887	30.1	5.8	19.2
昌 平 区	98	12872	24.3	6.0	11.7
大 兴 区	59	13763	20.9	1.3	18.6
北京经济技术开发区	27	9071	16.6	2.0	14.3
生态涵养发展区	**180**	**16922**	**24.6**	**6.8**	**13.5**
门头沟区	35	3572	5.7	1.7	3.4
怀 柔 区	55	4623	6.6	2.1	3.1
平 谷 区	27	2395	3.1	0.6	2.1
密 云 县	34	3858	5.9	1.7	2.7
延 庆 县	29	2474	3.3	0.7	2.2

注：统计范围为年主营业务收入200万元及以上的餐饮业法人单位和个体经营户；年主营业务收入200万元及以上的住宿业法人单位和个体经营户。

3-44 社会消费品零售总额

单位：亿元

区 县	社会消费品零售总额		增长速度
	2012	2011	(%)
全 市	**7702.8**	**6900.3**	**11.6**
首都功能核心区	**1559.0**	**1380.2**	**13.0**
东 城 区	794.6	691.3	15.0
西 城 区	764.3	688.9	11.0
城市功能拓展区	**4345.6**	**3935.6**	**10.4**
朝 阳 区	1829.5	1651.9	10.8
丰 台 区	826.8	738.5	12.0
石景山区	184.5	162.1	13.9
海 淀 区	1504.8	1383.1	8.8
城市发展新区	**1409.1**	**1241.1**	**13.5**
房 山 区	182.5	156.7	16.5
通 州 区	239.3	208.0	15.1
顺 义 区	254.1	217.3	17.0
昌 平 区	280.4	250.0	12.2
大 兴 区	200.9	173.3	16.0
北京经济技术开发区	251.9	235.8	6.8
生态涵养发展区	**389.0**	**343.5**	**13.3**
门头沟区	43.7	38.0	15.1
怀 柔 区	89.8	79.2	13.5
平 谷 区	66.9	58.1	15.2
密 云 县	105.6	94.1	12.2
延 庆 县	83.0	74.1	12.1

注：2011年开始，分区县社会消费品零售总额按产业在地原则核算。

3–45 对外经济基本情况

单位：万美元

区 县	地区进出口总值			实际利用外商直接投资额	
		进口值	出口值	2012	2011
全 市	**40810735**	**34847523**	**5963212**	**804160**	**705447**
首都功能核心区	**13993567**	**12142793**	**1850774**	**124282**	**109453**
东 城 区	1707461	1337627	369834	63634	55256
西 城 区	12286106	10805166	1480940	60648	54197
城市功能拓展区	**23220772**	**20285120**	**2935652**	**494678**	**421030**
朝 阳 区	17664690	15878403	1786288	320073	264703
丰 台 区	1362957	1176623	186334	16632	7304
石景山区	62625	28685	33940	7809	6767
海 淀 区	4130499	3201408	929090	150164	142256
城市发展新区	**3259255**	**2228839**	**1030416**	**151746**	**140409**
房 山 区	69606	39100	30506	7998	4903
通 州 区	208324	88044	120280	10376	9017
顺 义 区	1023909	875187	148723	42053	40491
昌 平 区	259974	129884	130089	9288	9092
大 兴 区	1697442	1096624	600818	82031	76906
#北京经济技术开发区				66923	63818
生态涵养发展区	**325495**	**187385**	**138110**	**33454**	**34555**
门头沟区	47357	20991	26366	4485	4204
怀 柔 区	74394	40777	33617	20659	5939
平 谷 区	83683	66654	17029	7197	6023
密 云 县	94903	56276	38627	587	4455
延 庆 县	25157	2687	22470	526	13934
其 他	**11647**	**3387**	**8260**		

注：1.进出口指标中的“其他”是指外商常驻机构、外国驻华使领馆、国际组织和外籍专家等进出口单位。

2.大兴区中包含北京经济技术开发区数据。

资料来源：中华人民共和国北京海关、北京市商务委员会。

3-46 旅游及星级饭店基本情况

区 县	入境旅游者人数(万人次)		#外国人		星级饭店个数(个)		出租率(%)	
	2012	2011	2012	2011	2012	2011	2012	2011
全 市	**500.86**	**520.40**	**434.40**	**447.41**	**612**	**598**	**60.0**	**60.0**
首都功能核心区	**164.01**	**165.87**	**144.73**	**143.85**	**154**	**151**	**68.5**	**66.3**
东 城 区	126.86	126.87	112.13	110.72	72	72	67.7	66.5
西 城 区	37.14	39.00	32.60	33.13	82	79	69.2	66.0
城市功能拓展区	**288.16**	**304.84**	**246.00**	**259.72**	**247**	**245**	**65.4**	**66.4**
朝 阳 区	215.27	229.37	189.92	200.95	114	113	67.0	67.0
丰 台 区	10.48	9.76	9.60	8.37	38	38	63.8	61.5
石景山区	11.29	8.41	9.88	7.30	6	6	56.2	54.3
海 淀 区	51.12	57.30	36.61	43.09	89	88	64.1	67.5
城市发展新区	**47.01**	**47.90**	**42.66**	**42.78**	**123**	**116**	**44.8**	**43.2**
房 山 区	0.07	0.05	0.07	0.05	41	35	27.2	25.1
通 州 区	2.64	3.88	2.54	3.81	7	7	43.7	38.4
顺 义 区	24.24	22.85	22.78	21.40	19	19	59.1	57.1
昌 平 区	4.62	4.69	3.90	3.45	44	44	44.6	44.0
大 兴 区	15.44	16.43	13.37	14.07	12	11	48.1	50.2
生态涵养发展区	**1.68**	**1.79**	**1.01**	**1.06**	**88**	**86**	**34.8**	**36.3**
门头沟区	0.05	0.11	0.05	0.06	15	15	33.8	34.6
怀 柔 区	0.16	0.19	0.07	0.10	27	27	38.1	38.2
平 谷 区	0.22	0.21	0.22	0.20	10	10	43.0	44.7
密 云 县	0.47	0.45	0.28	0.25	17	18	34.4	36.3
延 庆 县	0.76	0.83	0.38	0.45	19	16	28.3	29.4

3-46 续表

区 县	营业收入(万元)		利润总额(万元)		从业人员平均人数(人)	
	2012	2011	2012	2011	2012	2011
全 市	**3031115.8**	**2853357.6**	**179495.4**	**162374.0**	**122379**	**128609**
首都功能核心区	**969187.6**	**943206.5**	**81370.9**	**70657.3**	**34034**	**40085**
东城区	578284.4	576886.0	51050.4	50158.8	19552	20883
西城区	390903.2	366320.5	30320.5	20498.5	14482	19202
城市功能拓展区	**1553591.5**	**1436093.3**	**124007.0**	**114399.5**	**58162**	**58108**
朝阳区	917104.9	839574.9	90417.2	74434.9	30020	29724
丰台区	103892.6	91533.8	828.1	-1326.6	5255	5410
石景山区	14224.7	15016.6	-87.8	-562.1	803	877
海淀区	518369.3	489968.0	32849.5	41853.3	22084	22097
城市发展新区	**396926.9**	**362188.3**	**-17829.3**	**-9767.5**	**22133**	**21222**
房山区	37659.7	36346.8	-2292.9	-2352.0	2544	2854
通州区	23010.3	21907.5	-1661.6	-1107.8	1724	1526
顺义区	82733.2	64473.6	-5305.2	-2447.8	4950	4196
昌平区	213102.2	198155.8	-4503.1	-4573.6	10310	10210
大兴区	40421.5	41304.6	-4066.5	713.7	2605	2436
生态涵养发展区	**111409.8**	**111869.5**	**-8053.2**	**-12915.3**	**8050**	**9194**
门头沟区	19465.4	19221.3	-1855.1	-1793.0	869	914
怀柔区	23325.2	20860.1	-616.1	-3294.4	1695	1720
平谷区	12065.0	17323.7	-495.1	-1983.3	1064	1749
密云县	33599.2	33796.3	-5758.3	-4399.9	2599	2935
延庆县	22955.0	20668.1	671.4	-1444.7	1823	1876

3-47 银行、保险系统机构人员情况(2012年)

区 县	合计		总行、总公司		分行、分公司		支行、支公司	
	机构(个)	从业人员(人)	机构(个)	从业人员(人)	机构(个)	从业人员(人)	机构(个)	从业人员(人)
全 市	**4039**	**273163**	**78**	**86798**	**162**	**47238**	**1809**	**83830**
首都功能核心区	**862**	**129473**	**42**	**58550**	**77**	**33167**	**421**	**21618**
东 城 区	348	33961	8	6430	22	10043	183	8595
西 城 区	514	95512	34	52120	55	23124	238	13023
城市功能拓展区	**1952**	**105478**	**26**	**27659**	**83**	**14016**	**913**	**40359**
朝 阳 区	856	50472	22	15935	68	10686	410	15685
丰 台 区	293	7938			3	233	118	4192
石景山区	89	3632	1	479			38	1731
海 淀 区	714	43436	3	11245	12	3097	347	18751
城市发展新区	**832**	**27502**	**6**	**464**	**2**	**55**	**341**	**15264**
房 山 区	147	4640					46	1918
通 州 区	159	6827	1	28	1	14	57	3061
顺 义 区	175	5423	2	308	1	41	84	3602
昌 平 区	181	5275	1	59			76	3477
大 兴 区	170	5337	2	69			78	3206
生态涵养发展区	**393**	**10710**	**4**	**125**			**134**	**6589**
门头沟区	48	1082	1	24			17	771
怀 柔 区	98	2359	1	42			28	1450
平 谷 区	94	2876					33	1717
密 云 县	96	2735	1	36			33	1658
延 庆 县	57	1658	1	23			23	993

3-47 续表

区 县	分理处		储蓄所		其他	
	机构(个)	从业人员(人)	机构(个)	从业人员(人)	机构(个)	从业人员(人)
全 市	**830**	**7858**	**487**	**3729**	**673**	**43710**
首都功能核心区	**66**	**1079**	**88**	**662**	**168**	**14397**
东 城 区	29	478	27	220	79	8195
西 城 区	37	601	61	442	89	6202
城市功能拓展区	**374**	**4171**	**259**	**2028**	**297**	**17245**
朝 阳 区	152	1915	90	645	114	5606
丰 台 区	67	562	50	542	55	2409
石景山区	15	208	17	113	18	1101
海 淀 区	140	1486	102	728	110	8129
城市发展新区	**235**	**1781**	**93**	**764**	**155**	**9174**
房 山 区	48	366	18	167	35	2189
通 州 区	52	409	17	125	31	3190
顺 义 区	40	337	16	129	32	1006
昌 平 区	49	330	22	177	33	1232
大 兴 区	46	339	20	166	24	1557
生态涵养发展区	**155**	**827**	**47**	**275**	**53**	**2894**
门头沟区	15	76	9	53	6	158
怀 柔 区	49	266	11	39	9	562
平 谷 区	35	162	9	72	17	925
密 云 县	36	223	11	74	15	744
延 庆 县	20	100	7	37	6	505

3-48 北京市中资银行人民币存贷款余额(2012年)

单位：万元

区 县	各项存款	单位存款	个人存款	#储蓄存款	其他存款
全 市	**778760001**	**476996310**	**241038159**	**214045510**	**60725532**
首都功能核心区	**349686843**	**226391873**	**75282637**	**52357841**	**48012334**
东 城 区	87487177	59023978	21330534	20728991	7132666
西 城 区	262199666	167367895	53952103	31628850	40879668
城市功能拓展区	**342153869**	**210203918**	**119559573**	**116026690**	**12390378**
朝 阳 区	121634497	69875935	45980439	44631772	5778123
丰 台 区	45289243	21587691	21983115	21508956	1718438
石景山区	11501470	6157443	5296431	5237595	47596
海 淀 区	163728659	112582850	46299588	44648367	4846222
城市发展新区	**70327402**	**33002257**	**37046487**	**36562283**	**278658**
房 山 区	9712128	4387428	5319036	5254880	5664
通 州 区	13362150	5496638	7837383	7778302	28129
顺 义 区	14187792	7698960	6437542	6296320	51290
昌 平 区	13848858	5412832	8376811	8268932	59215
大 兴 区	19216474	10006399	9075716	8963848	134359
生态涵养发展区	**16591886**	**7398261**	**9149463**	**9098697**	**44162**
门头沟区	3583032	1664932	1907589	1897254	10511
怀 柔 区	3870904	1815857	2037677	2030037	17370
平 谷 区	3394178	1530778	1857906	1842194	5495
密 云 县	3638949	1522901	2107465	2090818	8583
延 庆 县	2104823	863794	1238826	1238394	2203

注：本表统计范围包括邮政储蓄银行、政策性银行、国有商业银行、股份制商业银行(含农村商业银行)、北京城市商业银行。

资料来源：中国人民银行营业管理部。

3-48 续表

单位：万元

区 县	各项贷款	境内贷款	短期贷款	#个人消费贷款	中长期贷款	#个人消费贷款	其他贷款	境外贷款
全 市	**345179846**	**344863596**	**106288036**	**1419546**	**228294143**	**40468746**	**10281417**	**316250**
首都功能核心区	**188371222**	**188253405**	**56743872**	**776559**	**122912539**	**13777577**	**8596994**	**117817**
东 城 区	42398112	42344729	13530716	175219	27401648	5690286	1412365	53383
西 城 区	145973110	145908676	43213156	601339	95510891	8087291	7184629	64434
城市功能拓展区	**126471038**	**126298958**	**42837805**	**538411**	**82338970**	**21483486**	**1122182**	**172080**
朝 阳 区	55908755	55790821	16410762	215462	38753839	10288255	626220	117934
丰 台 区	20256959	20246120	6259328	105387	13922321	2863535	64471	10839
石景山区	3667823	3664688	1185875	5548	2454196	534931	24617	3136
海 淀 区	46637500	46597329	18981841	212014	27208615	7796765	406873	40171
城市发展新区	**25876735**	**25852428**	**5530097**	**77751**	**19834646**	**4244033**	**487684**	**24308**
房 山 区	2451858	2451666	523603	14836	1924752	487773	3311	192
通 州 区	3953088	3951899	601602	19640	3227666	914150	122631	1189
顺 义 区	6841008	6830606	2553407	14272	4008160	820790	269040	10402
昌 平 区	3376611	3368220	396438	14549	2964988	988517	6794	8391
大 兴 区	9254171	9250037	1455048	14454	7709081	1032802	85908	4134
生态涵养发展区	**4460851**	**4458806**	**1176262**	**26826**	**3207987**	**963650**	**74556**	**2045**
门头沟区	808152	808107	110614	2445	695042	117109	2451	46
怀 柔 区	953506	953033	251932	4195	667120	187637	33981	473
平 谷 区	1202152	1200736	303407	10288	894727	237037	2602	1416
密 云 县	1065220	1065110	401164	4887	649254	300832	14692	111
延 庆 县	431820	431820	109145	5011	301845	121035	20831	

3-49 限额以上第三产业基本情况(2012年)

区 县	收入合计(亿元)	资产总计(亿元)	企业利润总额(亿元)	应交税金合计(亿元)	从业人员平均人数(万人)
全 市	**92138.2**	**1022849.7**	**14248.4**	**4652.8**	**545.0**
首都功能核心区	**30536.1**	**794817.0**	**10380.3**	**2182.0**	**134.1**
东 城 区	14879.6	103542.4	5486.1	475.2	58.7
西 城 区	15656.5	691274.6	4894.2	1706.8	75.4
城市功能拓展区	**51367.3**	**206947.7**	**3486.5**	**2132.4**	**319.9**
朝 阳 区	23450.7	82745.7	2655.6	896.7	120.9
丰 台 区	4266.8	11137.6	108.1	119.1	49.1
石景山区	1428.7	2192.7	55.0	39.8	12.3
海 淀 区	22221.1	110871.7	667.8	1076.9	137.6
城市发展新区	**9053.1**	**18027.4**	**347.6**	**305.8**	**71.3**
房 山 区	1124.7	1835.8	20.2	25.5	8.0
通 州 区	945.9	2392.0	42.2	45.4	7.9
顺 义 区	2493.3	6029.0	130.2	93.0	22.8
昌 平 区	1829.0	3400.3	74.6	55.5	13.9
大 兴 区	930.6	2252.1	29.7	39.8	11.2
北京经济技术开发区	1729.7	2118.2	50.8	46.6	7.6
生态涵养发展区	**1181.7**	**3057.7**	**34.0**	**32.5**	**19.6**
门头沟区	253.9	657.5	8.2	6.8	2.9
怀 柔 区	268.4	629.9	12.5	9.1	4.4
平 谷 区	255.6	824.2	6.0	5.0	4.2
密 云 县	284.9	694.9	3.2	7.6	4.4
延 庆 县	119.0	251.2	4.0	4.0	3.8

注：应交税金合计主要包括应交增值税、应交所得税、营业税金及附加和管理费用中的税金等。

3–50 规模以上文化创意产业情况

区　县	收入合计(万元)		利润总额(万元)		应交税金合计(万元)		从业人员平均人数(人)	
	2012	2011	2012	2011	2012	2011	2012	2011
全　市	**92858253**	**81085780**	**7217976**	**6661563**	**4566468**	**4063506**	**1043172**	**954929**
首都功能核心区	**20919779**	**17251163**	**1404184**	**1392473**	**764178**	**752828**	**173496**	**168214**
东 城 区	13317155	10484460	670139	707544	419792	486060	85049	80977
西 城 区	7602624	6766704	734045	684928	344386	266768	88447	87237
城市功能拓展区	**65515913**	**57612236**	**5503388**	**4928890**	**3511317**	**3047421**	**767019**	**685278**
朝 阳 区	21190395	19558588	723248	956190	826551	760760	220693	194782
丰 台 区	2863753	2612588	230699	249069	134320	147035	32202	32327
石景山区	2317399	2052185	345601	295101	131645	107449	26531	23051
海 淀 区	39144367	33388875	4203840	3428530	2418800	2032176	487593	435118
城市发展新区	**5527505**	**5659798**	**210924**	**313519**	**241923**	**237941**	**85651**	**86781**
房 山 区	873280	1567637	30955	9516	17502	30066	6059	8560
通 州 区	927425	926174	16907	24054	29993	29663	16266	16974
顺 义 区	939370	762270	73269	78845	49797	42951	12805	12114
昌 平 区	1028180	893385	75963	102041	55153	54421	19768	19706
大 兴 区	560859	444469	19668	17719	21009	18675	11822	10971
北京经济技术开发区	1198392	1065863	-5837	81344	68468	62164	18931	18456
生态涵养发展区	**895056**	**562582**	**99480**	**26682**	**49050**	**25318**	**17006**	**14656**
门头沟区	95137	79530	3758	1680	3247	2455	1322	1117
怀 柔 区	408019	132569	72626	-1290	26855	5122	5908	4358
平 谷 区	120767	94863	11290	10802	6523	6286	3463	2479
密 云 县	147661	138541	5832	11255	7619	7071	2982	3506
延 庆 县	123473	117079	5974	4235	4807	4382	3331	3196

注：规模以上文化创意产业统计范围包括：年营业收入500万元及以上的文化服务业法人单位、年主营业务收入2000万元及以上的文化制造业和文化批发业法人单位、年主营业务收入500万元及以上的文化零售业法人单位。

3-51 城镇居民收支情况

单位：元

区 县	人均可支配收入			人均消费性支出			#食品		
	2012	2011	增长速度(%)	2012	2011	增长速度(%)	2012	2011	增长速度(%)
全 市	**36469**	**32903**	**10.8**	**24046**	**21984**	**9.4**	**7535**	**6905**	**9.1**
首都功能核心区	**39265**	**35280**	**11.3**	**26622**	**24244**	**9.8**	**8531**	**7566**	**12.8**
东 城 区	38559	34626	11.4	25887	23813	8.7	8891	7768	14.5
西 城 区	39772	35740	11.3	27149	24547	10.6	8273	7424	11.4
城市功能拓展区	**38342**	**34495**	**11.2**	**25462**	**23393**	**8.8**	**7812**	**7212**	**8.3**
朝 阳 区	37883	34044	11.3	26785	24799	8.0	8276	7692	7.6
丰 台 区	34200	30682	11.5	22869	20548	11.3	7323	6868	6.6
石景山区	35420	31936	10.9	20530	21343	-3.8	6995	6657	5.1
海 淀 区	41841	37746	10.8	26570	24000	10.7	7774	7016	10.8
城市发展新区	**30337**	**27651**	**9.7**	**19159**	**17432**	**9.9**	**6312**	**5876**	**7.4**
房 山 区	30025	26956	11.4	19407	16540	17.3	6494	5636	15.2
通 州 区	30476	27713	10.0	18972	17779	6.7	6418	6425	-0.1
顺 义 区	30437	28163	8.1	17463	16431	6.3	6039	5578	8.3
昌 平 区	29950	27669	8.2	19872	18489	7.5	6271	5891	6.5
大 兴 区	31004	27786	11.6	19852	17678	12.3	6324	5863	7.9
生态涵养发展区	**30354**	**27355**	**11.0**	**18978**	**16921**	**12.2**	**6070**	**5488**	**10.6**
门头沟区	32369	29172	11.0	20442	18578	10.0	7076	6248	13.3
怀 柔 区	29562	26647	10.9	18590	16258	14.3	5929	5279	12.3
平 谷 区	29850	26842	11.2	18961	16790	12.9	5689	5333	6.7
密 云 县	29551	26652	10.9	17743	15971	11.1	5298	4872	8.7
延 庆 县	28644	26080	9.8	16481	14756	11.7	5544	4962	11.7

注：城镇居民抽样调查样本量5000户，覆盖所有区县。

3-52 城镇居民家庭每百户耐用消费品拥有量(2012年)

区 县	组合音响(套)	家用汽车(辆)	摄像机(架)	彩色电视机(台)	钢琴(架)	其他中高档乐器(件)	照相机(架)
全 市	**25**	**42**	**25**	**141**	**5**	**8**	**90**
首都功能核心区	**29**	**35**	**32**	**151**	**6**	**7**	**99**
东 城 区	26	30	30	151	5	7	105
西 城 区	31	39	33	152	6	8	94
城市功能拓展区	**27**	**45**	**27**	**144**	**6**	**9**	**99**
朝 阳 区	32	45	29	150	5	9	108
丰 台 区	19	36	19	138	3	8	86
石景山区	15	34	20	146	5	7	81
海 淀 区	30	52	30	141	9	10	103
城市发展新区	**20**	**41**	**17**	**129**	**2**	**5**	**68**
房 山 区	23	40	17	135	2	6	67
通 州 区	11	31	14	124	2	6	68
顺 义 区	23	42	19	120	1	4	57
昌 平 区	19	40	17	137	3	5	71
大 兴 区	22	57	21	126	2	5	74
生态涵养发展区	**15**	**39**	**8**	**123**	**2**	**6**	**50**
门头沟区	10	27	8	124	1	3	44
怀 柔 区	19	52	12	123	4	7	48
平 谷 区	18	41	6	119	2	4	57
密 云 县	18	38	13	132	2	11	55
延 庆 县	11	36	3	118	1	9	50

3–52 续表

区 县	空调器 (台)	健身器材 (套)	计算机 (台)	移动电话 (部)	电冰箱 (台)	洗衣机 (台)
全 市	**179**	**8**	**112**	**226**	**103**	**101**
首都功能核心区	**179**	**5**	**123**	**239**	**104**	**102**
东城区	181	6	123	235	105	104
西城区	177	5	124	241	103	101
城市功能拓展区	**184**	**10**	**117**	**224**	**103**	**101**
朝阳区	194	9	126	232	101	102
丰台区	173	7	104	219	104	103
石景山区	168	7	107	215	104	99
海淀区	184	12	117	219	104	101
城市发展新区	**172**	**5**	**94**	**221**	**104**	**101**
房山区	160	3	95	223	108	101
通州区	169	3	91	204	103	100
顺义区	164	5	79	216	105	101
昌平区	189	5	104	229	103	101
大兴区	172	7	101	232	102	100
生态涵养发展区	**147**	**5**	**90**	**226**	**103**	**97**
门头沟区	131	4	80	194	102	95
怀柔区	176	5	101	242	101	98
平谷区	144	5	95	238	106	99
密云县	182	4	86	251	107	98
延庆县	46	3	83	216	101	95

3-53 农村居民家庭基本情况

区 县	人均纯收入(元)			人均生活消费支出(元)			#食品			人均住房面积(平方米)	
	2012	2011	增长速度(%)	2012	2011	增长速度(%)	2012	2011	增长速度(%)	2012	2011
全 市	**16476**	**14736**	**11.8**	**11879**	**11078**	**7.2**	**3945**	**3593**	**9.8**	**49.08**	**48.63**
城市功能拓展区	**21175**	**18954**	**11.7**	**17447**	**15773**	**10.6**	**5689**	**5057**	**12.5**	**61.24**	**61.49**
朝 阳 区	22152	19839	11.7	18381	16888	8.8	5827	5242	11.2	78.78	72.92
丰 台 区	18502	16554	11.8	15340	13414	14.4	5278	4600	14.7	38.76	42.85
海 淀 区	22364	20015	11.7	18172	16498	10.1	5888	5238	12.4	59.23	63.87
城市发展新区	**15473**	**13852**	**11.7**	**10776**	**10249**	**5.1**	**3698**	**3343**	**10.6**	**50.25**	**49.95**
房 山 区	15192	13527	12.3	10934	9814	11.4	3243	3059	6.0	43.97	44.66
通 州 区	15936	14273	11.7	10623	10253	3.6	4341	3755	15.6	49.82	48.93
顺 义 区	15960	14314	11.5	10830	9926	9.1	3611	3187	13.3	45.00	43.83
昌 平 区	14971	13441	11.4	11932	11160	6.9	3840	3600	6.7	57.40	57.63
大 兴 区	15329	13723	11.7	9703	10230	-5.2	3588	3219	11.5	55.97	55.66
生态涵养发展区	**14764**	**13182**	**12.0**	**9722**	**9119**	**6.6**	**3120**	**2971**	**5.0**	**38.97**	**37.89**
门头沟区	15715	14031	12.0	9750	9598	1.6	3567	3518	1.4	37.53	37.81
怀 柔 区	14585	12991	12.3	9046	9483	-4.6	2869	2738	4.8	42.93	42.32
平 谷 区	15067	13387	12.5	10708	9555	12.1	3024	2897	4.4	43.07	41.37
密 云 县	14590	12924	12.9	9962	8970	11.1	3115	2990	4.2	34.97	34.54
延 庆 县	14078	12761	10.3	9017	8135	10.8	3130	2859	9.5	35.60	33.25

3-54 农村居民家庭每百户耐用消费品拥有量(2012年)

区 县	空调器(台)	洗衣机(台)	电冰箱(台)	汽车(辆)	彩色电视机(台)	微波炉(台)
全 市	**113**	**99**	**103**	**21**	**136**	**56**
城市功能拓展区	**163**	**102**	**106**	**31**	**145**	**81**
朝 阳 区	156	101	108	23	146	79
丰 台 区	155	104	103	40	139	81
海 淀 区	180	102	105	34	149	83
城市发展新区	**121**	**98**	**104**	**20**	**137**	**51**
房 山 区	111	98	105	19	136	40
通 州 区	119	100	104	11	130	54
顺 义 区	116	100	103	16	131	50
昌 平 区	139	94	103	26	144	68
大 兴 区	123	99	103	30	144	46
生态涵养发展区	**68**	**98**	**100**	**15**	**129**	**46**
门头沟区	51	95	102	15	118	53
怀 柔 区	71	97	100	9	131	42
平 谷 区	102	101	102	24	135	37
密 云 县	100	101	101	11	144	57
延 庆 县	16	97	94	16	115	43

3-54 续表

区　县	照相机 (架)	影碟机 (台)	抽油烟机 (台)	热水器 (台)	移动电话 (部)	家用电脑 (台)
全　市	**37**	**26**	**71**	**92**	**235**	**67**
城市功能拓展区	**68**	**43**	**93**	**101**	**236**	**97**
朝 阳 区	60	43	92	100	232	100
丰 台 区	69	34	91	88	228	97
海 淀 区	78	50	96	112	249	93
城市发展新区	**36**	**23**	**67**	**91**	**233**	**68**
房 山 区	36	27	54	72	238	60
通 州 区	34	14	78	100	208	76
顺 义 区	23	16	61	104	229	60
昌 平 区	46	28	82	102	240	71
大 兴 区	43	29	61	81	252	75
生态涵养发展区	**17**	**19**	**62**	**88**	**236**	**45**
门头沟区	19	19	59	72	231	55
怀 柔 区	12	19	62	85	229	38
平 谷 区	23	24	64	104	256	58
密 云 县	16	25	68	107	230	37
延 庆 县	15	9	55	70	233	40

3–55 普通中学学校基本情况

单位：人

区 县	普通中学校数(所)		普通中学招生数		普通中学毕业生数	
	2012	2011	2012	2011	2012	2011
全 市	**630**	**632**	**171514**	**164782**	**151439**	**155862**
首都功能核心区	**94**	**95**	**32351**	**31784**	**31124**	**31977**
东 城 区	43	44	14465	14240	13536	14237
西 城 区	51	51	17886	17544	17588	17740
城市功能拓展区	**224**	**221**	**72230**	**67196**	**57594**	**58029**
朝 阳 区	80	77	20631	18503	14028	14197
丰 台 区	44	44	9722	9392	8930	9173
石景山区	25	25	5253	4909	4344	4371
海 淀 区	75	75	36624	34392	30292	30288
城市发展新区	**210**	**213**	**46734**	**45098**	**40472**	**42432**
房 山 区	47	48	9389	9322	8974	9137
通 州 区	40	40	9917	9706	8065	8860
顺 义 区	38	41	9715	9719	9310	9359
昌 平 区	44	43	9009	7577	6423	6897
大 兴 区	41	41	8704	8774	7700	8179
生态涵养发展区	**102**	**103**	**20199**	**20704**	**22249**	**23424**
门头沟区	17	17	2509	2398	2421	2509
怀 柔 区	22	22	4066	4094	4098	4325
平 谷 区	20	20	4278	4492	5606	5953
密 云 县	23	22	5396	5762	5954	6408
延 庆 县	20	22	3950	3958	4170	4229

注：普通中学范围为普通高中和普通初中。

资料来源：北京市教育委员会。

3-55 续表

单位：人

区 县	普通中学在校学生数		普通中学教职工人数		普通中学专任教师人数	
	2012	2011	2012	2011	2012	2011
全 市	**499015**	**497341**	**78730**	**77282**	**57379**	**56039**
首都功能核心区	**95933**	**97244**	**14486**	**14332**	**10445**	**10207**
东 城 区	43139	43937	6324	6359	4536	4544
西 城 区	52794	53307	8162	7973	5909	5663
城市功能拓展区	**201661**	**196345**	**28756**	**27712**	**21862**	**20979**
朝 阳 区	54899	51864	9074	8414	7244	6695
丰 台 区	28611	29521	5166	5258	3606	3674
石景山区	14686	14388	2390	2370	1796	1746
海 淀 区	103465	100572	12126	11670	9216	8864
城市发展新区	**138815**	**137197**	**23261**	**22885**	**17260**	**17092**
房 山 区	28938	29625	4678	4786	3401	3425
通 州 区	28751	29385	4788	4732	3387	3479
顺 义 区	29065	29434	4397	4340	3312	3250
昌 平 区	24599	22008	4606	4284	3416	3255
大 兴 区	27462	26745	4792	4743	3744	3683
生态涵养发展区	**62606**	**66555**	**12227**	**12353**	**7812**	**7761**
门头沟区	7330	7597	1285	1351	893	939
怀 柔 区	12205	12974	2529	2589	1689	1709
平 谷 区	13986	15310	3372	3370	1798	1798
密 云 县	17212	18391	2653	2720	1876	1907
延 庆 县	11873	12283	2388	2323	1556	1408

注：自2011年起，教育部实行主体校统计原则，教职工数和专任教师数均统计在本校最高层次学校内。

3-56 小学教育基本情况

单位：人

区 县	小学校数(所)		小学招生数		小学毕业生数	
	2012	2011	2012	2011	2012	2011
全 市	**1081**	**1090**	**141738**	**132719**	**109492**	**101678**
首都功能核心区	**135**	**135**	**19245**	**19677**	**16642**	**15792**
东 城 区	63	63	8162	8601	7962	7827
西 城 区	72	72	11083	11076	8680	7965
城市功能拓展区	**353**	**358**	**62980**	**60462**	**47916**	**43127**
朝 阳 区	128	134	21444	19656	13181	11813
丰 台 区	87	86	12186	11644	10277	9115
石景山区	31	32	4240	4051	3516	3308
海 淀 区	107	106	25110	25111	20942	18891
城市发展新区	**415**	**403**	**45807**	**39323**	**31175**	**29211**
房 山 区	108	106	8378	7406	6800	6270
通 州 区	81	81	11889	10503	7131	6422
顺 义 区	39	43	6890	6808	5224	5079
昌 平 区	99	85	10356	6882	5616	5245
大 兴 区	88	88	8294	7724	6404	6195
生态涵养发展区	**178**	**194**	**13706**	**13257**	**13759**	**13548**
门头沟区	35	35	1946	1974	2033	1859
怀 柔 区	25	26	3015	2842	2555	2571
平 谷 区	44	49	2974	2837	2925	2964
密 云 县	40	40	3739	3661	3640	3625
延 庆 县	34	44	2032	1943	2606	2529

资料来源：北京市教育委员会。

3-56 续表

单位：人

区 县	小学在校学生数		小学教职工人数		小学专任教师人数	
	2012	2011	2012	2011	2012	2011
全 市	**718655**	**680457**	**55710**	**54781**	**46783**	**45684**
首都功能核心区	**102357**	**99682**	**8794**	**8620**	**7278**	**7068**
东 城 区	46721	46461	4280	4206	3455	3370
西 城 区	55636	53221	4514	4414	3823	3698
城市功能拓展区	**317398**	**306334**	**20623**	**19930**	**18485**	**17934**
朝 阳 区	98530	91029	7241	6802	6553	6170
丰 台 区	65935	66422	4583	4555	3902	3918
石景山区	21386	21046	1600	1616	1386	1405
海 淀 区	131547	127837	7199	6957	6644	6441
城市发展新区	**225137**	**200062**	**16908**	**16313**	**14124**	**13477**
房 山 区	41979	38065	3644	3714	2925	2813
通 州 区	54212	50802	3584	3332	3081	2930
顺 义 区	35858	34037	2763	2883	2262	2269
昌 平 区	50670	36480	3388	2856	2844	2462
大 兴 区	42418	40678	3529	3528	3012	3003
生态涵养发展区	**73763**	**74379**	**9385**	**9918**	**6896**	**7205**
门头沟区	11106	11471	1506	1555	1203	1222
怀 柔 区	15483	15085	1775	1886	1195	1295
平 谷 区	15542	15599	2501	2584	1735	1811
密 云 县	19705	19643	2092	2156	1510	1528
延 庆 县	11927	12581	1511	1737	1253	1349

注：自2011年起，教育部实行主体校统计原则，教职工数和专任教师数均统计在本校最高层次学校内。

3-57 幼儿教育情况

单位：人

区 县	幼儿园数(所)		在园幼儿数		专任教师数	
	2012	2011	2012	2011	2012	2011
全 市	**1266**	**1305**	**331524**	**311417**	**26330**	**24170**
首都功能核心区	**117**	**114**	**28583**	**28003**	**2722**	**2575**
东 城 区	50	51	12061	12355	1231	1187
西 城 区	67	63	16522	15648	1491	1388
城市功能拓展区	**507**	**483**	**163886**	**154756**	**14002**	**13254**
朝 阳 区	183	177	56171	53915	5573	5487
丰 台 区	127	116	40252	37040	3133	2906
石景山区	44	38	12393	11232	1059	892
海 淀 区	153	152	55070	52569	4237	3969
城市发展新区	**393**	**464**	**99203**	**90881**	**7033**	**6269**
房 山 区	102	188	25953	24794	2176	1957
通 州 区	79	77	16505	14692	1076	958
顺 义 区	59	60	15199	14247	1030	956
昌 平 区	93	85	19885	17285	1501	1313
大 兴 区	60	54	21661	19863	1250	1085
生态涵养发展区	**249**	**244**	**39852**	**37777**	**2573**	**2072**
门头沟区	16	16	5470	5066	305	268
怀 柔 区	70	67	9534	9272	562	434
平 谷 区	54	53	7760	7149	344	167
密 云 县	62	60	10433	10065	840	765
延 庆 县	47	48	6655	6225	522	438

数据来源：北京市教育委员会。

3–58 公共图书馆情况

区 县	个数(个)		总藏数(万册、万件)		总流通人次(万人次)		书刊文献外借册次(万册次)	
	2012	2011	2012	2011	2012	2011	2012	2011
全 市	**25**	**25**	**5556**	**5049**	**1243**	**1174**	**819**	**798**
首都功能核心区	**5**	**5**	**272**	**259**	**168**	**130**	**179**	**139**
东 城 区	2	2	114	107	56	55	65	57
西 城 区	3	3	158	152	112	75	114	82
城市功能拓展区	**9**	**9**	**4556**	**4123**	**824**	**854**	**375**	**434**
朝 阳 区	3	3	800	741	334	305	244	275
丰 台 区	2	2	78	69	36	38	42	27
石景山区	2	2	101	85	52	43	55	53
海 淀 区	2	2	3577	3228	402	468	34	79
城市发展新区	**6**	**6**	**350**	**309**	**158**	**102**	**160**	**141**
房 山 区	2	2	97	78	24	10	32	21
通 州 区	1	1	40	42	19	19	22	23
顺 义 区	1	1	69	57	32	23	30	28
昌 平 区	1	1	63	60	63	31	48	43
大 兴 区	1	1	81	72	20	19	28	26
生态涵养发展区	**5**	**5**	**378**	**358**	**93**	**88**	**105**	**84**
门头沟区	1	1	64	59	4	9	11	10
怀 柔 区	1	1	81	54	43	42	38	32
平 谷 区	1	1	141	151	16	13	28	22
密 云 县	1	1	60	59	14	8	10	3
延 庆 县	1	1	32	35	16	16	18	17

资料来源：北京市文化局、国家图书馆。

3-59 文物局系统内博物馆情况

区 县	个数(个)		综合性		历史性		艺术类		自然科技类		其他类	
	2012	2011	2012	2011	2012	2011	2012	2011	2012	2011	2012	2011
全 市	**41**	**41**	**11**	**11**	**17**	**17**	**6**	**6**	**2**	**2**	**5**	**5**
首都功能核心区	**15**	**15**	**3**	**3**	**8**	**8**	**2**	**2**	**1**	**1**	**1**	**1**
东 城 区	7	7	1	1	5	5	1	1				
西 城 区	8	8	2	2	3	3	1	1	1	1	1	1
城市功能拓展区	**12**	**12**	**1**	**1**	**4**	**4**	**4**	**4**	**1**	**1**	**2**	**2**
朝 阳 区	3	3					2	2			1	1
丰 台 区	2	2			1	1					1	1
石景山区	2	2			1	1			1	1		
海 淀 区	5	5	1	1	2	2	2	2				
城市发展新区	**7**	**7**	**3**	**3**	**3**	**3**					**1**	**1**
房 山 区	2	2			1	1					1	1
通 州 区	1	1	1	1								
顺 义 区	1	1			1	1						
昌 平 区	3	3	2	2	1	1						
大 兴 区												
生态涵养发展区	**7**	**7**	**4**	**4**	**2**	**2**					**1**	**1**
门头沟区	1	1	1	1								
怀 柔 区	1	1	1	1								
平 谷 区	1	1			1	1						
密 云 县	1	1	1	1								
延 庆 县	3	3	1	1	1	1					1	1

资料来源：北京市文物局。

3–59 续表

区 县	文物藏品数(件)		#一级品		参观人次(千人次)		本年收入(万元)	
	2012	2011	2012	2011	2012	2011	2012	2011
全 市	**1155692**	**1155956**	**669**	**667**	**10691**	**10717**	**108138**	**53589**
首都功能核心区	**1038364**	**1039430**	**390**	**388**	**3074**	**2808**	**24555**	**4678**
东 城 区	5622	6746	29	29	1628	1321	4947	3260
西 城 区	1032742	1032684	361	359	1446	1487	19608	1418
城市功能拓展区	**93402**	**92830**	**66**	**66**	**1004**	**1445**	**45860**	**23274**
朝 阳 区	6438	5866	15	15	230	215	39498	18942
丰 台 区	1535	1535	3	3	87	86	1045	702
石景山区	80	80			20	22	533	460
海 淀 区	85349	85349	48	48	667	1122	4784	3170
城市发展新区	**12845**	**12845**	**212**	**212**	**5877**	**5841**	**35760**	**24184**
房 山 区	7837	7837	15	15	145	106	10558	3398
通 州 区	1385	1385			50	50	374	295
顺 义 区	365	365			375	380	698	359
昌 平 区	3258	3258	197	197	5307	5305	24130	20132
大 兴 区								
生态涵养发展区	**11081**	**10851**	**1**	**1**	**736**	**623**	**1963**	**1453**
门头沟区	3370	3370			65	65	373	422
怀 柔 区	1311	1309			27	29	397	186
平 谷 区	185	185			14	14	122	122
密 云 县	1591	1363			1	3	476	557
延 庆 县	4624	4624	1	1	629	512	595	166

3-60 档案事业情况

区 县	档案馆个数(个)		建筑面积(平方米)		本年利用档案人次(人次)		本年利用资料人次(人次)	
	2012	2011	2012	2011	2012	2011	2012	2011
全 市	**18**	**18**	**98879**	**97976**	**123073**	**122284**	**629**	**716**
首都功能核心区	**3**	**3**	**23547**	**22644**	**26916**	**26470**	**245**	**82**
东 城 区	1	1	4915	4915	9619	9358	23	77
西 城 区	2	2	18632	17729	17297	17112	222	5
城市功能拓展区	**5**	**5**	**35406**	**35406**	**34989**	**35897**	**130**	**240**
朝 阳 区	1	1	2800	2800	12170	11958		
丰 台 区	2	2	22304	22304	10829	10092	123	153
石景山区	1	1	3732	3732	2685	2786	7	6
海 淀 区	1	1	6570	6570	9305	11061		81
城市发展新区	**5**	**5**	**19900**	**19900**	**26923**	**26371**	**111**	**254**
房 山 区	1	1	4731	4731	3815	4391	85	139
通 州 区	1	1	2651	2651	6224	7050	16	15
顺 义 区	1	1	6750	6750	2603	2608	5	
昌 平 区	1	1	3800	3800	10388	9086		52
大 兴 区	1	1	1968	1968	3893	3236	5	48
生态涵养发展区	**5**	**5**	**20026**	**20026**	**34245**	**33546**	**143**	**140**
门头沟区	1	1	1634	1634	5188	4882	4	1
怀 柔 区	1	1	3000	3000	3198	3241	34	47
平 谷 区	1	1	4280	4280	14412	14487	52	18
密 云 县	1	1	5440	5440	8616	8122	35	50
延 庆 县	1	1	5672	5672	2831	2814	18	24

资料来源：北京市档案局。

3-61 技术合同成交情况(2012年)

区 县	成交项数 (项)	成交总额 (万元)
全 市	**59969**	**24585034**
首都功能核心区		
东 城 区	1862	1614156
西 城 区	4832	1067724
城市功能拓展区		
朝 阳 区	7371	3821769
丰 台 区	2970	4902696
石景山区	687	326010
海 淀 区	38525	11344140
城市发展新区		
房 山 区	196	20826
通 州 区	263	271362
顺 义 区	227	29115
昌 平 区	1424	556370
大 兴 区	1399	571581
生态涵养发展区		
门头沟区	24	2716
怀 柔 区	77	32642
平 谷 区	65	3813
密 云 县	34	16108
延 庆 县	13	4006

资料来源：北京技术市场管理办公室。

3-62 专利申请及授权情况(2012年)

单位：件

区 县	专利申请量	#发明专利	专利授权量	#发明专利
全 市	**92305**	**52720**	**50511**	**20140**
首都功能核心区	**12692**	**6694**	**7302**	**2229**
东 城 区	6100	2690	3989	968
西 城 区	6592	4004	3313	1261
城市功能拓展区	**64581**	**40480**	**34019**	**16077**
朝 阳 区	21088	11836	9993	3671
丰 台 区	4845	2190	2979	751
石景山区	2162	1116	1185	342
海 淀 区	36486	25338	19862	11313
城市发展新区	**13526**	**5062**	**8414**	**1713**
房 山 区	679	252	520	147
通 州 区	2035	585	1202	100
顺 义 区	995	240	777	117
昌 平 区	5485	2272	3149	674
大 兴 区	4332	1713	2766	675
生态涵养发展区	**1478**	**471**	**768**	**118**
门头沟区	232	86	134	24
怀 柔 区	449	160	287	49
平 谷 区	272	56	159	13
密 云 县	455	133	145	19
延 庆 县	70	36	43	13
其 他	**28**	**13**	**8**	**3**

资料来源：北京市知识产权局。

3-63 卫生机构数(2012年)

单位：个

区 县	卫生机构	#医院	#社区卫生服务中心(站)	#门诊部	#妇幼保健院(所、站)	#疾病预防控制中心(防疫站)	#专科疾病防治院(所、站)	#诊所、卫生所、医务室、护理站
全 市	**9974**	**608**	**1897**	**890**	**19**	**32**	**28**	**3373**
首都功能核心区	**1144**	**107**	**153**	**119**	**4**	**13**	**7**	**697**
东 城 区	537	61	63	61	2	4	3	322
西 城 区	607	46	90	58	2	9	4	375
城市功能拓展区	**2938**	**295**	**663**	**578**	**4**	**6**	**8**	**1278**
朝 阳 区	1239	140	262	285	1	2	1	522
丰 台 区	516	64	164	86	1	1	3	166
石景山区	197	21	49	10	1	1	1	108
海 淀 区	986	70	188	197	1	2	3	482
城市发展新区	**3777**	**143**	**756**	**181**	**6**	**7**	**6**	**1002**
房 山 区	1009	31	210	38	2	2	2	171
通 州 区	604	12	101	42	1	1	1	91
顺 义 区	606	12	157	16	1	1	1	200
昌 平 区	843	58	136	48	1	1	1	281
大 兴 区	715	30	152	37	1	2	1	259
生态涵养发展区	**2100**	**48**	**325**	**12**	**5**	**6**	**7**	**396**
门头沟区	261	13	39	1	1	2	1	54
怀 柔 区	479	12	67	9	1	1	1	110
平 谷 区	431	6	155		1	1	2	58
密 云 县	662	13	44	1	1	1	2	117
延 庆 县	267	4	20	1	1	1	1	57

注：卫生机构数全市数据中包含驻京部队医院，分区县数据不包含驻京部队医院，分区县相加不等于全市。

资料来源：北京市卫生局。

3-64 医院工作情况

单位：千人次

区 县	诊疗人次数		#门诊		健康检查人次	
	2012	2011	2012	2011	2012	2011
全 市	**132787.2**	**104340.6**	**111123.2**	**95846.0**	**3020.4**	**2784.5**
首都功能核心区	**41689.0**	**36888.0**	**39185.2**	**34625.9**	**670.2**	**598.0**
东 城 区	18003.1	16098.2	17019.8	15257.4	366.3	321.3
西 城 区	23685.9	20789.8	22165.4	19368.5	303.9	276.7
城市功能拓展区	**49625.7**	**42613.6**	**45529.9**	**38975.9**	**1457.7**	**1365.4**
朝 阳 区	22963.9	19883.1	21004.9	18144.4	607.8	601.7
丰 台 区	8742.6	7367.9	7774.2	6481.1	208.0	198.3
石景山区	3215.6	2692.5	2992.2	2489.1	99.8	90.9
海 淀 区	14703.7	12670.1	13758.6	11861.3	542.0	474.5
城市发展新区	**21223.4**	**18145.3**	**19090.3**	**16221.1**	**602.4**	**547.5**
房 山 区	5675.8	4831.6	5297.6	4410.9	95.5	88.3
通 州 区	3583.5	3037.5	3157.7	2646.5	80.3	74.4
顺 义 区	3123.4	2646.7	2800.0	2371.2	107.1	81.9
昌 平 区	4945.8	4203.3	4359.7	3787.7	187.8	166.1
大 兴 区	3894.7	3426.2	3475.3	3004.8	131.8	136.8
生态涵养发展区	**8037.4**	**6693.5**	**7317.9**	**6023.1**	**290.1**	**273.7**
门头沟区	1565.1	1420.5	1436.2	1275.8	39.0	53.8
怀 柔 区	1596.8	1324.5	1410.4	1164.4	55.8	47.3
平 谷 区	1807.3	1421.5	1665.8	1308.8	59.1	56.0
密 云 县	1951.6	1478.4	1752.6	1320.9	83.0	64.1
延 庆 县	1116.6	1048.6	1052.7	953.2	53.3	52.5

注：2012年的诊疗人次数全市数据中包含驻京部队医院，分区县数据不包含驻京部队医院，分区县相加不等于全市。

资料来源：北京市卫生局。

3-64 续表

区 县	平均开放病床数(张)		入院人数(千人次)	
	2012	2011	2012	2011
全 市	**88421.4**	**85117.4**	**2115.8**	**1882.6**
首都功能核心区	**24026.3**	**23560.9**	**733.2**	**646.5**
东 城 区	10106.2	9766.9	293.5	261.2
西 城 区	13920.1	13794.0	439.6	385.3
城市功能拓展区	**35331.2**	**33958.5**	**899.2**	**800.7**
朝 阳 区	16413.5	15156.6	430.0	377.5
丰 台 区	7428.6	7413.7	144.2	128.5
石景山区	2986.6	2981.3	68.2	62.6
海 淀 区	8502.5	8406.9	256.8	232.1
城市发展新区	**22084.3**	**20442.1**	**346.3**	**307.6**
房 山 区	5228.1	5365.0	98.8	93.6
通 州 区	2256.2	1806.1	52.9	42.6
顺 义 区	2332.3	2303.7	42.7	40.8
昌 平 区	7788.5	7195.3	57.9	54.4
大 兴 区	4479.3	3772.0	94.0	76.2
生态涵养发展区	**6979.6**	**7156.1**	**137.2**	**128.0**
门头沟区	2188.3	2463.5	25.5	24.4
怀 柔 区	1218.2	1223.8	26.9	25.6
平 谷 区	1631.5	1571.4	42.3	38.5
密 云 县	1139.9	1034.1	23.3	20.9
延 庆 县	801.7	863.3	19.1	18.6

3-65 卫生机构人员及卫生条件

单位：人

区 县	卫生机构人员		#卫生技术人员		#执业(助理)医师	
	2012	2011	2012	2011	2012	2011
全 市	**276654**	**235708**	**219714**	**181938**	**82192**	**69749**
首都功能核心区	**70651**	**66627**	**55353**	**52128**	**19935**	**19088**
东 城 区	31034	28970	23719	22137	8993	8692
西 城 区	39617	37657	31634	29991	10942	10396
城市功能拓展区	**111218**	**103137**	**87156**	**80131**	**33235**	**30833**
朝 阳 区	50431	45653	39199	34987	15279	13628
丰 台 区	19527	17735	15305	14006	5720	5233
石景山区	7538	7217	6041	5805	2345	2233
海 淀 区	33722	32532	26611	25333	9891	9739
城市发展新区	**51691**	**46477**	**38779**	**35143**	**15185**	**13920**
房 山 区	11347	9881	8023	6962	3025	2657
通 州 区	9101	8224	6852	6329	2688	2433
顺 义 区	7584	7005	5955	5448	2535	2319
昌 平 区	12647	11325	9418	8491	3701	3414
大 兴 区	11012	10042	8531	7913	3236	3097
生态涵养发展区	**19636**	**19467**	**14968**	**14536**	**6047**	**5908**
门头沟区	4297	4332	3163	3176	1110	1128
怀 柔 区	3865	3774	3053	2901	1268	1229
平 谷 区	4550	4455	3498	3242	1397	1304
密 云 县	4464	4389	3308	3193	1447	1375
延 庆 县	2460	2517	1946	2024	825	872

注：2012年的卫生机构人员、卫生技术人员、执业(助理)医师、注册护士全市数据中包含驻京部队医院，分区县数据不包含驻京部队医院，分区县相加不等于全市。

资料来源：北京市卫生局。

3-65 续表1

区 县	#注册护士(人)		卫生机构实有床位数(张)		#医院	
	2012	2011	2012	2011	2012	2011
全 市	**95202**	**72812**	**100167**	**94735**	**92610**	**87596**
首都功能核心区	**22749**	**21413**	**24591**	**23853**	**24425**	**23710**
东 城 区	9228	8764	10440	10022	10329	9939
西 城 区	13521	12649	14151	13831	14096	13771
城市功能拓展区	**36822**	**33272**	**39719**	**37563**	**37370**	**35283**
朝 阳 区	16564	14613	17493	16107	16968	15555
丰 台 区	6439	5774	8275	7999	8038	7740
石景山区	2641	2486	3647	3515	3163	3031
海 淀 区	11178	10399	10304	9942	9201	8957
城市发展新区	**14692**	**13029**	**26959**	**24672**	**23528**	**21197**
房 山 区	3097	2580	6034	6152	5371	5482
通 州 区	2523	2359	3170	2593	2362	1818
顺 义 区	2008	1916	3202	3252	2430	2427
昌 平 区	3730	3258	9085	7982	8593	7510
大 兴 区	3334	2916	5468	4693	4772	3960
生态涵养发展区	**5271**	**5098**	**8898**	**8647**	**7287**	**7406**
门头沟区	1350	1313	2705	2653	2281	2565
怀 柔 区	1026	934	1584	1534	1336	1275
平 谷 区	1251	1201	2043	1972	1718	1637
密 云 县	962	961	1535	1440	1147	1061
延 庆 县	682	689	1031	1048	805	868

3-65 续表2

区 县	平均每千人口拥有执业医师(人)		平均每千人口拥有注册护士(人)		平均每千人口拥有医院床位(张)	
	2012	2011	2012	2011	2012	2011
全 市	**3.97**	**3.46**	**4.60**	**3.61**	**4.48**	**4.34**
首都功能核心区	**9.08**	**8.88**	**10.36**	**9.96**	**11.13**	**11.03**
东 城 区	9.90	9.55	10.16	9.63	11.38	10.92
西 城 区	8.50	8.38	10.51	10.20	10.95	11.11
城市功能拓展区	**3.30**	**3.13**	**3.65**	**3.37**	**3.71**	**3.58**
朝 阳 区	4.08	3.73	4.42	3.99	4.53	4.25
丰 台 区	2.58	2.41	2.91	2.66	3.63	3.57
石景山区	3.67	3.52	4.13	3.92	4.95	4.78
海 淀 区	2.84	2.86	3.21	3.06	2.64	2.63
城市发展新区	**2.33**	**2.21**	**2.25**	**2.07**	**3.60**	**3.37**
房 山 区	3.07	2.75	3.14	2.67	5.45	5.67
通 州 区	2.08	1.95	1.95	1.89	1.83	1.45
顺 义 区	2.66	2.53	2.11	2.09	2.55	2.65
昌 平 区	2.02	1.96	2.04	1.87	4.70	4.32
大 兴 区	2.20	2.17	2.27	2.04	3.25	2.77
生态涵养发展区	**3.21**	**3.15**	**2.79**	**2.72**	**3.86**	**3.95**
门头沟区	3.72	3.84	4.53	4.47	7.65	8.72
怀 柔 区	3.36	3.31	2.72	2.52	3.54	3.44
平 谷 区	3.33	3.12	2.98	2.87	4.09	3.92
密 云 县	3.05	2.92	2.03	2.04	2.42	2.25
延 庆 县	2.60	2.73	2.15	2.16	2.54	2.72

注：每千人口拥有执业医师数、每千人口拥有注册护士数、每千人口拥有医院床位数按年末常住人口计算。

3-66 社区卫生服务机构情况(2012年)

区 县	社区卫生服务专业技术人员数(人)	#全科医生	#社区护士	总诊疗人次数(千人次)	门诊	急诊
全 市	**24003**	**3690**	**6840**	**40868.2**	**38723.6**	**1500.5**
首都功能核心区	**2654**	**357**	**865**	**4557.5**	**4450.7**	**10.1**
东 城 区	926	156	310	2307.0	2243.3	10.0
西 城 区	1728	201	555	2250.6	2207.4	0.1
城市功能拓展区	**10256**	**1464**	**3190**	**20181.1**	**19177.0**	**708.7**
朝 阳 区	3800	661	1267	7837.4	7536.1	175.2
丰 台 区	1837	227	465	4236.4	4118.6	88.9
石景山区	786	89	260	1407.7	1360.0	38.9
海 淀 区	3833	487	1198	6699.7	6162.3	405.7
城市发展新区	**7569**	**1189**	**1918**	**11751.9**	**11100.9**	**519.7**
房 山 区	1278	257	255	1957.4	1934.9	18.7
通 州 区	1526	237	361	1994.4	1838.1	133.8
顺 义 区	1344	60	281	2169.6	2094.5	41.7
昌 平 区	1273	303	411	2505.5	2380.0	107.2
大 兴 区	2148	332	610	3125.0	2853.3	218.2
生态涵养发展区	**3524**	**680**	**867**	**4377.6**	**3995.1**	**261.9**
门头沟区	537	109	192	485.3	452.2	5.6
怀 柔 区	622	100	126	765.8	729.9	28.2
平 谷 区	918	239	164	937.0	854.7	53.9
密 云 县	870	139	221	1276.2	1108.6	143.9
延 庆 县	577	93	164	913.4	849.8	30.2

资料来源：北京市卫生局。

3-67 北京地区社会保险情况(2012年)

单位：人

区 县	参加基本养老保险人数	#参加基本养老保险职工人数	参加基本医疗保险人数	#参加基本医疗保险职工人数	参加失业保险职工人数
全 市	**12063791**	**9957005**	**12797358**	**10406124**	**10067391**
首都功能核心区	**2959192**	**2311802**	**3452491**	**2632974**	**2391701**
东 城 区	1203817	955520	1485295	1151520	998452
西 城 区	1755375	1356282	1967196	1481454	1393249
城市功能拓展区	**5619932**	**4730439**	**6146862**	**5081106**	**4916619**
朝 阳 区	2480660	2096248	2642677	2210260	2141979
丰 台 区	724645	552387	828243	615578	564029
石景山区	365254	253369	387519	269795	241245
海 淀 区	2049373	1828435	2288423	1985473	1969366
城市发展新区	**2153186**	**1883466**	**2298682**	**1979908**	**1871476**
房 山 区	290405	227988	314026	240291	240848
通 州 区	355567	303471	377957	316980	298868
顺 义 区	460293	417897	489589	439644	411670
昌 平 区	357959	300896	389695	321833	311351
大 兴 区	400598	351800	440168	380821	337687
北京经济技术开发区	288364	281414	287247	280339	271052
生态涵养发展区	**721481**	**597246**	**817714**	**662606**	**610816**
门头沟区	183362	130172	195762	137425	136405
怀 柔 区	159678	146779	172022	153632	154914
平 谷 区	148548	125242	168283	138253	126477
密 云 县	152398	132719	182927	155638	133034
延 庆 县	77495	62334	98720	77658	59986
其 他	**610000**	**434052**	**81609**	**49530**	**276779**

注：其他是指社会保险代办机构。

资料来源：北京市人力资源和社会保障局。

3-68 新型农村合作医疗情况(2012年)

区 县	参加新型农村合作医疗人数 (万人)	新型农村合作医疗参合率 (%)
全 市	**267.45**	**98.12**
城市功能拓展区	**32.20**	**96.76**
朝 阳 区	11.76	99.65
丰 台 区	12.54	97.47
海 淀 区	7.91	91.81
城市发展新区	**149.56**	**98.65**
房 山 区	38.61	100.00
通 州 区	32.79	99.11
顺 义 区	28.94	99.89
昌 平 区	19.52	96.75
大 兴 区	29.70	96.75
生态涵养发展区	**85.68**	**97.71**
门头沟区	5.17	98.65
怀 柔 区	13.96	89.61
平 谷 区	21.95	99.46
密 云 县	27.56	99.88
延 庆 县	17.04	99.55

资料来源：北京市卫生局。

3-69 收养性单位、社区服务情况(2012年)

区 县	收养性单位数(个)	收养性单位床位数(张)	社区服务设施数(个)	#社区服务中心数
全 市	**437**	**79178**	**6244**	**186**
市本级	**10**	**4163**	**1**	
首都功能核心区	**38**	**2834**	**477**	**32**
东城区	11	1120	206	17
西城区	27	1714	271	15
城市功能拓展区	**98**	**25625**	**1537**	**85**
朝阳区	32	9514	386	36
丰台区	23	4630	348	16
石景山区	10	3030	152	9
海淀区	33	8451	651	24
城市发展新区	**166**	**30500**	**2748**	**55**
房山区	40	5129	595	11
通州区	24	4013	575	6
顺义区	18	3690	499	22
昌平区	54	12583	499	6
大兴区	30	5085	580	10
生态涵养发展区	**125**	**16056**	**1481**	**14**
门头沟区	17	3032	287	5
怀柔区	21	2590	319	2
平谷区	26	2893	52	2
密云县	27	3311	397	2
延庆县	34	4230	426	3

资料来源：北京市民政局。

3-70 社会组织情况(2012年)

单位：个

区 县	社会组织单位数
全 市	**7993**
市本级	**1827**
首都功能核心区	**1144**
东城区	548
西城区	596
城市功能拓展区	**2163**
朝阳区	752
丰台区	444
石景山区	211
海淀区	756
城市发展新区	**1621**
房山区	296
通州区	313
顺义区	246
昌平区	406
大兴区	360
生态涵养发展区	**1238**
门头沟区	160
怀柔区	403
平谷区	274
密云县	170
延庆县	231

注：社会组织包含社会团体、民办非企业单位、基金会。

资料来源：北京市民政局。

3–71 体育场地情况(2012年)

单位：个

区 县	体育场地数	#体育场	#体育馆	#游泳场馆	#各种训练房
全 市	**6156**	**94**	**37**	**447**	**1742**
首都功能核心区	**693**	**7**	**4**	**65**	**377**
东 城 区	372	2	2	43	215
西 城 区	321	5	2	22	162
城市功能拓展区	**2414**	**53**	**24**	**236**	**659**
朝 阳 区	876	14	6	132	326
丰 台 区	372	6	3	23	112
石景山区	57	2	4	11	11
海 淀 区	1109	31	11	70	210
城市发展新区	**2036**	**25**	**4**	**98**	**451**
房 山 区	414	4		14	50
通 州 区	286	3	1	9	38
顺 义 区	608	3		20	208
昌 平 区	488	9	2	44	117
大 兴 区	240	6	1	11	38
生态涵养发展区	**1013**	**9**	**5**	**48**	**255**
门头沟区	57	1	1	5	12
怀 柔 区	317	3	1	17	94
平 谷 区	245	2	1	8	80
密 云 县	249	1		10	43
延 庆 县	145	2	2	8	26

资料来源：北京市体育局。

3-72 地税税费收入情况(2012年)

单位：万元

区 县	各项税费收入	#营业税	#交通运输仓储及邮政业	#信息传输、软件和信息技术服务业	#房地产业	#租赁和商务服务业	#居民服务、修理和其他服务业	#文化体育和娱乐业
全 市	**28652483**	**11527384**	**326938**	**517664**	**2188014**	**1217427**	**871540**	**367053**
首都功能核心区	**8132969**	**3633121**	**39548**	**152741**	**319788**	**341661**	**216798**	**69184**
东 城 区	3033015	1146969	14074	68102	162683	187343	48852	39471
西 城 区	5099954	2486152	25474	84639	157105	154318	167946	29713
城市功能拓展区	**13619468**	**5288923**	**97626**	**333693**	**1043354**	**644459**	**451073**	**271410**
朝 阳 区	6486412	2412344	45861	47656	590627	397534	195228	70906
丰 台 区	1258112	577391	18824	7035	156778	68823	69790	7025
石景山区	499594	202343	2240	26043	33430	19013	26327	5846
海 淀 区	5375350	2096845	30701	252959	262519	159089	159728	187633
城市发展新区	**5127604**	**1949701**	**171233**	**26533**	**668666**	**149302**	**135255**	**19311**
房 山 区	516563	212285	6037	1135	80897	16381	12315	2827
通 州 区	681593	304990	6095	2127	126276	27581	34053	4661
顺 义 区	1241264	510396	138027	1543	103727	47802	18571	3621
昌 平 区	912165	388036	2620	4733	172169	17850	12242	4467
大 兴 区	821198	382666	16913	2513	154136	33742	44917	3018
北京经济技术开发区	798294	136678	1177	14478	30730	5597	12583	671
燕 山	156527	14650	364	4	731	349	574	46
生态涵养发展区	**1421007**	**536125**	**16462**	**4697**	**154907**	**38352**	**67364**	**7141**
门头沟区	303217	125856	1525	1385	53026	6673	10531	922
怀 柔 区	358418	128629	3960	604	24140	8119	24171	2679
平 谷 区	338600	124331	7013	1808	32715	10092	8190	2083
密 云 县	302736	110760	1738	638	37671	11697	15194	1010
延 庆 县	118036	46549	2226	262	7355	1771	9278	447
其 他	**351435**	**119514**	**2069**		**1299**	**43653**	**1050**	**7**
西 站	33277	21693	879		1239	846	871	6
涉 外	318158	97821	1190		60	42807	179	1

注：统计范围为北京地区上缴地方税务局税费的全部单位及自然人。

资料来源：北京市地方税务局。

3-73 城乡居民最低生活保障人数

单位：人

区 县	城市居民最低生活保障人数		农村居民最低生活保障人数	
	2012	2011	2012	2011
全 市	**109743**	**117291**	**62979**	**70146**
市本级	**1836**	**1832**		
首都功能核心区	**39255**	**40511**		
东 城 区	16698	17508		
西 城 区	22557	23003		
城市功能拓展区	**43625**	**45810**	**2232**	**2949**
朝 阳 区	14665	15044	1152	1246
丰 台 区	12102	12824	664	1033
石景山区	10190	10475		
海 淀 区	6668	7467	416	670
城市发展新区	**8821**	**10888**	**27462**	**31786**
房 山 区	3282	4550	9671	12132
通 州 区	2698	3150	6364	6910
顺 义 区	781	936	5661	6314
昌 平 区	1092	1203	2554	2956
大 兴 区	968	1049	3212	3474
生态涵养发展区	**16206**	**18250**	**33285**	**35411**
门头沟区	9978	11305	2551	2643
怀 柔 区	1808	1991	7582	7859
平 谷 区	2540	2809	7767	8800
密 云 县	1250	1353	9807	9715
延 庆 县	630	792	5578	6394

资料来源：北京市民政局。

3-74 优抚及主要救助对象情况(2012年)

单位：人

区 县	抚恤补助优抚对象人数	定期抚恤人数	定期补助人数	伤残人数	社会救助对象人数
全 市	**42556**	**1829**	**29816**	**10911**	**176825**
市本级					**1836**
首都功能核心区	**2452**	**174**	**208**	**2070**	**39255**
东 城 区	958	81	66	811	16698
西 城 区	1494	93	142	1259	22557
城市功能拓展区	**9446**	**532**	**3471**	**5443**	**45999**
朝 阳 区	3090	124	1318	1648	15854
丰 台 区	2234	110	1021	1103	12803
石景山区	534	70	51	413	10190
海 淀 区	3588	228	1081	2279	7152
城市发展新区	**19159**	**540**	**16723**	**1896**	**37571**
房 山 区	4569	94	4000	475	13511
通 州 区	4002	105	3555	342	9251
顺 义 区	4735	156	4157	422	6651
昌 平 区	2715	124	2216	375	3781
大 兴 区	3138	61	2795	282	4377
生态涵养发展区	**11499**	**583**	**9414**	**1502**	**52164**
门头沟区	730	52	519	159	12810
怀 柔 区	2597	149	2092	356	10319
平 谷 区	2458	150	1982	326	10560
密 云 县	2939	143	2433	363	11778
延 庆 县	2775	89	2388	298	6697

资料来源：北京市民政局。

3-75 婚姻登记情况

区 县	登记结婚人数(人)		初婚人数(人)		再婚人数(人)		#女性		离婚登记对数(对)	
	2012	2011	2012	2011	2012	2011	2012	2011	2012	2011
全 市	**348228**	**346476**	**287436**	**288406**	**60792**	**58070**	**28368**	**27071**	**38243**	**32999**
市本级	**2484**	**2520**	**1728**	**1780**	**756**	**740**	**341**	**331**	**163**	**149**
首都功能核心区	**71570**	**70576**	**59783**	**59576**	**11787**	**11000**	**5310**	**4952**	**7638**	**6600**
东 城 区	29332	29306	24354	24722	4978	4584	2249	2053	3246	2960
西 城 区	42238	41270	35429	34854	6809	6416	3061	2899	4392	3640
城市功能拓展区	**145400**	**146640**	**119278**	**122262**	**26122**	**24378**	**11769**	**10928**	**17101**	**14437**
朝 阳 区	48466	48284	38915	39395	9551	8889	4311	3952	6639	5561
丰 台 区	24674	25818	19436	20633	5238	5185	2413	2374	3401	2986
石景山区	9208	9148	7334	7384	1874	1764	871	846	1129	963
海 淀 区	63052	63390	53593	54850	9459	8540	4174	3756	5932	4927
城市发展新区	**88320**	**87538**	**74041**	**73169**	**14279**	**14369**	**6927**	**6961**	**8782**	**7738**
房 山 区	20554	20408	17029	16883	3525	3525	1743	1752	2220	1920
通 州 区	17894	17560	14829	14508	3065	3052	1473	1469	1700	1560
顺 义 区	17182	17286	14814	14783	2368	2503	1152	1213	1558	1350
昌 平 区	13634	14112	11083	11546	2551	2566	1217	1225	1683	1422
大 兴 区	19056	18172	16286	15449	2770	2723	1342	1302	1621	1486
生态涵养发展区	**40454**	**39202**	**32606**	**31619**	**7848**	**7583**	**4021**	**3899**	**4559**	**4075**
门头沟区	5684	5852	4386	4404	1298	1448	622	724	771	751
怀 柔 区	7030	6868	5601	5518	1429	1350	727	692	802	721
平 谷 区	10492	10212	8740	8556	1752	1656	896	856	1013	883
密 云 县	9752	9390	7842	7532	1910	1858	994	960	1181	954
延 庆 县	7496	6880	6037	5609	1459	1271	782	667	792	766

注：离婚登记对数不含法院判离数。

资料来源：北京市民政局。

3-76 全市基层法律服务所主要工作情况

区 县	担任法律顾问(家)		代理诉讼事务(件)		代理非诉讼事务(件)		解答法律询问(人次)	
	2012	2011	2012	2011	2012	2011	2012	2011
全 市	**2749**	**4944**	**4433**	**4385**	**2486**	**1739**	**55282**	**57218**
首都功能核心区	**206**	**510**	**362**	**277**	**210**	**115**	**6462**	**11696**
东 城 区	111	233	254	64	64	39	2720	6101
西 城 区	95	277	108	213	146	76	3742	5595
城市功能拓展区	**657**	**2311**	**722**	**1215**	**187**	**307**	**9659**	**16585**
朝 阳 区	459	583	183	169	20	48	6884	6377
丰 台 区	104	108	286	216	99	91	904	1867
石景山区	22	63	22	209	10	42	7	1062
海 淀 区	72	1557	231	621	58	126	1864	7279
城市发展新区	**1351**	**1783**	**2280**	**2332**	**1324**	**776**	**20324**	**17234**
房 山 区	107	107	716	474	134	32	6591	782
通 州 区	923	981	740	896	454	280	4143	5661
顺 义 区	171	171	591	591	327	327	2640	2640
昌 平 区	150	498	153	91	370	96	2983	3098
大 兴 区		26	80	280	39	41	3967	5053
生态涵养发展区	**535**	**340**	**1069**	**561**	**765**	**541**	**18837**	**11703**
门头沟区	2	4		9			469	525
怀 柔 区	47		268	82	201	15	1056	50
平 谷 区	1	1	247	67	68		2353	1651
密 云 县	93	34	220	206	26	105	10837	7151
延 庆 县	392	301	334	197	470	421	4122	2326

资料来源：北京市司法局。

3-77 全市公证处总办证量情况

单位：件

区 县	总办证量		#国内民事		#国内经济	
	2012	2011	2012	2011	2012	2011
全 市	**633963**	**636878**	**165885**	**185887**	**117110**	**108590**
首都功能核心区	**347330**	**379147**	**91167**	**119929**	**55745**	**59714**
东 城 区	115881	103165	26693	24706	19930	22036
西 城 区	231449	275982	64474	95223	35815	37678
城市功能拓展区	**247967**	**227373**	**48698**	**45356**	**56985**	**45586**
朝 阳 区	136434	126923	17571	16709	48804	38429
丰 台 区	9723	8191	4063	3381	1073	820
石景山区	12216	12094	4995	5068	677	608
海 淀 区	89594	80165	22069	20198	6431	5729
城市发展新区	**29665**	**21897**	**20373**	**14195**	**2353**	**2071**
房 山 区	8518	6017	6337	3829	814	1107
通 州 区	7758	5073	5398	3310	713	413
顺 义 区	2738	2051	1279	1166	399	237
昌 平 区	4648	4276	2912	3147	367	234
大 兴 区	6003	4480	4447	2743	60	80
生态涵养发展区	**9001**	**8461**	**5647**	**6407**	**2027**	**1219**
门头沟区	1833	2162	1575	1956	253	206
怀 柔 区	3162	2753	1754	2018	964	442
平 谷 区	2514	1637	1416	986	541	299
密 云 县	1313	1804	810	1395	269	272
延 庆 县	179	105	92	52		

资料来源：北京市司法局。

3-78 刑事案件立案及破案情况

单位：起

区 县	刑事案件立案数		刑事案件破案数	
	2012	2011	2012	2011
全 市	**145724**	**142835**	**101776**	**89156**
首都功能核心区	**14207**	**13527**	**12763**	**10258**
东 城 区	4572	4548	3652	2942
西 城 区	9635	8979	9111	7316
城市功能拓展区	**79725**	**77470**	**53646**	**48457**
朝 阳 区	29538	28382	18547	16890
丰 台 区	19899	19530	11919	10505
石景山区	2438	2488	2477	2015
海 淀 区	27850	27070	20703	19047
城市发展新区	**33186**	**36620**	**25067**	**21402**
房 山 区	5564	4960	3329	2448
通 州 区	7579	7907	5483	4943
顺 义 区	5783	6640	5271	4526
昌 平 区	7077	9115	5672	4545
大 兴 区	7183	7998	5312	4940
生态涵养发展区	**8834**	**8193**	**6932**	**5763**
门头沟区	1997	1841	1473	1339
怀 柔 区	1659	1658	1506	1253
平 谷 区	1965	1672	1674	1451
密 云 县	2086	1805	1260	997
延 庆 县	1127	1217	1019	723
其 他	**9772**	**7025**	**3368**	**3276**

资料来源：北京市公安局。

3-79 火灾事故情况(2012年)

区 县	火灾事故起数(起)	火灾事故死亡人数(人)	火灾事故直接经济损失额(万元)
全 市	**3418**	**26**	**2968.8**
首都功能核心区	**277**	**3**	**110.3**
东 城 区	122	1	31.8
西 城 区	155	2	78.5
城市功能拓展区	**1583**	**9**	**840.0**
朝 阳 区	633	3	407.1
丰 台 区	350	2	200.5
石景山区	89	1	39.2
海 淀 区	511	3	193.2
城市发展新区	**1009**	**7**	**853.9**
房 山 区	173	3	176.8
通 州 区	336	1	193.2
顺 义 区	124	1	172.0
昌 平 区	132	1	168.0
大 兴 区	244	1	143.9
生态涵养发展区	**530**	**3**	**837.1**
门头沟区	46		11.0
怀 柔 区	174	1	105.1
平 谷 区	145	1	35.6
密 云 县	78	1	611.3
延 庆 县	87		74.1
其 他	**19**	**4**	**327.4**

资料来源：北京市公安局消防局。

3-80 交通事故情况(2012年)

区 县	交通事故起数 (起)	交通事故死亡人数 (人)	交通事故直接经济损失 (万元)
全 市	**3196**	**918**	**3017.9**
首都功能核心区	**113**	**24**	**120.0**
东 城 区	72	9	11.6
西 城 区	41	15	108.4
城市功能拓展区	**1182**	**316**	**1107.0**
朝 阳 区	340	175	458.9
丰 台 区	457	61	238.8
石景山区	87	6	62.9
海 淀 区	298	74	346.4
城市发展新区	**1466**	**447**	**1284.2**
房 山 区	255	96	115.7
通 州 区	432	94	493.9
顺 义 区	402	107	334.3
昌 平 区	266	103	276.5
大 兴 区	111	47	63.8
生态涵养发展区	**380**	**118**	**484.4**
门头沟区	45	12	60.9
怀 柔 区	41	24	42.4
平 谷 区	69	23	45.0
密 云 县	174	32	280.7
延 庆 县	51	27	55.4
其 他	**55**	**13**	**22.3**

资料来源：北京市公安局公安交通管理局。

3-81 生产安全情况(2012年)

区 县	生产安全事故数 (起)	生产安全死亡人数 (人)
全 市	**83**	**99**
首都功能核心区	**8**	**8**
东 城 区	3	3
西 城 区	5	5
城市功能拓展区	**43**	**52**
朝 阳 区	16	21
丰 台 区	9	11
石景山区	5	5
海 淀 区	13	15
城市发展新区	**18**	**19**
房 山 区	3	3
通 州 区	5	6
顺 义 区	4	4
昌 平 区	2	2
大 兴 区	1	1
北京经济技术开发区	3	3
生态涵养发展区	**10**	**16**
门头沟区	2	2
怀 柔 区	2	8
平 谷 区	2	2
密 云 县	3	3
延 庆 县	1	1
其 他	**4**	**4**

资料来源：北京市安全生产监督管理局。

3-82 垃圾处理情况(2012年)

区 县	垃圾无害化处理场(厂)个数(个)	生活垃圾转运站个数(个)	生活垃圾无害化处理量(万吨)	生活垃圾无害化处理率 (按垃圾清运量计算)(%)
全 市	**22**	**9**	**642.60**	**99.12**
首都功能核心区			**105.26**	
东 城 区			46.57	100.00
西 城 区			58.69	100.00
城市功能拓展区	**4**	**6**	**335.56**	
朝 阳 区	2	2	142.44	100.00
丰 台 区	1	2	90.43	100.00
石景山区		1	14.20	100.00
海 淀 区	1	1	88.49	100.00
城市发展新区	**10**	**2**	**158.91**	
房 山 区	3	1	19.69	99.90
通 州 区	2	1	28.86	98.35
顺 义 区	1		19.32	95.01
昌 平 区	2		44.77	96.38
大 兴 区	2		46.28	97.55
生态涵养发展区	**8**	**1**	**42.87**	
门头沟区	1	1	8.12	96.93
怀 柔 区	2		10.73	97.09
平 谷 区	2		7.85	100.00
密 云 县	1		10.46	97.02
延 庆 县	2		5.71	92.63

资料来源：北京市市政市容管理委员会。

3-83 污水处理情况(2012年)

区县	污水处理厂(站)数 (座)	污水排放量 (万立方米)	污水处理量 (万立方米)
全市	**91**	**152010**	**126411**
城六区	**16**	**97800**	**93959**
城市发展新区	**47**	**42799**	**25022**
房山区	9	7272	5195
通州区	7	8050	4824
顺义区	6	6714	4457
昌平区	9	10078	3252
大兴区	14	7228	3837
北京经济技术开发区	2	3457	3457
生态涵养发展区	**28**	**11411**	**7430**
门头沟区	11	1722	1158
怀柔区	3	3215	2104
平谷区	3	3030	1861
密云县	7	1972	1268
延庆县	4	1472	1039

资料来源：北京市水务局。

3-84 环境基本情况(2012年)

区 县	二氧化硫(SO_2)年均浓度值 (微克/立方米)	二氧化氮(NO_2)年均浓度值 (微克/立方米)	可吸入颗粒物年均浓度值 (微克/立方米)	林木绿化率 (%)
全 市	**28.0**	**52.2**	**109**	**55.5**
首都功能核心区				
东城区	29.3	55.9	113	19.1
西城区	31.4	59.1	111	14.6
城市功能拓展区				
朝阳区	29.1	60.1	114	23.3
丰台区	27.8	57.3	113	39.7
石景山区	24.4	54.9	124	40.4
海淀区	30.6	54.5	114	42.6
城市发展新区				
房山区	35.8	59.3	122	56.5
通州区	42.2	55.9	119	27.2
顺义区	22.9	45.2	98	28.3
昌平区	28.5	40.3	97	64.1
大兴区	34.5	63.9	124	26.7
生态涵养发展区				
门头沟区	29.1	51.5	109	60.1
怀柔区	22.5	30.0	87	76.4
平谷区	24.0	34.7	98	68.1
密云县	28.7	40.0	85	66.7
延庆县	25.7	39.3	82	66.1

资料来源：北京市环境保护局、北京市园林绿化局提供。

2013
北京区域统计年鉴

第四篇

BEIJING AREA
STATISTICAL YEARBOOK

四大功能区
SIDA GONGNENG QU

简要说明

一、本章资料的主要内容

本章主要反映首都功能核心区、城市功能拓展区、城市发展新区、生态涵养发展区近两年在人口、地区生产总值、财政、房地产开发、工业、商业、利用外资和旅游等领域的主要经济指标情况。

二、本章资料的数据来源

本章数据由北京市统计局及国家统计局北京调查总队根据相关资料整理取得。

4-1　首都功能核心区基本情况

项　　目		2012	2011	占全市比重(%)		增长速度(%)
				2012	2011	
土地面积	(平方公里)	92.4	92.4	0.6	0.6	
户籍人口	(万人)	235.3	232.5	18.1	18.2	1.2
常住人口	(万人)	219.5	215.0	10.6	10.7	2.1
#常住外来人口	(万人)	54.5	53.4	7.0	7.2	2.1
常住人口密度	(人/平方公里)	23758	23271			
地区生产总值	(亿元)	4043.6	3700.5	22.6	22.8	9.3
第二产业增加值	(亿元)	324.6	298.7	8.0	8.0	8.7
工业增加值	(亿元)	234.1	213.3	7.1	7.0	9.7
建筑业增加值	(亿元)	90.5	85.3	11.8	12.1	6.1
第三产业增加值	(亿元)	3719.0	3401.8	27.2	27.5	9.3
地方公共财政预算收入	(亿元)	443.9	402.1	13.4	13.4	10.4
地方公共财政预算支出	(亿元)	413.7	367.0	11.2	11.3	12.7
全社会固定资产投资	(亿元)	381.0	362.5	5.9	6.1	5.1
房地产开发投资	(亿元)	192.5	164.2	6.1	5.4	17.2
商品房施工面积	(万平方米)	430.6	541.0	3.3	4.5	-20.4
商品房竣工面积	(万平方米)	107.1	132.6	4.5	5.9	-19.2
商品房销售面积	(万平方米)	67.3	71.2	3.5	4.9	-5.5
规模以上工业总产值	(亿元)	942.7	883.4	6.0	6.1	6.7
社会消费品零售总额	(亿元)	1559.0	1380.2	20.2	20.0	13.0
实际利用外商直接投资额	(万美元)	124282	109453	15.5	15.5	13.5
城镇居民人均可支配收入	(元)	39265	35280			11.3
入境旅游者人数	(万人次)	164.0	165.9	32.7	31.9	-1.1
星级饭店个数	(个)	154	151	25.2	25.3	2.0

注：1. 地区生产总值增速按现价计算。

2. 从2011年起，根据国家统计局相关规定，固定资产投资统计起点由50万元调整至500万元。

3. 社会消费品零售总额按产业在地原则核算。

4. 规模以上工业统计范围为年主营业务收入2000万元及以上的工业法人单位(表4—2、表4—3、表4—4同此)。

4-2 城市功能拓展区基本情况

项目		2012	2011	占全市比重(%) 2012	占全市比重(%) 2011	增长速度(%)
土地面积	(平方公里)	1275.9	1275.9	7.8	7.8	
户籍人口	(万人)	574.9	563.3	44.3	44.1	2.1
常住人口	(万人)	1008.2	986.4	48.7	48.9	2.2
#常住外来人口	(万人)	413.0	400.0	53.4	53.9	3.3
常住人口密度	(人/平方公里)	7902	7731			
地区生产总值	(亿元)	8408.8	7615.3	47.0	46.9	10.4
第一产业增加值	(亿元)	4.7	3.6	3.2	2.7	30.3
第二产业增加值	(亿元)	1188.1	1104.6	29.3	29.4	7.6
工业增加值	(亿元)	784.9	733.1	23.8	24.0	7.1
建筑业增加值	(亿元)	403.2	371.6	52.7	52.8	8.5
第三产业增加值	(亿元)	7216.0	6507.0	52.8	52.6	10.9
地方公共财政预算收入	(亿元)	701.9	634.5	21.2	21.1	10.6
地方公共财政预算支出	(亿元)	774.9	612.3	21.0	18.9	26.6
全社会固定资产投资	(亿元)	2689.3	2486.2	41.6	42.1	8.2
房地产开发投资	(亿元)	1388.7	1324.9	44.0	43.6	4.8
商品房施工面积	(万平方米)	5455.0	5294.4	41.6	43.9	3.0
商品房竣工面积	(万平方米)	1050.1	1267.2	43.9	56.4	-17.1
商品房销售面积	(万平方米)	805.3	631.5	41.4	43.9	27.5
规模以上工业总产值	(亿元)	3418.4	3419.7	21.9	23.6	-0.04
社会消费品零售总额	(亿元)	4345.6	3935.6	56.4	57.0	10.4
实际利用外商直接投资额	(万美元)	494678	421030	61.5	59.7	17.5
城镇居民人均可支配收入	(元)	38342	34495			11.2
农村居民人均纯收入	(元)	21175	18954			11.7
入境旅游者人数	(万人次)	288.2	304.8	57.5	58.6	-5.5
星级饭店个数	(个)	247	245	40.4	41.0	0.8

注：1. 地区生产总值增速按现价计算。
2. 从2011年起，根据国家统计局相关规定，固定资产投资统计起点由50万元调整至500万元。
3. 社会消费品零售总额按产业在地原则核算。

4-3 城市发展新区基本情况

项目		2012	2011	占全市比重(%)		增长速度(%)
				2012	2011	
土地面积	(平方公里)	6295.6	6295.6	38.4	38.4	
户籍人口	(万人)	323.9	319.2	25.0	25.0	1.5
常住人口	(万人)	653.0	629.9	31.6	31.2	3.7
#常住外来人口	(万人)	275.1	257.7	35.6	34.7	6.8
常住人口密度	(人/平方公里)	1037	1001			
地区生产总值	(亿元)	3728.8	3419.5	20.9	21.0	9.0
第一产业增加值	(亿元)	90.1	81.4	60.0	59.8	10.6
第二产业增加值	(亿元)	1908.3	1751.1	47.0	46.7	9.0
工业增加值	(亿元)	1689.7	1565.4	51.3	51.3	7.9
建筑业增加值	(亿元)	218.6	185.7	28.6	26.4	17.7
第三产业增加值	(亿元)	1730.4	1587.0	12.7	12.8	9.0
地方公共财政预算收入	(亿元)	270.0	241.7	8.1	8.0	11.7
地方公共财政预算支出	(亿元)	540.5	496.9	14.7	15.3	8.8
全社会固定资产投资	(亿元)	2725.3	2504.6	42.2	42.4	8.8
房地产开发投资	(亿元)	1343.9	1385.6	42.6	45.6	-3.0
商品房施工面积	(万平方米)	6290.7	5453.8	47.9	45.2	15.3
商品房竣工面积	(万平方米)	1070.2	726.2	44.8	32.3	47.4
商品房销售面积	(万平方米)	900.6	645.9	46.3	44.9	39.4
规模以上工业总产值	(亿元)	7879.3	7520.9	50.5	51.8	4.8
社会消费品零售总额	(亿元)	1409.1	1241.1	18.3	18.0	13.5
城镇居民人均可支配收入	(元)	30337	27651			9.7
农村居民人均纯收入	(元)	15473	13852			11.7
观光农业收入	(万元)	119603	90921	44.5	41.9	31.5
星级饭店个数	(个)	123	116	20.1	19.4	6.0

注：1. 地区生产总值增速按现价计算。

2. 从2011年起，根据国家统计局相关规定，固定资产投资统计起点由50万元调整至500万元。

3. 社会消费品零售总额按产业在地原则核算。

4-4 生态涵养发展区基本情况

项目		2012	2011	占全市比重(%)		增长速度(%)
				2012	2011	
土地面积	(平方公里)	8746.6	8746.6	53.3	53.3	
户籍人口	(万人)	163.4	162.9	12.6	12.7	0.3
常住人口	(万人)	188.6	187.3	9.1	9.3	0.7
#常住外来人口	(万人)	31.2	31.1	4.0	4.2	0.3
常住人口密度	(人/平方公里)	216	214			
地区生产总值	(亿元)	714.7	647.0	4.0	4.0	10.5
第一产业增加值	(亿元)	55.0	50.9	36.6	37.4	8.0
第二产业增加值	(亿元)	340.7	315.3	8.4	8.4	8.1
工业增加值	(亿元)	276.3	259.6	8.4	8.5	6.4
建筑业增加值	(亿元)	64.4	55.7	8.4	7.9	15.6
第三产业增加值	(亿元)	318.9	280.7	2.3	2.3	13.6
地方公共财政预算收入	(亿元)	94.7	83.6	2.9	2.8	13.3
地方公共财政预算支出	(亿元)	343.2	304.8	9.3	9.4	12.6
全社会固定资产投资	(亿元)	667.2	557.2	10.3	9.4	19.7
房地产开发投资	(亿元)	228.3	161.6	7.2	5.3	41.3
商品房施工面积	(万平方米)	946.2	776.1	7.2	6.4	21.9
商品房竣工面积	(万平方米)	163.5	119.3	6.8	5.3	37.1
商品房销售面积	(万平方米)	170.5	91.4	8.8	6.4	86.4
规模以上工业总产值	(亿元)	1091.5	1077.1	7.0	7.4	1.3
社会消费品零售总额	(亿元)	389.0	343.5	5.1	5.0	13.3
城镇居民人均可支配收入	(元)	30354	27355			11.0
农村居民人均纯收入	(元)	14764	13182			12.0
民俗旅游收入	(万元)	72564	63490	80.1	73.1	14.3
星级饭店个数	(个)	88	86	14.4	14.4	2.3
A级及以上重点旅游景区数	(个)	74	66	34.1	32.0	12.1

注：1. 地区生产总值增速按现价计算。

2. 从2011年起，根据国家统计局相关规定，固定资产投资统计起点由50万元调整至500万元。

3. 社会消费品零售总额按产业在地原则核算。

2013
北京区域统计年鉴

第五篇

BEIJING AREA
STATISTICAL YEARBOOK

山区平原概览

SHANQU PINGYUAN GAILAN

简要说明

一、本章资料的主要内容

本章主要反映按地势划分的山区、平原乡镇的基本情况（面积、人口、从业人员等），农村经济（财政、农业生产、畜牧业等）、乡镇企业发展、观光民俗旅游和农村居民收支等主要指标情况。

二、本章资料的统计范围

山区的统计范围为82个山区乡镇，平原的统计范围为100个平原乡镇。

三、本章资料的数据来源

农村居民收支数据由国家统计局北京调查总队提供，其他数据由北京市统计局及国家统计局北京调查总队提供。

5-1 山区乡镇基本情况及主要经济指标

项 目		2012	2011	增长速度(%)
基本情况				
总面积	(公顷)	1052099	1052268	
总人口	(人)	1553280	1544723	0.6
#农业人口	(人)	977686	987681	-1.0
从业人员	(人)	833601	825520	1.0
第一产业	(人)	272200	275132	-1.1
第二产业	(人)	221799	217722	1.9
第三产业	(人)	339602	332666	2.1
享受低保人数	(人)	46681	51178	-8.8
山区经济				
财政收入	(万元)	704616	702587	0.3
#地方公共财政预算收入	(万元)	436158	344614	26.6
财政支出	(万元)	674078	693624	-2.8
农林牧渔业总产值	(万元)	1127466	1028411	9.6
#种植业	(万元)	659928	565089	16.8
养殖业	(万元)	467481	463322	0.9
粮食播种面积	(公顷)	64710	68455	-5.5
粮食产量	(吨)	320371	373706	-14.3
果园面积	(公顷)	42343	42776	-1.0
干鲜果品产量	(吨)	505982	538544	-6.0
家禽出栏数	(万只)	5012	5178	-3.2
生猪出栏数	(头)	781719	748214	4.5
企业情况				
企业个数	(个)	9510	8937	6.4
企业总收入	(万元)	7875153	7066310	11.4
企业利润总额	(万元)	465782	430420	8.2
民俗旅游情况				
民俗旅游接待人数	(人次)	15644095	15207797	2.9
民俗旅游从业人员	(人)	17047	16639	2.5
民俗旅游总收入	(万元)	84345	79786	5.7

注：此表范围为82个山区乡镇。

5-2 山区农民收入支出情况

单位：元

项　目	2012	2011	增长速度(%)
农村居民人均纯收入	**14433**	**12908**	**11.8**
工资性收入	9150	8278	10.5
家庭经营收入	2150	2018	6.5
第一产业	1212	1114	8.8
第二产业	75	87	-13.8
第三产业	863	817	5.6
财产性收入	873	724	20.6
转移性收入	2260	1888	19.7
农村居民人均生活消费支出	**10063**	**9060**	**11.1**
食　品	3157	3009	4.9
衣　着	608	584	4.1
家庭设备用品及服务	702	601	16.8
医疗保健	1202	1062	13.2
交通和通信	1111	921	20.6
教育文化娱乐用品及服务	753	700	7.6
居　住	2281	1996	14.3
其他商品和服务	249	187	33.2

5-3 平原乡镇基本情况及主要经济指标

项　目		2012	2011	增长速度(%)
基本情况				
总面积	(公顷)	488972	489047	
总人口	(人)	6886799	6713474	2.6
#农业人口	(人)	1567700	1603848	-2.3
从业人员	(人)	3828461	3742389	2.3
第一产业	(人)	313449	321177	-2.4
第二产业	(人)	1178735	1144163	3.0
第三产业	(人)	2336277	2277049	2.6
享受低保人数	(人)	33348	36440	-8.5
平原经济				
财政收入	(万元)	2322544	1823309	27.4
#地方公共财政预算收入	(万元)	1480267	1197889	23.6
财政支出	(万元)	1638283	1626187	0.7
农林牧渔业总产值	(万元)	2121079	1863366	13.8
#种植业	(万元)	1325397	1056576	25.4
养殖业	(万元)	795199	799267	-0.5
粮食播种面积	(公顷)	127574	138613	-8.0
粮食产量	(吨)	787914	838457	-6.0
果园面积	(公顷)	19087	19654	-2.9
干鲜果品产量	(吨)	328516	331324	-0.8
家禽出栏数	(万只)	3412	3694	-7.6
生猪出栏数	(头)	2131976	2201184	-3.1
企业情况				
企业个数	(个)	66732	65100	2.5
企业总收入	(万元)	56600486	52599162	7.6
企业利润总额	(万元)	2589293	2694238	-3.9
民俗旅游情况				
民俗旅游接待人数	(人次)	1313544	1481126	-11.3
民俗旅游从业人员	(人)	1658	1593	4.1
民俗旅游总收入	(万元)	6203	7036	-11.8

注：此表范围为100个平原乡镇。

5-4 平原农民收入支出情况

单位：元

项 目	2012	2011	增长速度(%)
农村居民人均纯收入	**17234**	**15420**	**11.8**
工资性收入	11473	10066	14.0
家庭经营收入	1009	1118	-9.7
第一产业	552	582	-5.2
第二产业	-82	-79	
第三产业	539	615	-12.4
财产性收入	2029	1842	10.2
转移性收入	2723	2394	13.7
农村居民人均生活消费支出	**12553**	**11833**	**6.1**
食 品	4237	3812	11.1
衣 着	1074	967	11.1
家庭设备用品及服务	800	757	5.7
医疗保健	1097	1025	7.0
交通和通信	1506	1344	12.1
教育文化娱乐用品及服务	1301	1117	16.5
居 住	2170	2483	-12.6
其他商品和服务	368	328	12.2

2013
北京区域统计年鉴

第六篇

BEIJING AREA
STATISTICAL YEARBOOK

开发区

KAI FA QU

简要说明

一、本章资料的主要内容

本章资料包括 3 个国家级开发区，即北京经济技术开发区、中关村国家自主创新示范区（包含 10 个园区）、北京天竺综合保税区和 16 个北京市级开发区的主要情况。

二、本章资料的数据来源

本章资料主要由北京市统计局提供，其中 6—2 表由北京经济技术开发区调查队、统计局提供。

三、本章资料的统计范围情况

2012 年底，国务院批复了中关村示范区空间规模和布局调整的方案。因此，中关村国家自主创新示范区中部分园区的空间规模和布局进行了扩大调整，其中，昌平园和德胜园规划面积变化较大。

北京市开发区情况框架图

开发区	国家级（3个）	北京经济技术开发区
		中关村国家自主创新示范区
		中关村示范区海淀园
		中关村示范区丰台园
		中关村示范区昌平园
		中关村示范区电子城科技园
		中关村示范区亦庄科技园
		中关村示范区德胜园
		中关村示范区雍和园
		中关村示范区石景山园
		中关村示范区通州园
		中关村示范区大兴生物医药产业基地
		北京天竺综合保税区
	市级（16个）	北京石龙经济开发区
		北京良乡经济开发区
		北京大兴经济开发区
		北京通州经济开发区
		北京雁栖经济开发区
		北京兴谷经济开发区
		北京密云经济开发区
		北京林河经济开发区
		北京天竺空港经济开发区
		北京八达岭经济开发区
		北京永乐经济开发区
		北京延庆经济开发区
		北京昌平小汤山工业园区
		北京采育经济开发区
		北京房山工业园区
		北京马坊工业园区

注：开发区情况截止到2012年末。

6-1 北京市开发区主要指标

项 目		2012	2011	增长速度(%)
规划总面积	(平方公里)	393.1	346.2	13.5
累计土地开发施工面积	(平方公里)	144.5	138.9	4.0
累计土地开发完工面积	(平方公里)	127.6	124.9	2.2
累计建成区土地面积	(平方公里)	136.9	134.0	2.2
投产(开业)企业个数	(个)	25361	23944	5.9
#高新技术企业	(个)	15143	15225	-0.5
#工业企业	(个)	5102	4968	2.7
#三资企业	(个)	2430	2561	-5.1
总投资	(亿元)	1296.8	1183.5	9.6
#工业企业	(亿元)	243.2	251.4	-3.3
#三资企业	(亿元)	245.8	207.2	18.6
注册资本	(亿元)	996.4	1050.3	-5.1
合同外资金额	(亿美元)	16.2	36.7	-55.9
外商实际投资	(亿美元)	15.2	23.9	-36.4
工业总产值(现价)	(亿元)	8108.3	7277.0	11.4
工业销售产值(现价)	(亿元)	8008.4	7164.9	11.8
#出口交货值	(亿元)	1336.2	1308.3	2.1
总收入	(亿元)	29434.3	23173.1	27.0
#技术收入	(亿元)	3467.4	2903.2	19.4
利润总额	(亿元)	1952.0	1733.4	12.6
#高新技术企业	(亿元)	1830.5	1572.9	16.4
应缴税金总额	(亿元)	1639.8	1093.8	49.9
固定资产投资	(亿元)	759.0	615.8	23.3
#基础设施投资	(亿元)	138.0	94.6	45.9
从业人员期末人数	(万人)	200.3	175.6	14.1

注:1. 本表数据为北京市19家开发区的汇总资料，统计范围为开发区内注册的全部法人单位。
2. 本篇后续的表格为各级开发区的概况性资料。
3. 中关村国家自主创新示范区的资料按照其划分的10个园区分别详细列示。

6-2 北京经济技术开发区主要指标

项　　目		2012	2011	增长速度(%)
规划面积	(公顷)	4650.0	4650.0	
累计征用土地面积	(公顷)	4924.0	4924.0	
工业总产值 (现价)	(亿元)	2187.9	2284.7	-4.2
#高新技术产业	(亿元)	1993.7	2087.3	-4.5
销售(营业)收入	(亿元)	4328.5	4141.1	4.5
利润总额	(亿元)	212.1	339.8	-37.6
进出口总值	(亿美元)	213.4	252.5	-15.5
出　口	(亿美元)	105.8	110.5	-4.3
进　口	(亿美元)	107.7	142.0	-24.2
财政收入(含免抵)	(亿元)	335.5	269.1	24.7
税收(含免抵)	(亿元)	268.1	245.4	9.3
土地收入	(亿元)	67.4	23.7	183.9
财政支出	(亿元)	129.3	109.4	18.3
批准企业个数	(个)	1210	1038	16.6
入区企业投资额	(亿美元)	60.1	63.6	-5.4
注册资本	(亿美元)	43.3	57.3	-24.6
合同外资金额	(亿美元)	7.3	17.1	-57.5
实际利用外资	(亿美元)	6.7	6.4	3.8
固定资产投资	(亿元)	339.9	320.2	6.2
从业人员期末人数	(人)	275219	253934	8.4
劳动者报酬总额	(万元)	2297846	1904412	20.7

资料来源：北京经济技术开发区调查队、统计局。

6-3 中关村国家自主创新示范区主要指标

项　目		2012	2011	增长速度(%)
规划总面积	(公顷)	27983.1	23389.9	19.6
累计土地开发施工面积	(公顷)	7982.9	7516.9	6.2
累计土地开发完工面积	(公顷)	6966.6	6721.6	3.6
累计建成区土地面积	(公顷)	7516.7	7287.4	3.1
投产(开业)企业个数	(个)	14929	15026	-0.6
#高新技术企业	(个)	14929	15026	-0.6
#工业企业	(个)	2824	2869	-1.6
#三资企业	(个)	1671	1744	-4.2
总投资	(万元)	8319593	4893129	70.0
#工业企业	(万元)	1628442	1237130	31.6
#三资企业	(万元)	2220462	615404	260.8
注册资本	(万元)	6362355	5530999	15.0
合同外资金额	(万美元)	121497	183896	-33.9
外商实际投资	(万美元)	95832	186298	-48.6
工业总产值(现价)	(万元)	64946664	58315612	11.4
工业销售产值(现价)	(万元)	64204633	57297896	12.1
#出口交货值	(万元)	9100122	9320942	-2.4
总收入	(万元)	250249575	196460188	27.4
#技术收入	(万元)	34030687	28459044	19.6
利润总额	(万元)	17885600	15339162	16.6
#高新技术企业	(万元)	17885600	15339162	16.6
实缴税费总额	(万元)	14457699	9258436	56.2
固定资产投资	(万元)	2970859	1968219	50.9
#基础设施投资	(万元)	930551	519778	79.0
从业人员期末人数	(人)	1585950	1384821	14.5

注：2012年，根据国务院规划用地批复，中关村国家自主创新示范区中部分园区规划面积有所调整。

6-3 续表1 海淀园主要指标

项　　目		2012	2011	增长速度(%)
规划总面积	(公顷)	13306.0	13306.0	
累计土地开发施工面积	(公顷)	1788.8	1788.8	
累计土地开发完工面积	(公顷)	1483.7	1483.7	
累计建成区土地面积	(公顷)	1037.6	1037.6	
投产(开业)企业个数	(个)	9016	9306	-3.1
#高新技术企业	(个)	9016	9306	-3.1
#工业企业	(个)	1079	1149	-6.1
#三资企业	(个)	1002	1084	-7.6
总投资	(万元)	5126243	3000000	70.9
#工业企业	(万元)	521456	749640	-30.4
#三资企业	(万元)	403700	121500	232.3
注册资本	(万元)	3908570	3700000	5.6
合同外资金额	(万美元)	50672	160000	-68.3
外商实际投资	(万美元)	29512	143000	-79.4
工业总产值(现价)	(万元)	15175989	13928282	9.0
工业销售产值(现价)	(万元)	14592382	13669080	6.8
#出口交货值	(万元)	843104	792931	6.3
总收入	(万元)	106657471	87828160	21.4
#技术收入	(万元)	20740977	17523382	18.4
利润总额	(万元)	8223570	7089156	16.0
#高新技术企业	(万元)	8223570	7089156	16.0
实缴税费总额	(万元)	4230918	3909572	8.2
固定资产投资	(万元)	800044	330981	141.7
#基础设施投资	(万元)	397272	35888	
从业人员期末人数	(人)	776012	693352	11.9

6-3 续表2 丰台园主要指标

项　　目		2012	2011	增长速度(%)
规划总面积	(公顷)	818.0	818.0	
累计土地开发施工面积	(公顷)	327.7	327.7	
累计土地开发完工面积	(公顷)	327.7	327.7	
累计建成区土地面积	(公顷)	327.7	327.7	
投产(开业)企业个数	(个)	1446	1522	-5.0
#高新技术企业	(个)	1446	1522	-5.0
#工业企业	(个)	319	338	-5.6
#三资企业	(个)	77	78	-1.3
总投资	(万元)	676800	436400	55.1
#工业企业	(万元)			
#三资企业	(万元)			
注册资本	(万元)	676800	436400	55.1
合同外资金额	(万美元)			
外商实际投资	(万美元)			
工业总产值(现价)	(万元)	3333396	3540154	-5.8
工业销售产值(现价)	(万元)	3375980	3385298	-0.3
#出口交货值	(万元)	130161	81557	59.6
总收入	(万元)	29384764	26408838	11.3
#技术收入	(万元)	2522872	3202668	-21.2
利润总额	(万元)	976582	1063176	-8.1
#高新技术企业	(万元)	976582	1063176	-8.1
实缴税费总额	(万元)	754281	817214	-7.7
固定资产投资	(万元)	555000	640000	-13.3
#基础设施投资	(万元)			
从业人员期末人数	(人)	164716	155430	6.0

6-3 续表3 昌平园主要指标

项　目		2012	2011	增长速度(%)
规划总面积	(公顷)	5140.0	1150.7	346.7
累计土地开发施工面积	(公顷)	862.8	772.8	11.6
累计土地开发完工面积	(公顷)	757.7	668.2	13.4
累计建成区土地面积	(公顷)	595.1	584.5	1.8
投产(开业)企业个数	(个)	1558	1461	6.6
#高新技术企业	(个)	1558	1461	6.6
#工业企业	(个)	673	684	-1.6
#三资企业	(个)	138	140	-1.4
总投资	(万元)	400582	631417	-36.6
#工业企业	(万元)	16936	62541	-72.9
#三资企业	(万元)	110191	46945	134.7
注册资本	(万元)	370705	627431	-40.9
合同外资金额	(万美元)	12278	3496	251.2
外商实际投资	(万美元)	12278	3496	251.2
工业总产值(现价)	(万元)	12251389	9808362	24.9
工业销售产值(现价)	(万元)	12359350	9754446	26.7
#出口交货值	(万元)	523628	415336	26.1
总收入	(万元)	23441944	15070872	55.5
#技术收入	(万元)	767143	610927	25.6
利润总额	(万元)	1128281	1231343	-8.4
#高新技术企业	(万元)	1128281	1231343	-8.4
实缴税费总额	(万元)	782604	728701	7.4
固定资产投资	(万元)	506447	176629	186.7
#基础设施投资	(万元)	955		
从业人员期末人数	(人)	122726	114008	7.6

注：2012年，根据国务院规划用地批复，昌平园规划面积为调整扩大示范区空间规模和布局后的面积。

6-3 续表4 电子城科技园主要指标

项　　目		2012	2011	增长速度(%)
规划总面积	(公顷)	1809.0	1680.0	7.7
累计土地开发施工面积	(公顷)	542.5	456.5	18.8
累计土地开发完工面积	(公顷)	147.1	147.1	
累计建成区土地面积	(公顷)	1394.0	1209.0	15.3
投产(开业)企业个数	(个)	1061	1087	-2.4
#高新技术企业	(个)	1061	1087	-2.4
#工业企业	(个)	225	233	-3.4
#三资企业	(个)	181	194	-6.7
总投资	(万元)	326459	63473	414.3
#工业企业	(万元)	44802		
#三资企业	(万元)	105457	2310	
注册资本	(万元)	326459	63473	414.3
合同外资金额	(万美元)	15360	385	
外商实际投资	(万美元)	15360	385	
工业总产值(现价)	(万元)	8490337	6837340	24.2
工业销售产值(现价)	(万元)	8412206	6685370	25.8
#出口交货值	(万元)	821353	785910	4.5
总收入	(万元)	38451875	18600796	106.7
#技术收入	(万元)	4708987	2892431	62.8
利润总额	(万元)	3665153	1777012	106.3
#高新技术企业	(万元)	3665153	1777012	106.3
实缴税费总额	(万元)	5410362	898879	501.9
固定资产投资	(万元)	430000	210000	104.8
#基础设施投资	(万元)	24046	19087	26.0
从业人员期末人数	(人)	166897	116797	42.9

注：2012年，根据国务院规划用地批复，新增望京地区纳入园区范围。

6-3 续表5 亦庄科技园主要指标

项　　目		2012	2011	增长速度(%)
规划总面积	(公顷)	2678.0	2678.0	
累计土地开发施工面积	(公顷)	2678.0	2678.0	
累计土地开发完工面积	(公顷)	2678.0	2678.0	
累计建成区土地面积	(公顷)	2678.0	2678.0	
投产(开业)企业个数	(个)	532	474	12.2
#高新技术企业	(个)	532	474	12.2
#工业企业	(个)	249	226	10.2
#三资企业	(个)	168	158	6.3
总投资	(万元)	1441423	420036	243.2
#工业企业	(万元)	914608	290980	214.3
#三资企业	(万元)	1232110	420036	193.3
注册资本	(万元)	740466	315432	134.7
合同外资金额	(万美元)	43187	20015	115.8
外商实际投资	(万美元)	36398	35504	2.5
工业总产值(现价)	(万元)	19936675	20872741	-4.5
工业销售产值(现价)	(万元)	19795444	20501765	-3.4
#出口交货值	(万元)	6276602	6662052	-5.8
总收入	(万元)	28696461	32127206	-10.7
#技术收入	(万元)	2234719	1972342	13.3
利润总额	(万元)	2020725	2909723	-30.6
#高新技术企业	(万元)	2020725	2909723	-30.6
实缴税费总额	(万元)	2303660	2248658	2.4
固定资产投资	(万元)			
#基础设施投资	(万元)			
从业人员期末人数	(人)	185967	181097	2.7

6-3 续表6 德胜园主要指标

项　目		2012	2011	增长速度(%)
规划总面积	(公顷)	1000.0	564.0	77.3
累计土地开发施工面积	(公顷)			
累计土地开发完工面积	(公顷)			
累计建成区土地面积	(公顷)			
投产(开业)企业个数	(个)	381	378	0.8
#高新技术企业	(个)	381	378	0.8
#工业企业	(个)	51	50	2.0
#三资企业	(个)	21	24	-12.5
总投资	(万元)			
#工业企业	(万元)			
#三资企业	(万元)			
注册资本	(万元)			
合同外资金额	(万美元)			
外商实际投资	(万美元)			
工业总产值(现价)	(万元)	2416205	897571	169.2
工业销售产值(现价)	(万元)	2436398	960424	153.7
#出口交货值	(万元)	178051	264812	-32.8
总收入	(万元)	7648834	3691046	107.2
#技术收入	(万元)	1399096	1196009	17.0
利润总额	(万元)	1137139	566667	100.7
#高新技术企业	(万元)	1137139	566667	100.7
实缴税费总额	(万元)	378646	224558	68.6
固定资产投资	(万元)	8597	70281	-87.8
#基础设施投资	(万元)	36	6425	-99.4
从业人员期末人数	(人)	55716	45065	23.6

注：2012年，根据国务院规划用地批复，德胜园规划面积为调整扩大示范区空间规模和布局后的面积。

6-3 续表7 雍和园主要指标

项　　目		2012	2011	增长速度(%)
规划总面积	(公顷)	290.3	290.3	
累计土地开发施工面积	(公顷)			
累计土地开发完工面积	(公顷)			
累计建成区土地面积	(公顷)			
投产(开业)企业个数	(个)	144	113	27.4
#高新技术企业	(个)	144	113	27.4
#工业企业	(个)	5	4	25.0
#三资企业	(个)	9	9	
总投资	(万元)	122228	24561	397.7
#工业企业	(万元)		5198	
#三资企业	(万元)	988		
注册资本	(万元)	122228	24561	397.7
合同外资金额	(万美元)			
外商实际投资	(万美元)			
工业总产值(现价)	(万元)	70276	51592	36.2
工业销售产值(现价)	(万元)	69543	52024	33.7
#出口交货值	(万元)	2	1927	-99.9
总收入	(万元)	3794778	3034565	25.1
#技术收入	(万元)	555914	449810	23.6
利润总额	(万元)	188757	84371	123.7
#高新技术企业	(万元)	188757	84371	123.7
实缴税费总额	(万元)	147652	86379	70.9
固定资产投资	(万元)	502206	405710	23.8
#基础设施投资	(万元)	486778	399596	21.8
从业人员期末人数	(人)	24641	19310	27.6

6-3 续表8 石景山园主要指标

项　　目		2012	2011	增长速度(%)
规划总面积	(公顷)	345.0	345.0	
累计土地开发施工面积	(公顷)	56.0	56.0	
累计土地开发完工面积	(公顷)	56.0	56.0	
累计建成区土地面积	(公顷)	56.0	56.0	
投产(开业)企业个数	(个)	637	566	12.5
#高新技术企业	(个)	637	566	12.5
#工业企业	(个)	93	84	10.7
#三资企业	(个)	43	34	26.5
总投资	(万元)	95218	188471	-49.5
#工业企业	(万元)			
#三资企业	(万元)			
注册资本	(万元)	88937	248195	-64.2
合同外资金额	(万美元)			
外商实际投资	(万美元)			
工业总产值(现价)	(万元)	732176	451137	62.3
工业销售产值(现价)	(万元)	727463	436919	66.5
#出口交货值	(万元)	116440	105364	10.5
总收入	(万元)	9094780	7162006	27.0
#技术收入	(万元)	1067950	585101	82.5
利润总额	(万元)	484727	445042	8.9
#高新技术企业	(万元)	484727	445042	8.9
实缴税费总额	(万元)	290334	206451	40.6
固定资产投资	(万元)	3138	35033	-91.0
#基础设施投资	(万元)		593	
从业人员期末人数	(人)	57543	35719	61.1

6-3 续表9 通州园主要指标

项　　目		2012	2011	增长速度(%)
规划总面积	(公顷)	1490.5	1451.5	2.7
累计土地开发施工面积	(公顷)	1208.9	951.8	27.0
累计土地开发完工面积	(公顷)	1055.9	924.4	14.2
累计建成区土地面积	(公顷)	958.4	924.6	3.7
投产(开业)企业个数	(个)	94	72	30.6
#高新技术企业	(个)	94	72	30.6
#工业企业	(个)	81	63	28.6
#三资企业	(个)	23	15	53.3
总投资	(万元)	76201	123871	-38.5
#工业企业	(万元)	76201	123871	-38.5
#三资企业	(万元)	31733	24613	28.9
注册资本	(万元)	73751	110607	-33.3
合同外资金额	(万美元)			
外商实际投资	(万美元)	2284	3913	-41.6
工业总产值(现价)	(万元)	1928363	1446452	33.3
工业销售产值(现价)	(万元)	1881727	1393674	35.0
#出口交货值	(万元)	190731	188408	1.2
总收入	(万元)	2415391	2049431	17.9
#技术收入	(万元)	28737	19921	44.3
利润总额	(万元)	-11160	104727	
#高新技术企业	(万元)	-11160	104727	
实缴税费总额	(万元)	108928	101237	7.6
固定资产投资	(万元)			
#基础设施投资	(万元)			
从业人员期末人数	(人)	22716	16370	38.8

注：2012年，根据国务院规划用地批复，新增39公顷光机电区域纳入园区范围。

6-3 续表10 大兴生物工程与医药产业基地主要指标

项 目		2012	2011	增长速度(%)
规划总面积	(公顷)	1106.3	1106.3	
累计土地开发施工面积	(公顷)	518.3	485.4	6.8
累计土地开发完工面积	(公顷)	460.4	436.4	5.5
累计建成区土地面积	(公顷)	469.9	469.9	
投产(开业)企业个数	(个)	60	47	27.7
#高新技术企业	(个)	60	47	27.7
#工业企业	(个)	49	38	28.9
#三资企业	(个)	9	8	12.5
总投资	(万元)	54439	4900	
#工业企业	(万元)	54439	4900	
#三资企业	(万元)			
注册资本	(万元)	54439	4900	
合同外资金额	(万美元)			
外商实际投资	(万美元)			
工业总产值(现价)	(万元)	611858	481982	26.9
工业销售产值(现价)	(万元)	554142	458896	20.8
#出口交货值	(万元)	20052	22645	-11.5
总收入	(万元)	663278	487269	36.1
#技术收入	(万元)	4292	6453	-33.5
利润总额	(万元)	71826	67944	5.7
#高新技术企业	(万元)	71826	67944	5.7
实缴税费总额	(万元)	50314	36787	36.8
固定资产投资	(万元)	165427	99585	66.1
#基础设施投资	(万元)	21464	58189	-63.1
从业人员期末人数	(人)	9016	7673	17.5

6-4 北京天竺综合保税区主要指标

项　　目		2012	2011	增长速度(%)
规划总面积	(公顷)	594.4	594.4	
累计土地开发施工面积	(公顷)	349.5	349.5	
累计土地开发完工面积	(公顷)	349.5	349.5	
累计建成区土地面积	(公顷)	349.5	349.5	
投产(开业)企业个数	(个)	73	64	14.1
#高新技术企业	(个)			
#工业企业	(个)	20	20	
#三资企业	(个)	24	24	
总投资	(万元)	222860	642453	-65.3
#工业企业	(万元)	7000	34900	-79.9
#三资企业	(万元)	49610	202552	-75.5
注册资本	(万元)	88387	270607	-67.3
合同外资金额	(万美元)	6198	28775	-78.5
外商实际投资	(万美元)	338	1095	-69.1
工业总产值(现价)	(万元)	180604	189506	-4.7
工业销售产值(现价)	(万元)	174538	179262	-2.6
#出口交货值	(万元)	165053	172855	-4.5
总收入	(万元)	816694	754206	8.3
#技术收入	(万元)	16797	3852	336.1
利润总额	(万元)	33779	73398	-54.0
#高新技术企业	(万元)			
应缴税金总额	(万元)	43430	44655	-2.7
固定资产投资	(万元)	51256	75528	-32.1
#基础设施投资	(万元)			
从业人员期末人数	(人)	13865	12285	12.9

注：北京天竺综合保税区为国家级综合保税区，范围包括了北京天竺出口加工区和北京空港保税物流中心。

6-5 北京石龙经济开发区主要指标

项　　目		2012	2011	增长速度(%)
规划总面积	(公顷)	231.5	150.0	54.3
累计土地开发施工面积	(公顷)	184.4	150.0	22.9
累计土地开发完工面积	(公顷)	150.0	150.0	
累计建成区土地面积	(公顷)	150.0	150.0	
投产(开业)企业个数	(个)	3997	3308	20.8
#高新技术企业	(个)	24	27	-11.1
#工业企业	(个)	485	485	
#三资企业	(个)	25		
总投资	(万元)	730914	680000	7.5
#工业企业	(万元)			
#三资企业	(万元)			
注册资本	(万元)	730914	680000	7.5
合同外资金额	(万美元)			
外商实际投资	(万美元)			
工业总产值(现价)	(万元)	327780	491700	-33.3
工业销售产值(现价)	(万元)	317970	583700	-45.5
#出口交货值	(万元)	113386	46672	142.9
总收入	(万元)	1065725	957100	11.3
#技术收入	(万元)	316718	239275	32.4
利润总额	(万元)	189575	254073	-25.4
#高新技术企业	(万元)	38332	20099	90.7
应缴税金总额	(万元)	235440	274500	-14.2
固定资产投资	(万元)	34502	43020	-19.8
#基础设施投资	(万元)	13515	43020	-68.6
从业人员期末人数	(人)	60882	49520	22.9

注：2012年，根据国务院规划用地批复，规划用地实现东扩，将西辛称、卧龙岗、栗园庄等村庄西部区域纳入园区范围。

6-6 北京良乡经济开发区主要指标

项　目		2012	2011	增长速度(%)
规划总面积	(公顷)	240.0	240.0	
累计土地开发施工面积	(公顷)	109.5	118.0	-7.2
累计土地开发完工面积	(公顷)	109.5	91.9	19.2
累计建成区土地面积	(公顷)	109.5	91.9	19.2
投产(开业)企业个数	(个)	1290	1277	1.0
#高新技术企业	(个)	6	3	100.0
#工业企业	(个)	95	95	
#三资企业	(个)	12	13	-7.7
总投资	(万元)	30891	177650	-82.6
#工业企业	(万元)	318		
#三资企业	(万元)			
注册资本	(万元)	30891	177650	-82.6
合同外资金额	(万美元)			
外商实际投资	(万美元)			
工业总产值(现价)	(万元)	178267	171422	4.0
工业销售产值(现价)	(万元)	188655	192186	-1.8
#出口交货值	(万元)	39923	36793	8.5
总收入	(万元)	2001761	2081457	-3.8
#技术收入	(万元)	254598	217994	16.8
利润总额	(万元)	31894	37324	-14.5
#高新技术企业	(万元)	3791	5611	-32.4
应缴税金总额	(万元)	90266	117744	-23.3
固定资产投资	(万元)	30000		
#基础设施投资	(万元)	3000		
从业人员期末人数	(人)	23000	23500	-2.1

6–7 北京大兴经济开发区主要指标

项　　目		2012	2011	增长速度(%)
规划总面积	(公顷)	412.3	412.3	
累计土地开发施工面积	(公顷)	236.0	236.0	
累计土地开发完工面积	(公顷)	232.8	232.8	
累计建成区土地面积	(公顷)	183.0	183.0	
投产(开业)企业个数	(个)	329	353	-6.8
#高新技术企业	(个)	22	16	37.5
#工业企业	(个)	108	114	-5.3
#三资企业	(个)	25	27	-7.4
总投资	(万元)			
#工业企业	(万元)			
#三资企业	(万元)			
注册资本	(万元)	13792		
合同外资金额	(万美元)			
外商实际投资	(万美元)			
工业总产值(现价)	(万元)	435395	375005	16.1
工业销售产值(现价)	(万元)	399690	361286	10.6
#出口交货值	(万元)	14569	18666	-21.9
总收入	(万元)	1747960	1512390	15.6
#技术收入	(万元)	15749	23034	-31.6
利润总额	(万元)	59067	42434	39.2
#高新技术企业	(万元)	40937	24561	66.7
应缴税金总额	(万元)	62849	50471	24.5
固定资产投资	(万元)	37067	21121	75.5
#基础设施投资	(万元)	3482	3000	16.1
从业人员期末人数	(人)	26564	24738	7.4

6-8 北京通州经济开发区主要指标

项 目		2012	2011	增长速度(%)
规划总面积	(公顷)	761.9	761.9	
累计土地开发施工面积	(公顷)	401.8	357.0	12.5
累计土地开发完工面积	(公顷)	288.5	293.9	-1.8
累计建成区土地面积	(公顷)	282.4	245.1	15.2
投产(开业)企业个数	(个)	161	158	1.9
#高新技术企业	(个)	17	15	13.3
#工业企业	(个)	81	83	-2.4
#三资企业	(个)	24	26	-7.7
总投资	(万元)	98000	308200	-68.2
#工业企业	(万元)	18000	143200	-87.4
#三资企业	(万元)			
注册资本	(万元)	5600	68550	-91.8
合同外资金额	(万美元)			
外商实际投资	(万美元)		2732	
工业总产值(现价)	(万元)	784049	633133	23.8
工业销售产值(现价)	(万元)	789187	636514	24.0
#出口交货值	(万元)	82398	67644	21.8
总收入	(万元)	1773439	1370076	29.4
#技术收入	(万元)			
利润总额	(万元)	61582	50009	23.1
#高新技术企业	(万元)	36023	25517	41.2
应缴税金总额	(万元)	83935	70565	18.9
固定资产投资	(万元)	201243	64096	214.0
#基础设施投资	(万元)	1800	1270	41.7
从业人员期末人数	(人)	9140	9707	-5.8

6-9 北京雁栖经济开发区主要指标

项　　目		2012	2011	增长速度(%)
规划总面积	(公顷)	1096.0	1096.0	
累计土地开发施工面积	(公顷)	733.8	733.8	
累计土地开发完工面积	(公顷)	733.8	733.8	
累计建成区土地面积	(公顷)	749.2	749.2	
投产(开业)企业个数	(个)	270	270	
#高新技术企业	(个)	40	40	
#工业企业	(个)	240	240	
#三资企业	(个)	67	67	
总投资	(万元)	127500	115160	10.7
#工业企业	(万元)	127500	115160	10.7
#三资企业	(万元)			
注册资本	(万元)	30830	19684	56.6
合同外资金额	(万美元)			
外商实际投资	(万美元)			
工业总产值(现价)	(万元)	2044441	1910609	7.0
工业销售产值(现价)	(万元)	2010773	1893076	6.2
#出口交货值	(万元)	89721	98992	-9.4
总收入	(万元)	2554078	2278208	12.1
#技术收入	(万元)			
利润总额	(万元)	224472	203610	10.2
#高新技术企业	(万元)	115178	93200	23.6
应缴税金总额	(万元)	176446	173910	1.5
固定资产投资	(万元)	48849	85530	-42.9
#基础设施投资	(万元)	8176	6885	18.8
从业人员期末人数	(人)	24787	21099	17.5

6-10 北京兴谷经济开发区主要指标

项　　目		2012	2011	增长速度(%)
规划总面积	(公顷)	978.8	978.8	
累计土地开发施工面积	(公顷)	299.8	299.8	
累计土地开发完工面积	(公顷)	257.9	257.9	
累计建成区土地面积	(公顷)	391.9	391.9	
投产(开业)企业个数	(个)	170	168	1.2
#高新技术企业	(个)	6	6	
#工业企业	(个)	74	77	-3.9
#三资企业	(个)	38	37	2.7
总投资	(万元)	53000	50150	5.7
#工业企业	(万元)	52500	49150	6.8
#三资企业	(万元)	29500	13520	118.2
注册资本	(万元)	19610	9358	109.6
合同外资金额	(万美元)	3334	2534	31.6
外商实际投资	(万美元)	2100	2100	
工业总产值(现价)	(万元)	1730317	1710197	1.2
工业销售产值(现价)	(万元)	1686991	1643686	2.6
#出口交货值	(万元)	63109	82112	-23.1
总收入	(万元)	2177563	2087070	4.3
#技术收入	(万元)			
利润总额	(万元)	193163	178783	8.0
#高新技术企业	(万元)	10467	9968	5.0
应缴税金总额	(万元)	133836	114452	16.9
固定资产投资	(万元)	101210	72860	38.9
#基础设施投资	(万元)	3655	2089	75.0
从业人员期末人数	(人)	31415	32962	-4.7

6-11 北京密云经济开发区主要指标

项 目		2012	2011	增长速度(%)
规划总面积	(公顷)	1240.2	1240.2	
累计土地开发施工面积	(公顷)	924.0	920.9	0.3
累计土地开发完工面积	(公顷)	841.1	839.0	0.3
累计建成区土地面积	(公顷)	1115.7	1113.7	0.2
投产(开业)企业个数	(个)	161	161	
#高新技术企业	(个)	22	14	57.1
#工业企业	(个)	112	98	14.3
#三资企业	(个)	33	31	6.5
总投资	(万元)	319100	714000	-55.3
#工业企业	(万元)	306100	699000	-56.2
#三资企业	(万元)		31000	
注册资本	(万元)	41597	64995	-36.0
合同外资金额	(万美元)			
外商实际投资	(万美元)	7151	4607	55.2
工业总产值(现价)	(万元)	1724978	1288039	33.9
工业销售产值(现价)	(万元)	1701859	1259622	35.1
#出口交货值	(万元)	126650	90079	40.6
总收入	(万元)	2864675	2326667	23.1
#技术收入	(万元)			
利润总额	(万元)	145824	96666	50.9
#高新技术企业	(万元)	61320	55580	10.3
应缴税金总额	(万元)	178427	154045	15.8
固定资产投资	(万元)	176297	211874	-16.8
#基础设施投资	(万元)	16160	1322	
从业人员期末人数	(人)	32968	30060	9.7

6-12 北京林河经济开发区主要指标

项　　目		2012	2011	增长速度(%)
规划总面积	(公顷)	416.0	416.0	
累计土地开发施工面积	(公顷)	157.0	157.0	
累计土地开发完工面积	(公顷)	157.0	157.0	
累计建成区土地面积	(公顷)	132.3	132.3	
投产(开业)企业个数	(个)	89	87	2.3
#高新技术企业	(个)	11	11	
#工业企业	(个)	51	51	
#三资企业	(个)	25	26	-3.8
总投资	(万元)	15519	17143	-9.5
#工业企业	(万元)	2230	3	
#三资企业	(万元)	440	792	-44.4
注册资本	(万元)	14719	16716	-11.9
合同外资金额	(万美元)	70	41	70.7
外商实际投资	(万美元)	262	1004	-73.9
工业总产值(现价)	(万元)	655219	785556	-16.6
工业销售产值(现价)	(万元)	742999	722539	2.8
#出口交货值	(万元)	54918	65912	-16.7
总收入	(万元)	1463552	1582630	-7.5
#技术收入	(万元)			
利润总额	(万元)	66993	98167	-31.8
#高新技术企业	(万元)	52377	73875	-29.1
应缴税金总额	(万元)	73584	59984	22.7
固定资产投资	(万元)	26166	60217	-56.5
#基础设施投资	(万元)	2022	10879	-81.4
从业人员期末人数	(人)	9818	8700	12.9

6-13 北京天竺空港经济开发区主要指标

项　　目		2012	2011	增长速度(%)
规划总面积	(公顷)	965.1	965.1	
累计土地开发施工面积	(公顷)	559.6	559.6	
累计土地开发完工面积	(公顷)	559.6	559.6	
累计建成区土地面积	(公顷)	649.2	649.2	
投产(开业)企业个数	(个)	275	263	4.6
#高新技术企业	(个)	27	26	3.8
#工业企业	(个)	141	145	-2.8
#三资企业	(个)	93	96	-3.1
总投资	(万元)	125626	254955	-50.7
#工业企业	(万元)	18645	17217	8.3
#三资企业	(万元)	17789	11720	51.8
注册资本	(万元)	82685	235555	-64.9
合同外资金额	(万美元)	1222	1252	-2.4
外商实际投资	(万美元)	16194	10087	60.5
工业总产值(现价)	(万元)	4144677	3475990	19.2
工业销售产值(现价)	(万元)	3970337	3495986	13.6
#出口交货值	(万元)	2812650	2331790	20.6
总收入	(万元)	8917910	8138475	9.6
#技术收入	(万元)	38282	86229	-55.6
利润总额	(万元)	354564	339200	4.5
#高新技术企业	(万元)	35284	38891	-9.3
应缴税金总额	(万元)	254812	272009	-6.3
固定资产投资	(万元)	208031	171534	21.3
#基础设施投资	(万元)	8641	4687	84.4
从业人员期末人数	(人)	63984	57507	11.3

6-14 北京八达岭经济开发区主要指标

项　目		2012	2011	增长速度(%)
规划总面积	(公顷)	480.8	480.8	
累计土地开发施工面积	(公顷)	234.4	234.4	
累计土地开发完工面积	(公顷)	234.4	234.4	
累计建成区土地面积	(公顷)	234.4	234.4	
投产(开业)企业个数	(个)	474	438	8.2
#高新技术企业	(个)	7	8	-12.5
#工业企业	(个)	48	48	
#三资企业	(个)	8	8	
总投资	(万元)	81463	48922	66.5
#工业企业	(万元)	81463		
#三资企业	(万元)		1010	
注册资本	(万元)	36270	48922	-25.9
合同外资金额	(万美元)			
外商实际投资	(万美元)			
工业总产值(现价)	(万元)	271252	259030	4.7
工业销售产值(现价)	(万元)	327790	300945	8.9
#出口交货值	(万元)			
总收入	(万元)	932606	831467	12.2
#技术收入	(万元)			
利润总额	(万元)	93811	50131	87.1
#高新技术企业	(万元)	3291	7074	-53.5
应缴税金总额	(万元)	88597	48687	82.0
固定资产投资	(万元)	61373	58433	5.0
#基础设施投资	(万元)			
从业人员期末人数	(人)	17486	15707	11.3

6-15 北京永乐经济开发区主要指标

项　　目		2012	2011	增长速度(%)
规划总面积	(公顷)	459.8	444.1	3.5
累计土地开发施工面积	(公顷)	235.1	235.1	
累计土地开发完工面积	(公顷)	79.9	70.2	13.8
累计建成区土地面积	(公顷)	57.6	57.6	
投产(开业)企业个数	(个)	18	16	12.5
#高新技术企业	(个)	3	4	-25.0
#工业企业	(个)	12	9	33.3
#三资企业	(个)	2	3	-33.3
总投资	(万元)		21269	
#工业企业	(万元)			
#三资企业	(万元)			
注册资本	(万元)		11000	
合同外资金额	(万美元)			
外商实际投资	(万美元)			
工业总产值(现价)	(万元)	51734	42393	22.0
工业销售产值(现价)	(万元)	53374	39094	36.5
#出口交货值	(万元)		2356	
总收入	(万元)	55858	44064	26.8
#技术收入	(万元)			
利润总额	(万元)	3885	2522	54.0
#高新技术企业	(万元)	2176	2787	-21.9
应缴税金总额	(万元)	12180	9300	31.0
固定资产投资	(万元)	40322		
#基础设施投资	(万元)	40322		
从业人员期末人数	(人)	1100	960	14.6

注：2012年，根据国务院规划用地批复，新增水域用地纳入园区范围。

6-16 北京延庆经济开发区主要指标

项　　目		2012	2011	增长速度(%)
规划总面积	(公顷)	303.5	303.5	
累计土地开发施工面积	(公顷)	112.0	112.0	
累计土地开发完工面积	(公顷)	112.0	112.0	
累计建成区土地面积	(公顷)	81.8	81.8	
投产(开业)企业个数	(个)	572	498	14.9
#高新技术企业	(个)	12	12	
#工业企业	(个)	54	50	8.0
#三资企业	(个)	8	10	-20.0
总投资	(万元)	424844	92896	357.3
#工业企业	(万元)	60913	58216	4.6
#三资企业	(万元)			
注册资本	(万元)	508331	35930	
合同外资金额	(万美元)			
外商实际投资	(万美元)			
工业总产值(现价)	(万元)	378357	367435	3.0
工业销售产值(现价)	(万元)	366920	367022	-0.03
#出口交货值	(万元)		160911	
总收入	(万元)	1164601	1228322	-5.2
#技术收入	(万元)			
利润总额	(万元)	13621	56246	-75.8
#高新技术企业	(万元)	26791	18371	45.8
应缴税金总额	(万元)	108474	68518	58.3
固定资产投资	(万元)	59813	1881	
#基础设施投资	(万元)		1881	
从业人员期末人数	(人)	9944	10660	-6.7

6-17 北京昌平小汤山工业园区主要指标

项 目		2012	2011	增长速度(%)
规划总面积	(公顷)	257.3	257.3	
累计土地开发施工面积	(公顷)	111.2	111.2	
累计土地开发完工面积	(公顷)	111.2	111.2	
累计建成区土地面积	(公顷)	134.6	134.6	
投产(开业)企业个数	(个)	29	29	
#高新技术企业	(个)			
#工业企业	(个)	24	24	
#三资企业	(个)	2	2	
总投资	(万元)			
#工业企业	(万元)			
#三资企业	(万元)			
注册资本	(万元)		803	
合同外资金额	(万美元)			
外商实际投资	(万美元)			
工业总产值(现价)	(万元)	369008	271123	36.1
工业销售产值(现价)	(万元)	369008	271123	36.1
#出口交货值	(万元)		320	
总收入	(万元)	369708	271863	36.0
#技术收入	(万元)			
利润总额	(万元)	9153	6881	33.0
#高新技术企业	(万元)			
应缴税金总额	(万元)	5121	4444	15.2
固定资产投资	(万元)			
#基础设施投资	(万元)			
从业人员期末人数	(人)	1752	1510	16.0

6-18 北京采育经济开发区主要指标

项 目		2012	2011	增长速度(%)
规划总面积	(公顷)	355.0	355.0	
累计土地开发施工面积	(公顷)	306.2	300.2	2.0
累计土地开发完工面积	(公顷)	306.2	300.2	2.0
累计建成区土地面积	(公顷)	306.2	300.2	2.0
投产(开业)企业个数	(个)	36	35	2.9
#高新技术企业	(个)	6	8	-25.0
#工业企业	(个)	36	35	2.9
#三资企业	(个)	3	3	
总投资	(万元)	58700	137000	-57.2
#工业企业	(万元)	58700	137000	-57.2
#三资企业	(万元)			
注册资本	(万元)	10525	14700	-28.4
合同外资金额	(万美元)			
外商实际投资	(万美元)			
工业总产值(现价)	(万元)	351547	229204	53.4
工业销售产值(现价)	(万元)	318662	236325	34.8
#出口交货值	(万元)	5293	6428	-17.7
总收入	(万元)	322723	246406	31.0
#技术收入	(万元)			
利润总额	(万元)	-7726	6312	
#高新技术企业	(万元)	-10510	4341	
应缴税金总额	(万元)	4491	3493	28.6
固定资产投资	(万元)	39617	33630	17.8
#基础设施投资	(万元)	1730	17800	-90.3
从业人员期末人数	(人)	6595	3531	86.8

6-19 北京房山工业园区主要指标

项　目		2012	2011	增长速度(%)
规划总面积	(公顷)	218.5	218.5	
累计土地开发施工面积	(公顷)	141.9	141.9	
累计土地开发完工面积	(公顷)	141.9	141.9	
累计建成区土地面积	(公顷)	92.1	92.1	
投产(开业)企业个数	(个)	9	8	12.5
#高新技术企业	(个)	1	1	
#工业企业	(个)	7	7	
#三资企业	(个)			
总投资	(万元)	310	2786	-88.9
#工业企业	(万元)		2786	
#三资企业	(万元)			
注册资本	(万元)	310	2786	-88.9
合同外资金额	(万美元)			
外商实际投资	(万美元)			
工业总产值(现价)	(万元)	113545	102680	10.6
工业销售产值(现价)	(万元)	105720	105028	0.7
#出口交货值	(万元)			
总收入	(万元)	122742	109215	12.4
#技术收入	(万元)	1486	2458	-39.5
利润总额	(万元)	2770	1890	46.6
#高新技术企业	(万元)	3660	6346	-42.3
应缴税金总额	(万元)	5181	4309	20.2
固定资产投资	(万元)	18076	28561	-36.7
#基础设施投资	(万元)	5517	12487	-55.8
从业人员期末人数	(人)	2053	2008	2.2

6-20 北京马坊工业园区主要指标

项　　目		2012	2011	增长速度(%)
规划总面积	(公顷)	345.6	345.6	
累计土地开发施工面积	(公顷)	154.6	145.0	6.6
累计土地开发完工面积	(公顷)	108.1	108.1	
累计建成区土地面积	(公顷)	136.2	132.0	3.2
投产(开业)企业个数	(个)	25	40	-37.5
#高新技术企业	(个)	10	8	25.0
#工业企业	(个)	22	33	-33.3
#三资企业	(个)	4	4	
总投资	(万元)	20259	93659	-78.4
#工业企业	(万元)	19571	50625	-61.3
#三资企业	(万元)	688	43034	-98.4
注册资本	(万元)	9251	18065	-48.8
合同外资金额	(万美元)			
外商实际投资	(万美元)		2350	
工业总产值(现价)	(万元)	167958	176785	-5.0
工业销售产值(现价)	(万元)	159560	167945	-5.0
#出口交货值	(万元)	3296	21725	-84.8
总收入	(万元)	156487	166822	-6.2
#技术收入	(万元)			
利润总额	(万元)	-4271	9357	
#高新技术企业	(万元)	191	3703	-94.8
应缴税金总额	(万元)	5166	3048	69.5
固定资产投资	(万元)	85608	58841	45.5
#基础设施投资	(万元)			
从业人员期末人数	(人)	3305	3400	-2.8

2013 北京区域统计年鉴

第七篇

BEIJING AREA STATISTICAL YEARBOOK

北京特色经济区

BEIJING TESE JINGJIQU

简要说明

一、本章资料的主要内容

本章资料主要反映北京市部分特色区域发展情况，包括西单商业区、金融街、马连道茶叶特色区及北京商务中心区(CBD)的主要生产经营情况，并配有区域示意图和文字简介。

二、本章资料的数据来源

本章资料西单商业区、金融街、马连道茶叶特色区数据由西城区统计局、调查队提供，北京商务中心区(CBD)数据由朝阳区统计局、调查队提供。

北京西单商业区

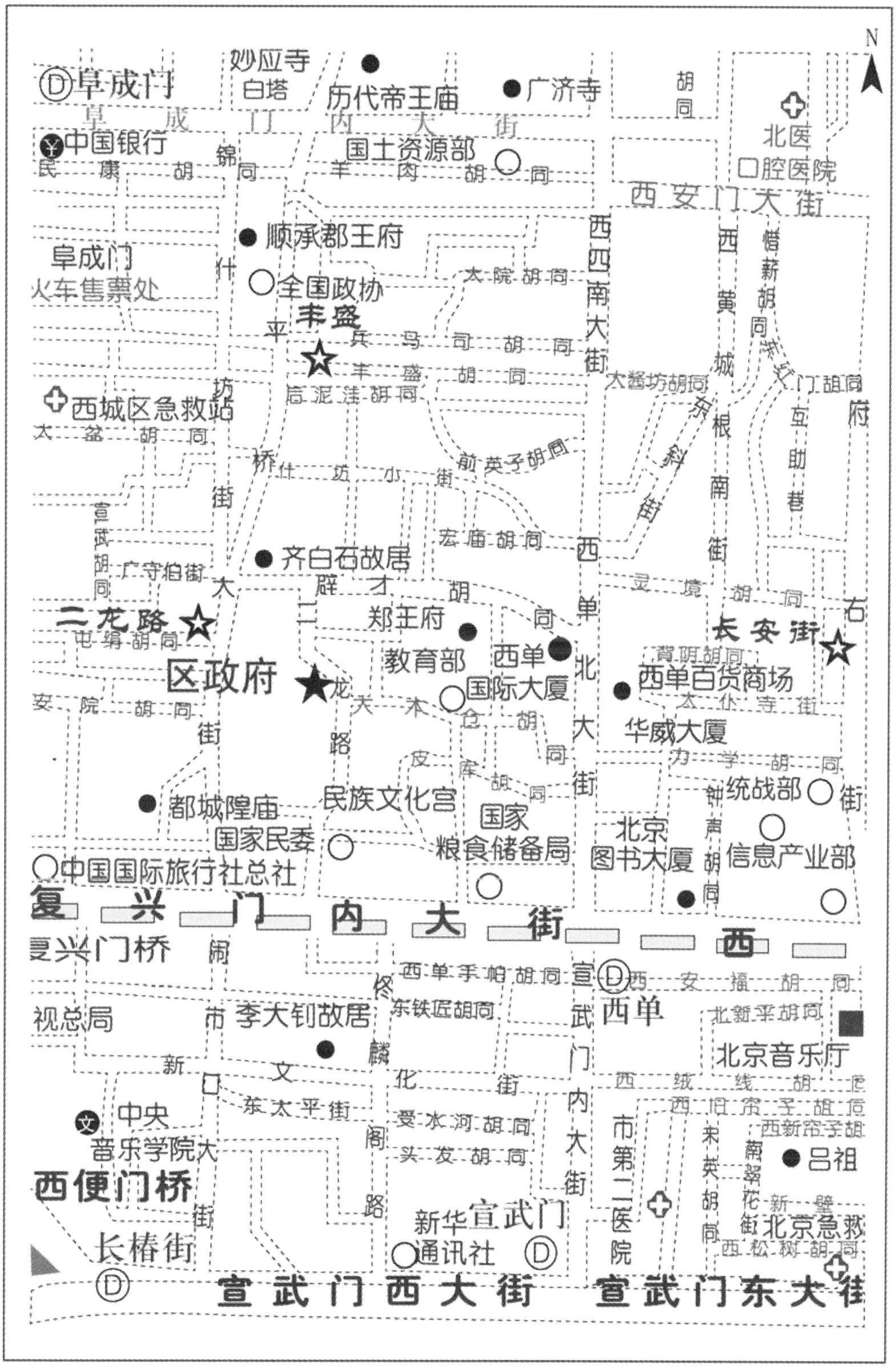

北京西单商业区示意图

7-1 北京西单商业区主要指标

项　目		2012	2011
自然状况与基础设施			
面　积	(公顷)	80	80
#绿化面积	(公顷)	3.1	3.1
道路面积	(公顷)	14.7	14.7
建筑面积	(万平方米)	80	80
营业面积	(万平方米)	21	21
区内单位状况			
法人单位数	(个)	506	514
#批发与零售业	(个)	155	154
租赁和商务服务业	(个)	106	115
住宿和餐饮业	(个)	58	57
#星级宾馆(饭店)	(个)	3	3
营业情况			
资产总计	(亿元)	5159.6	2530.3
实收资本	(亿元)	4023.5	1867.5
收入合计	(亿元)	460.5	371.6
利润总额	(亿元)	1.2	26.8
从业人员情况			
年末从业人员	(人)	21787	22458
#女　性	(人)	9655	10430
全年劳动报酬总额	(亿元)	22.8	20.7
从业人员人均劳动报酬	(元)	102686	93468

注：营业情况为规模以上单位数据；从业人员情况为规模以上城镇单位（不含私营）法人单位数据。

北京西单商业区简介

作为打造北京市和西城区经济支柱、现代化城市中心的形象代表，西单商业区一直是西城区重点发展的特色街区之一，更是区委区政府关注的重点。西单商业区南起宣武门内大街，北至灵境胡同西口，东至西单横二条东侧，西至华远街西侧，占地面积 0.8 平方公里，因东西边界由各项目的纵深决定，呈非直线型的空间区域。西单商业区是具有悠久历史和深厚文化底蕴的商贾云集之地，与王府井大街、前门大栅栏并称为三大传统商业区，为国内知名的标志性现代商业中心区之一。

西单商业区的形成开始于 20 世纪 50 年代末。新中国成立后，北京城市规模成倍扩大，并且主要是向西发展，随着长安街的开发建设，以及城市人口的大量西移，西单商业区开始一步步的发展并繁荣起来。改革开放后的十几年间，商品的丰富，流通的活跃，使西单商业区迅速发展起来，商业网点增多，使街区网点的密度加大，商业的延伸性和连续性增强，商品品种日益丰富，服务项目越来越齐全。特别是此期间区政府对东侧进行了改造，使硬件设施水平和总体功能有了质的飞跃，促进了西单商业区的繁荣。

随着西单地区城市改造的展开，区政府越来越意识到必须对西单商业区进行整体的、超前的、切实可行的规划建设，经过多方论证，统一规划，分布实施，并于 1992 年提出繁荣西单、发展西城的战略，全面规划了西单商业区的发展蓝图，在战略实施策略上，将旧城改造与道路拓宽，房地产开发与商业重建相结合，以商业建设为龙头，带动其他工程建设。截止到 2000 年 10 月，西单这一倾注北京市民极大关注的黄金地带，实现了由传统商业区向现代商业区的转变，由单一商业业态向多种业态，由单一交通干线向多元立体化交通系统，由单一购物场所向精神文明载体建设的转变。

近年来，西单商业街不断加强城市建设，完善区域发展环境。2008 年西单北大街主街两侧和宣武门内大街东侧项目建设基本完成，包括西西 4#地项目、安福大厦项目、浩洋大厦项目等。以奥运会为契机，西单北大街市政基础设施得到全面改造更新，增设了自动扶梯，建成相对封闭的步行系统；更新了道路铺装，优化路面环境；改造支路、胡同道路，改善人流、车流通行环境；进一步深化景观建设，完善西单文化广场的更新设计改造、设施二层连廊灯光亮丽工程和绿化美化工程、更新休闲花园设计，创造休闲和谐的人文景观。此外，随着西单外观整治工程的逐步展开及辟才路的改造，横二条的完善，大木仓、国家教委直至太平桥大街的贯通和西单北大街 11 条支路、胡同的整治，相信西单商业街将会更加时尚和繁荣。同时，西单商业区环境综合整治工程于 2007 年 4 月全面启动。在改造中，西城区政府重新设计了西单文化广场的使用功能，完成了广场的中央水景和舞台的建造，布置了绿化树阵。其中，西单牌楼的复建，是西单文化广场改造的一大亮点；通过复建，消失了 8 5 年的瞻云牌坊楼重回故地，在长安街上形成了与东单牌楼遥相对应的新景观。环境整治的同时，西单市级商业中心的功能也在不断提升和完善，以四大地块的业态产业空间布局为基础，引导拆迁改造后新增商业的高品质和多元化定位，促进百货业提升商品档次，大力引进著名娱乐品牌、旗舰店、专卖店，开设婚纱影楼一条街，调整不符合区域功能定位和产业布局要求的业态，从而实现产业能级的提升，使西单成为特色突出、业态丰富、环境良好、管理有序的现代化大型综合商业中心区。

目前，西单商业规模不断扩大，商业街内逐步形成了业态丰富、结构合理的商业发展模式。特别是在西单商场、中友百货、君太百货这些龙头企业的带动下，西单商业区的零售业将对全区的经济增长发挥越来越大的作用。今天的西单商业区依旧位于北京的繁华地区，规模不断拓展，新建的商业设施丰富了西单地区的商业业态形式，提升了西单商业区的综合竞争力。“十二五”规划中，西单将会在不断的完善中，延续老北京的繁华，引领现代商业的发展，以现代技术整体提升传统商业，加快发展以购物中心、品牌专卖、电子商贸等为主要形式的现代商贸业，完善旅游服务体系，推动旅游产业优化升级，努力建设品牌突出、功能完善、环境优美、购物方便、品位高雅的国际旅游目的地和首都时尚商业之都。

北京金融街

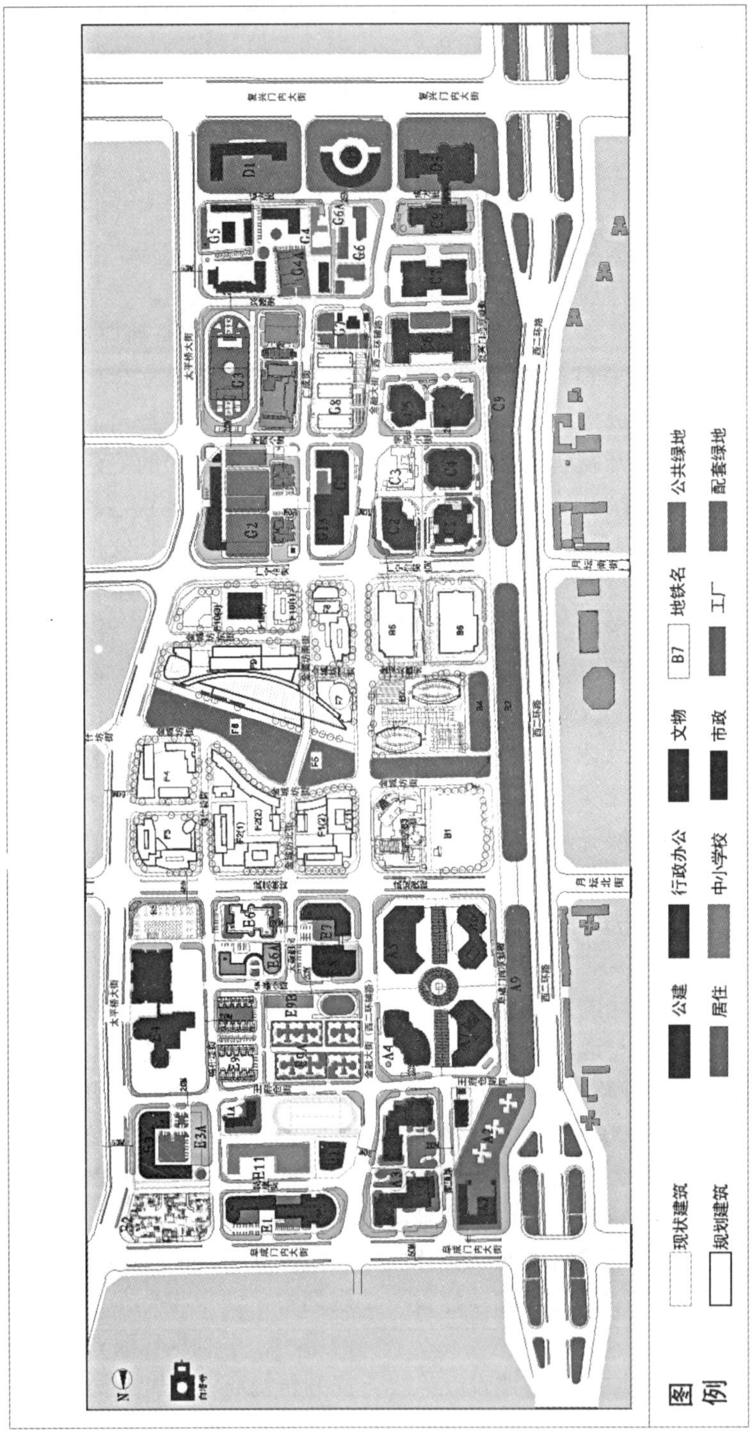

北京金融街示意图

7–2 北京金融街主要指标

项 目		2012	2011
自然状况与基础设施			
面 积	(公顷)	259	259
#绿化面积	(公顷)	26	26
道路面积	(公顷)	32.4	32.4
建筑面积	(万平方米)	340	340
区内单位状况			
法人单位数	(个)	2704	2669
#租赁和商务服务业	(个)	826	872
批发与零售业	(个)	496	493
金融业	(个)	179	145
#保险业	(个)	42	41
房地产业	(个)	144	142
营业情况			
资产总计	(亿元)	366544.0	321315.1
实收资本	(亿元)	20600.5	20196.1
收入合计	(亿元)	8109.6	7096.3
利润总额	(亿元)	3433.6	2762.1
从业人员情况			
年末从业人员	(人)	279760	270140
#女 性	(人)	137802	131038
全年劳动报酬总额	(亿元)	475.2	416.3
从业人员人均劳动报酬	(元)	172355	156680

注：1.营业情况为规模以上单位数据；从业人员情况为规模以上城镇单位(不含私营)法人单位数据。

2. 2012年区内单位数、营业和从业人员情况统计范围扩大为金融街街道所属单位，2011年数据进行了相应调整。

北京金融街简介

北京金融街作为北京首个大规模整体定向开发的金融产业功能区，经过10多年的建设，目前已发展成较为成熟的国家级金融中心。

金融街史称“金城坊”，在明、清两代，遍布金坊、银号，是现代金融业的萌芽。至清末民初，户部银行、大清银行、中国银行先后在此更迭。其后，又有大陆、金城、中国实业等各银行先后在此设立总部，欲做成“银行街”。新中国成立后，金融街一带长期成为中国金融、财政的决策机构所在地。源远流长的金融文化为金融街区域所独有，也成为金融商务区的历史基础。

1992年7月，北京市计划发展委员会批准恢复在西二环东侧建设金融一条街。1993年10月，国务院批复了新的《北京城市总体规划》，高屋建瓴地提出：在西二环阜成门至复兴门一带，建设国家级金融管理中心，集中安排国家级银行总行和非银行金融机构总部。经过十几年的建设与发展，金融街已经成为集决策监管、资产管理、支付结算、信息交流、标准制订为一体的国家金融管理中心，聚集了中国人民银行、中国银监会、中国证监会、中国保监会等国家金融决策和监管机构，已经成为国家金融政策的发源地；聚集着中国工商银行、中国建设银行、中国银行、国家开发银行等全国性商业银行总部、中国进出口银行、中国农业发展银行等国家政策性银行总部、中国民生银行、中国光大银行等股份制银行，以及上海银行、天津银行、浙商银行、大连银行等城市商业银行分支机构；聚集着中国人寿保险公司、中国再保险（集团）公司等保险公司总部，中国移动、中国联通、中国电信等电信集团总部，以及电力、石油、天然气、建筑等行业的大型企业总部。近年来，还先后吸引高盛集团、摩根大通银行、法国兴业银行、瑞银证券等世界顶尖级外资金融机构和国际组织入驻。

随着金融产业的快速发展、金融街吸引力的不断增强，国内外金融机构争相入驻。鉴于金融企业的发展需求，市委市政府批准对金融街地区实施拓展计划，进一步增强产业发展的承载能力。2006年11月，北京市委常委会做出对金融街适度拓展的决定；2007年10月，《关于对金融街拓展和功能完善的意见》经市长办公会讨论通过，决定在金融街核心区现有基础上增加东、南、西三个拓展区，面积扩大至2.59平方公里。其中，西拓展区南至复兴门外大街，北至阜成门外大街，东至西二环，西至南礼士路，面积0.53平方公里；东拓展区南至复兴门内大街，北至阜成门内大街，西至太平桥大街，面积0.59平方公里；南拓展区南至铁匠胡同，北至复兴门内大街，东至宣武门内大街，西至西二环，面积0.29平方公里。

2008年5月5日，市委市政府发布《关于促进首都金融业发展的意见》，在这份文件中，北京率先对一个城市金融业的发展环境、空间布局、人才聚集和市场体系建设进行了详细规划和阐述，将北京定位为国家金融决策中心、金融管理中心、金融信息中心和金融服务中心，同时第一次明确提出将北京建设成为具有国际影响力的金融中心城市。按照《意见》要求，北京未来的金融业将以金融街作为主中心区，以CBD作为副中心区。根据现状，6个拓展项目计划先期启动，其中包括月坛北街地块、月坛南街地块、复兴门地块3个西拓区项目，三十五中地块东拓区项目以及中行住宅楼地块和华嘉小区地块两个核心区项目。2009年，金融街西扩工程破土动工，拓展后的金融街功能将更加完善，为提高金融产业聚集度，完善金融产业链条，提升金融街品牌和国际化程度创造条件。区划调整和资源整合后，未来金融街规划面积将达到8平方公里。

目前，西城区形成了以中央银行为核心，以商业银行为主体，各种专业银行和非银行金融机构为补充的多种金融中介机构并存的金融体系格局。今后，随着北京建设世界城市步伐的加快，金融街将迎来前所未有的发展机遇。西城区将力争进一步拓展金融街区域面积，满足国际国内金融机构及相关企业发展需求，未来的金融街将发展债券、信托等金融产品市场，培育多品种货币交易市场体系，壮大金融资讯、中介等商务服务业，进一步完善商务、文化等服务设施，将金融街建设成为具有国际影响力的金融中心，使金融街真正成为推动发展方式转变、促进生产性服务业发展的重要支撑。

北京马连道茶叶特色区

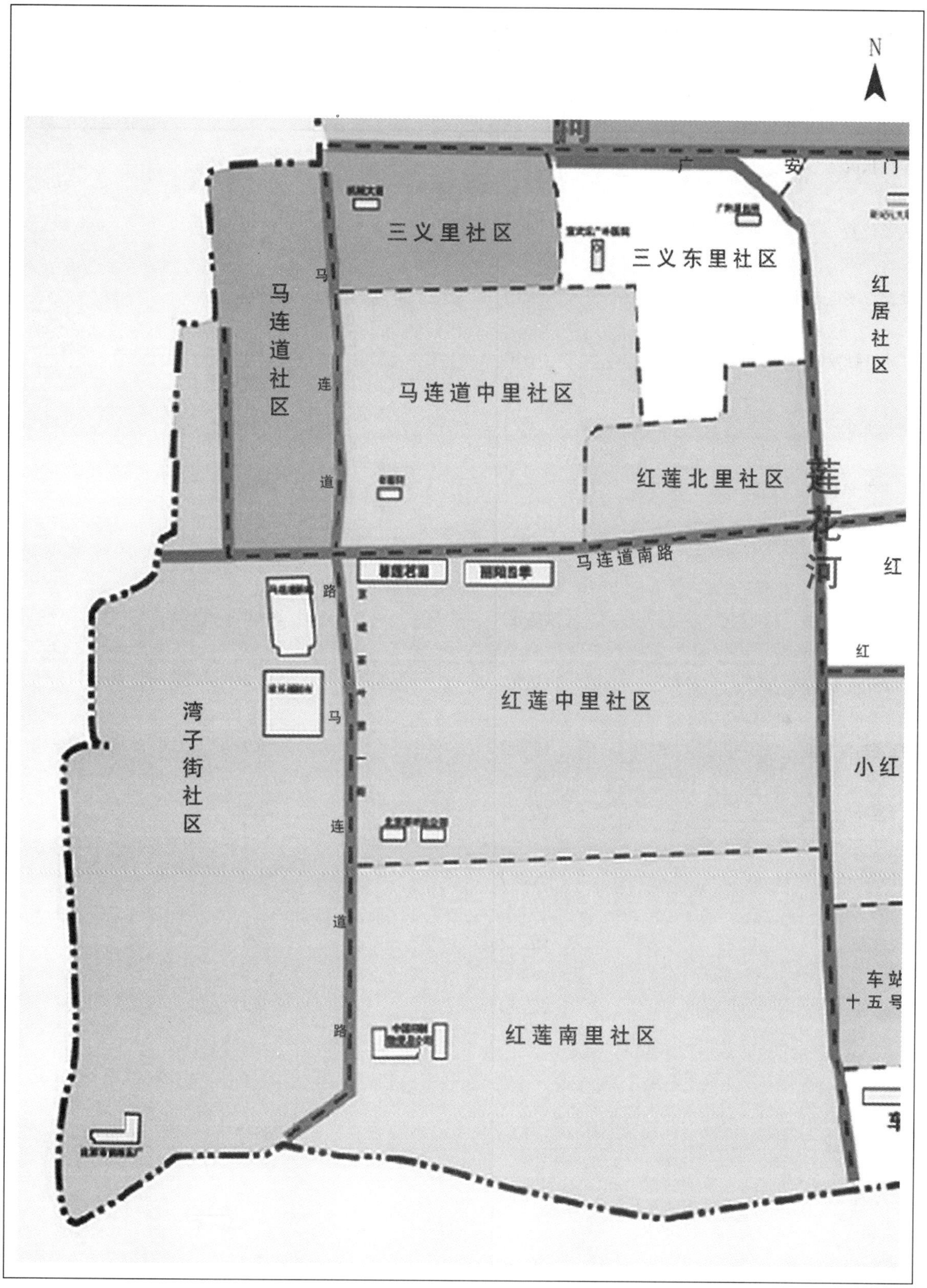

北京马连道茶叶特色区示意图

7-3　北京马连道茶叶特色区主要指标

项　　目		2012	2011
区内单位状况			
法人单位数	(个)	1559	1533
#批发与零售企业数	(个)	867	859
#茶叶批发与零售企业数	(个)	221	231
餐饮业企业数	(个)	14	14
服务业单位数	(个)	550	530
营业情况			
资产总计	(亿元)	164.0	121.0
收入合计	(亿元)	117.2	101.8
#批发与零售业	(亿元)	56.9	32.2
#茶叶批发与零售企业	(亿元)	1.9	0.9
服务业企业	(亿元)	11.0	5.3
利润总额	(亿元)	2.8	1.9
税金总额	(亿元)	2.9	5.7
从业人员情况			
年末从业人员	(人)	6837	6756
#女　性	(人)	2857	2785
全年劳动报酬总额	(亿元)	3.7	3.3
从业人员人均劳动报酬	(元)	54898	49660

注：营业情况为规模以上单位数据；从业人员情况为规模以上城镇单位(不含私营)法人单位数据。

北京马连道茶叶特色区简介

马连道茶叶特色区是北京地区首批“中国特色商业街”，是北京市重要的仓储、货运区。发展至今已形成以茶叶经销为主、图书、音像、医药、建材等产业综合发展的新型物流商业区，成为以茶贸易、茶文化展示为主的特色商业街区，被誉为“京城茶叶第一街”。

马连道茶叶特色区北靠北京西客站，东临广安门货运站，西接六里桥交通枢，是北京城区重要的仓储、货运区、集茶叶、图书、音像、医药、建材等产业发展的新型物流港。“十二五”规划中，马连道茶叶特色区将重点提升文化品位，延伸产业链条，完善基础设施，建设集茶叶集中交易、茶文化展示和休闲、娱乐为一体的茶文化商贸区。

20世纪50年代，马连道街只有一家北京茶叶总公司。随着国家农产品政策的放开，各地的茶商看到了北方茶叶市场发展的良好势头，也看中马连道的地理位置，开始在附近租房开店，这个自发聚集阶段一直持续到90年代末。1999年开始，随着茶商的集聚，马连道开始具备茶叶一条街的雏形。原宣武区区委、区政府看准这里的茶叶经营特色，开始整治周边环境、修葺道路并开通公交车，全力打造“马连道茶叶一条街”。凭借地理优势，马连道茶叶一条街快速发展。目前，在马连道1500多米的商业街上，拥有多家大型茶城，云集了全国各地的近千家，汇集了中国六大茶系的各种名茶，吸引着国内外的茶商来此进行贸易，是华北地区三大茶叶集散地之一。2000年，马连道茶叶一条街被北京市评为“北京特色商业街”。自2001年开始，这里每年举办一届不同特色的茶叶节，通过主题论坛、贸易洽谈、展演展示等活动，积极推广马连道品牌，使中国各地名茶从这里走向国际市场，使中华茶文化得到弘扬发展。2005年，被中国城市商业网点建设管理联合会和中国步行商业街工作委员会授予“中国特色商业街”称号。一店（张一元）、一馆（老舍茶馆）、一街（马连道茶叶一条街）也成为2008年北京奥运会的外事接待场所。

目前，马连道茶叶特色区正在与有关部门合作，拟按照国际市场通用的交易方式，成立中国茶叶拍卖市场，还将成立茶文化传播中心、茶产品拍卖委员会、电子商务系统等机构，旨在将已经形成的以专门卖茶批发茶为主的马连道茶叶特色商业区商圈，逐步打造成茶文化氛围浓厚的现代创意商圈。希望通过茶文化展览、茶叶表演和茶叶科技等各种茶文化形式，与现有的茶叶交易市场形成互补。未来以博物馆、拍卖市场、电子交易平台为代表的高科技服务业市场开始形成。

北京商务中心区(CBD)

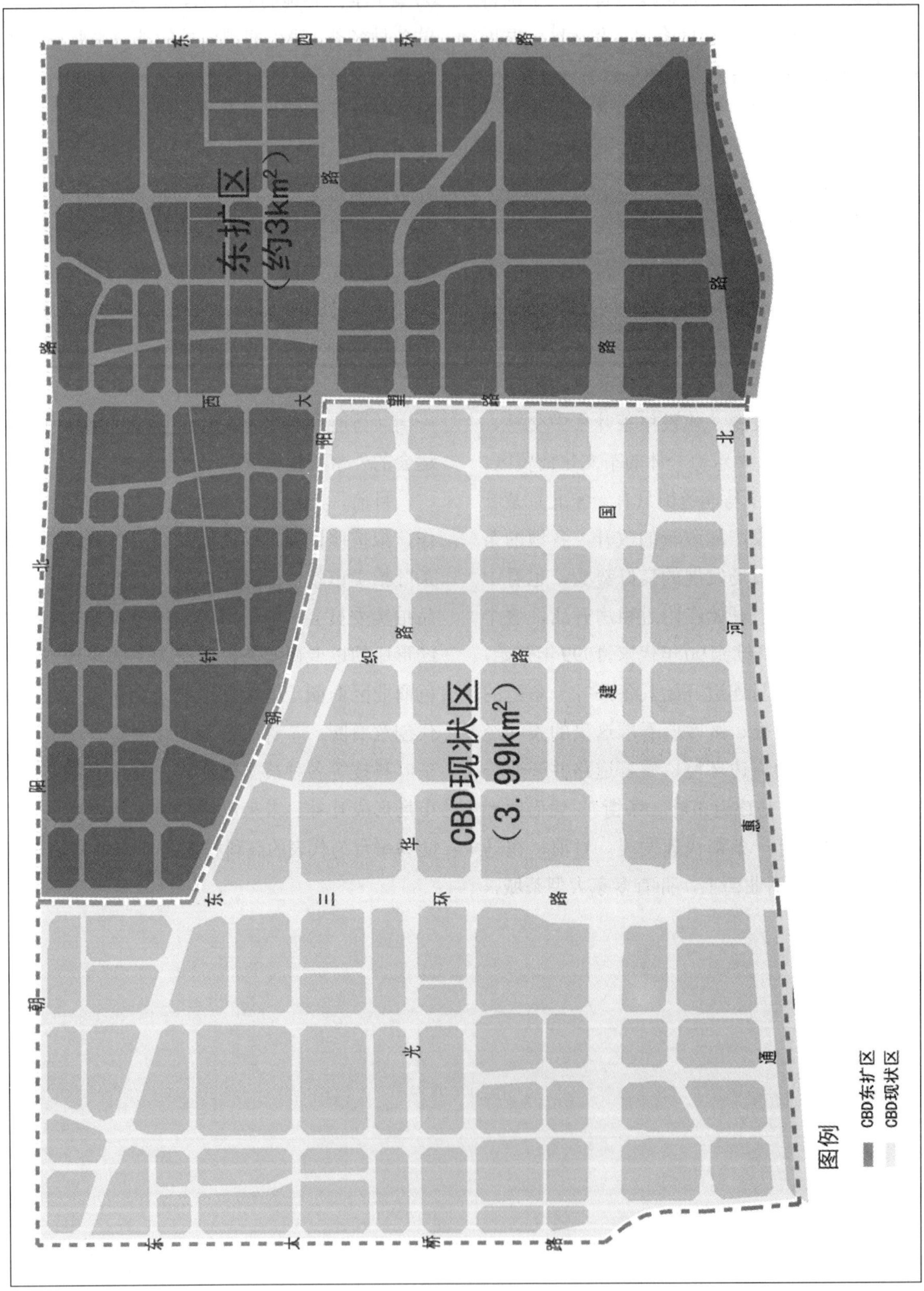

北京商务中心区(CBD)示意图

7-4 北京商务中心区(CBD)主要指标

项　目		2012	2011
自然状况与基础设施			
面　积	(公顷)	699	699
四星级以上宾馆	(个)	14	12
区内单位状况			
法人单位数	(个)	12415	11777
#外商及港澳台	(个)	2232	2090
#金融业	(个)	184	147
咨询业	(个)	1938	1823
房地产业	(个)	646	623
餐饮业	(个)	417	397
营业情况			
资产总计	(亿元)	22007.0	18287.6
#内　资	(亿元)	14410.3	11400.0
外商及港澳台	(亿元)	7596.7	6887.6
收入合计	(亿元)	5846.6	4972.0
从业人员情况			
年末从业人员	(人)	249136	235038
#女　性	(人)	120122	110571
从业人员工资总额	(亿元)	312.6	265.6
从业人员人均劳动报酬	(元)	126939	115476

注：营业情况为规模以上单位数据；从业人员情况为规模以上城镇单位(不含私营)法人单位数据。

北京商务中心区（CBD）简介

北京商务中心区（CBD）是首都六大高端产业功能区之一，位于北京市朝阳区中部，北至朝阳北路，南临通惠河，西至东大桥路，东至东四环，面积近7平方公里，规划建筑总面积近2000万平方米。1993年，在《北京城市总体规划》（1991—2010）中首次提出建设商务中心区的构想，进入新世纪，CBD进入了快速发展期，产业形态、空间形态初具规模，现代商务功能日益完备，国际影响力逐年提升，已经成为首都国际化的窗口、高端产业的载体、集约高效的示范、城市形象的名片。

目前，CBD（不包括东扩区）建设项目、道路等均已完成规划的80%，形成了国贸三期、中央电视台、北京电视中心、银泰中心、环球金融中心等一批标志性建筑，建筑总体量达到850万平方米，5A和超5A级的高品质写字楼超过370万平方米，集中了全市50%以上的甲级写字楼和星级酒店，已经成为首都现代化大都市地标性建筑的展示区。区域内道路基本形成区内外主次干路、内部交通微循环、 地下人行系统相结合的立体网状交通格局。2009年5月，北京市政府批准实施CBD东扩方案，区域面积由3.99平方公里增至7平方公里，为高端产业的有序集聚和辐射发展提供了空间载体。

区域内企业总数超过2万家，基本形成了以总部经济为特征，以国际金融为龙头、高端商务为主导、文化传媒聚集发展的产业格局。拥有70余家跨国公司地区总部及投资性公司、170余家世界500强投资企业、100多家国际组织及代表处，聚集了169家国际传媒机构、200多家世界级高端服务业企业、250多家外资金融机构，形成了国贸中心、华贸中心、环球金融中心三大国际金融聚集区。2012年，CBD中心区税收收入275亿元，占北京市的3%。税收过亿的楼宇40座，其中，超过10亿元的有6座；新注册企业4023家，其中，注册资本过亿元的企业50家；CBD已成为朝阳区乃至北京市经济社会发展的重要支撑。

CBD核心区位于国贸桥东北角，总用地面积约30公顷。2010年，北京CBD以核心区的开发建设为契机，探索出规划设计、土地入市与产业发展对接的新机制：一是实现“三标合一”，即整合国有土地使用权、规划设计方案和产业项目三项招标；二是提出“三项原则”，即“竞方案、竞实力、限价格”，强调综合实力最强者胜出；三是明确产业导向，指定各地块鼓励产业类型，综合评审后择优选取符合产业定位的投标企业。截至目前，核心区14个地块成功上市交易，吸引了中信集团等41家总部型企业及国际金融机构入驻，公共配套设施工程进展顺利，项目建设全面启动，预计每年带来的税收将超过500亿元，为首都建设高端总部聚集之都创造了良好条件。

与区内主要企业联合共建了北京CBD金融商会、传媒产业商会、物业管理及地产开发企业协会三大商协会体系，通过举办各种国际性、高端化、常态式的交流活动，为成员间、企业与政府间搭建了沟通桥梁，提高了区域的协同力、凝聚力和影响力。北京CBD国际商务节自2000年创办至今，已经成功举办了13届，不仅充分展示了北京CBD的实力和魅力，而且凭借其国际化、专业化和商务化的特点，成为国际商务交流综合平台，是北京市最重要的商务品牌活动之一。“名节效应”推动了高端产业的快速发展，也提升了北京CBD的国际影响。2008年，北京CBD作为亚洲商务区代表与巴黎拉德芳斯CBD等发起成立世界商务区联盟，2010年顺利当选为世界商务区联盟第二任轮值主席；在连续举办两届中国城市CBD圆桌会的基础上，与天津、深圳、重庆等CBD共同成立了中国商务区联盟，并当选为首任轮值主席，充分发挥CBD的管理、集散、交往、服务功能，卓有成效地扩大了国际影响力。

调整完善了CBD建设管理机制，行政、事业、企业等“三位一体”式管理模式和工商所、地税所、国税所、统计所、劳动保障所、警务工作站等“五所一站”式区域服务管理体系逐步完善。在促进经济发展的同时，注重提升环境、文化、公共服务等功能，完成了CBD现代艺术中心公园、体育文化广场、中航集中绿地、通惠河两侧滨河绿化带等城市绿地建设，庆丰公园建成开放，中轴路景观轴线“都市绿廊”雏形显现。开通了免费商务班车，智能交通停车诱导系统投入使用，地下停车场实现共享；CBD城市管理调度指挥中心开始运行；综合资源管理系统投入使用，为区域相关部门和企业互动提供有力支撑；无线网络项目完工，成为北京首个24小时免费向公众提供无线网络服务的公共区域。

2013 北京区域统计年鉴

第八篇

BEIJING AREA STATISTICAL YEARBOOK

华北五省市
经济社会发展比较

HUABEI WUSHENGSHI
JINGJI SHEHUI FAZHAN BIJIAO

简要说明

一、本章资料的主要内容

本章资料包括北京、天津、河北、山西、内蒙古 5 个华北省市的 2012 年主要指标数据，内容涵盖人口、就业、产业、经济发展、人民生活等方面。

二、本章资料的数据来源

本章资料由北京市统计局、国家统计局北京调查总队根据相关资料整理提供。其中，天津、河北、山西、内蒙古 4 省市数据分别摘自 2013 年出版的《天津统计年鉴》、《河北统计年鉴》、《山西统计年鉴》、《内蒙古统计年鉴》。

8-1 华北五省市主要指标对比 (2012年)

项 目		北 京	天 津	河 北	山 西	内 蒙 古
土地面积	(平方公里)	16411	11917	187693	156698	1183000
人口与就业						
总人口(常住人口)	(万人)	2069.3	1413.2	7287.5	3610.8	2489.9
户籍人口	(万人)	1297.5	993.2	7416.6	3498.7	2459.9
从业人员	(万人)	1107.3	803.1	4085.7	1790.2	1304.9
第一产业	(万人)	57.3	71.2	1426.3	647.1	583.4
第二产业	(万人)	212.6	330.9	1400.8	489.9	236.1
第三产业	(万人)	837.4	401.0	1258.7	653.1	485.4
城镇单位在岗职工人数	(万人)	670.4	271.7	619.9	418.5	265.3
城镇单位在岗职工平均工资	(元)	85307	62225	39542	44943	47053
城镇登记失业率	(%)	1.27	3.60	3.69	3.38	3.73
综合经济						
地区生产总值	(亿元)	17879.4	12893.9	26575.0	12112.8	15880.6
第一产业	(亿元)	150.2	171.6	3186.7	698.3	1448.6
第二产业	(亿元)	4059.3	6663.8	14003.6	6731.6	8801.5
第三产业	(亿元)	13669.9	6058.5	9384.8	4683.0	5630.5
人均地区生产总值	(元)	87475	93173	36584	33628	63886
全社会固定资产投资	(亿元)	6462.8	8871.3	19661.3	9176.3	11875.7
#城镇固定资产投资	(亿元)	5853.1	8340.3	19104.6	8584.9	11749.8
#房地产开发投资	(亿元)	3153.4	1260.0	3086.5	1010.5	1291.4
地方财政收入	(亿元)	4512.9		3479.3	2650.3	2497.3
#地方公共财政预算收入	(亿元)	3314.9	1760.0	2084.3	1516.4	1552.7
地方财政支出	(亿元)	4803.8				
#地方公共财政预算支出	(亿元)	3685.3	2143.2	4079.4	2759.5	3426.0
居民消费价格总指数(上年=100)	(%)	103.3	102.7	102.6	102.5	103.1
实际利用外商直接投资	(亿美元)	80.4	150.2	58.0	25.0	39.4
产 业						
工业总产值(规模以上)	(亿元)	15596.2	23427.5	43048.7	16935.9	18192.0
工业利润总额(规模以上)	(亿元)	1267.9	2100.7	2559.5	1010.9	1855.7
社会消费品零售总额	(亿元)	7702.8	3921.4	9254.0	4506.8	4572.5
海关出口值	(亿美元)	596.3	483.1	296.0	70.2	39.7
海关进口值	(亿美元)	3484.8	673.1	209.4	80.3	72.9
旅游外汇收入	(亿美元)	51.5	22.3	5.4	7.2	7.7
接待入境旅游人数	(万人次)	500.9	234.1	129.3	189.2	159.2
中资金融机构人民币存款余额	(亿元)	79620.6	19356.1	34257.2	24050.6	10278.7
中资金融机构人民币贷款余额	(亿元)	35441.7	16977.8	21318.0	13106.2	7919.5
人民生活						
城镇(市)居民人均可支配收入	(元)	36469	29626	20543	20412	23150
农村居民人均纯收入	(元)	16476	13571	8081	6357	7611
城乡居民储蓄存款余额(中资金融机构人民币)	(亿元)	21419.3	6991.4	20872.4	11997.0	6597.2

注：1. 河北省土地面积的口径为地表总面积。

2. 山西省、内蒙古自治区中资金融机构人民币存贷款余额的口径为金融机构人民币存贷款余额。

3. 天津农村居民人均纯收入口径为农村居民人均可支配收入口径。

2013 北京区域统计年鉴

第九篇

BEIJING AREA STATISTICAL YEARBOOK

四大直辖市经济社会发展比较

SIDA ZHIXIASHI JINGJI SHEHUI FAZHAN BIJIAO

简要说明

一、本章资料的主要内容

本章资料主要反映2012年北京、天津、上海、重庆4个直辖市的自然资源（面积、气象等），经济发展（地区生产总值、投资、财政、价格、商业、进出口、利用外资、金融、旅游等），社会领域（人口、就业、教育、文化、卫生等）的主要指标数据。

二、本章资料的数据来源

本章资料由北京市统计局、国家统计局北京调查总队根据相关资料整理提供。其中，天津、上海、重庆的数据分别摘自2013年出版的《天津统计年鉴》、《上海统计年鉴》、《重庆统计年鉴》。

9-1 京津沪渝主要指标比较（2012年）
——自然情况

项目		北京	天津	上海	重庆
土地面积	（平方公里）	16411	11917	6341	82403
平均气温	（摄氏度）	12.9	12.5	16.9	18.3
平均相对湿度	（%）	51	57	70	72
降水量	（毫米）	733.2	755.3	1103.7	1104.4
日照时数	（小时/年）	2450	2174	1677	812
湿地面积	（千公顷）	34.4	171.8	319.7	43.2
自然保护区个数	（个）	20	8	4	58
自然保护区面积	（万公顷）	13.41	9.11	9.38	87.55

9-2 京津沪渝主要指标比较（2012年）
——经 济

项 目		北 京	天 津	上 海	重 庆
地区生产总值	(亿元)	17879.4	12893.9	20181.7	11409.6
第一产业	(亿元)	150.2	171.6	127.8	940.0
第二产业	(亿元)	4059.3	6663.8	7854.8	5975.2
第三产业	(亿元)	13669.9	6058.5	12199.2	4494.4
地区生产总值构成	(%)	100	100	100	100
第一产业	(%)	0.8	1.3	0.6	8.2
第二产业	(%)	22.7	51.7	39.0	52.4
第三产业	(%)	76.5	47.0	60.4	39.4
人均地区生产总值	(元)	87475	93173	85373	38914
全社会固定资产投资	(亿元)	6462.8	8871.3	5254.4	9380.0
#城镇固定资产投资	(亿元)	5853.1	8340.3	2559.1	8462.0
#房地产开发投资	(亿元)	3153.4	1260.0	2381.4	2508.4
地方公共财政预算收入	(亿元)	3314.9	1760.0	3743.7	1703.5
地方公共财政预算支出	(亿元)	3685.3	2143.2	4184.0	3046.0
居民消费价格总指数(以上年=100)	(%)	103.3	102.7	102.8	102.6
城镇单位在岗职工工资总额	(亿元)	5657.9	1695.9		1479.2
城镇单位在岗职工平均工资	(元)	85307	62225	80191	45392
城镇登记失业率	(%)	1.27	3.60	4.20	3.30
社会消费品零售总额	(亿元)	7702.8	3921.4	7412.3	4033.7
地区进出口总值	(亿美元)	4081.1	1156.2	4367.6	532.0
实际利用外商直接投资	(亿美元)	80.4	150.2	151.9	105.3
接待入境旅游者人数	(万人次)	500.9	234.1	800.4	224.3
金融机构(含外资)本外币存款余额	(亿元)	84837.3	20293.8	63555.3	19423.9

9-3 京津沪渝主要指标比较（2012年）

——社 会

项 目		北 京	天 津	上 海	重 庆
常住人口	（万人）	2069.3	1413.2	2380.4	2945.0
户籍人口	（万人）	1297.5	993.2	1426.9	3343.4
从业人员	（万人）	1107.3	803.1	1115.5	1633.1
第一产业	（万人）	57.3	71.2	45.7	592.6
第二产业	（万人）	212.6	330.9	440.0	422.7
第三产业	（万人）	837.4	401.0	629.8	617.8
普通高等学校在校学生数	（万人）	58.2	47.3	50.7	67.0
普通中学在校学生数	（万人）	49.9	43.8	59.0	174.7
小学在校学生数	（万人）	71.9	53.2	76.0	194.3
科技活动人员	（万人）	65.1	19.4	38.9	
研究与试验发展经费支出	（亿元）	1063.4	360.5	679.3	159.8
公共图书馆图书总藏量	（万册）	2743.0	1469.0	2815.9	1522.0
期刊总印数	（亿册）	10.3	0.4	1.8	0.5
报纸总印数	（亿份）	89.5	9.1	14.5	6.9
电影放映场次	（万场次）	120.0	50.6	95.9	
城镇（市）居民平均每户家庭人口	（人）	2.70	2.85	2.89	2.87
农村居民平均每户家庭人口	（人）	3.17	3.26	2.93	3.79
登记结婚对数	（万对）	17.4	10.1	14.4	29.8
离婚登记对数	（万对）	4.9	3.5	5.3	10.8
城镇居民人均住房面积	（平方米）	29.26	34.61	17.30	32.17
农村居民人均住房面积	（平方米）	49.08	30.26	60.42	40.99
城镇（市）居民人均可支配收入	（元）	36469	29626	40188	22968
农村居民人均纯收入	（元）	16476	13571	17401	7383
医院个数	（个）	608	304	317	463
医院床位数	（万张）	9.26	4.48	9.00	8.61
卫生机构拥有执业医师人数	（万人）	8.22	3.07	5.42	5.20
城市绿化覆盖率	（%）	46.2	34.9	38.3	42.9

注：1.北京、天津、重庆的城镇居民人均住房面积为建筑面积，上海的城镇、农村居民人均住房面积为居住面积。

2.天津、上海农村居民人均纯收入口径为农村居民人均可支配收入口径。

3.天津、重庆城市绿化覆盖率为建成区绿化覆盖率。

4.北京离婚登记对数含法院调离、判离的对数。

2013 北京区域统计年鉴

第十篇

BEIJING AREA STATISTICAL YEARBOOK

三大都市圈发展比较

SANDA DUSHIQUAN FAZHAN BIJIAO

简要说明

一、本章资料的主要内容

本章资料主要反映2012年全国、京津冀都市圈、长江三角洲经济区、珠江三角洲经济区所辖各省市的主要经济社会发展情况。内容涵盖了面积、人口、就业、财政、金融、对外贸易、旅游、价格、工资、居民收入等。

二、本章资料的数据来源

本章资料由北京市统计局、国家统计局北京调查总队根据相关资料整理提供。其中，全国数据摘自 2013 年出版的《中国统计年鉴》，其他省市数据分别摘自2013年出版的《天津统计年鉴》、《上海统计年鉴》、《河北统计年鉴》、《江苏统计年鉴》、《浙江统计年鉴》、《广东统计年鉴》、《中国区域经济统计年鉴》。

10-1 中国内地沿海三大都市圈主要城市指标对比
——土地、人口

城市	土地面积(平方公里)	常住人口(万人)		
		2012	2011	增长速度(%)
全国	**9600000**	**135404**	**134735**	**0.5**
京津冀经济区				
北京	16411	2069.3	2018.6	2.5
天津	11917	1413.2	1354.6	4.3
河北省	**187693**	**7287.5**	**7240.5**	**0.6**
石家庄	15848	1038.6	1028.0	1.0
唐山	13472	766.9	762.7	0.5
廊坊	6429	443.9	440.0	0.9
秦皇岛	7523	302.2	300.6	0.5
承德	39548	350.6	348.9	0.5
张家口	36873	439.4	437.4	0.5
保定	20584	1135.1	1127.2	0.7
沧州	14053	724.4	719.8	0.6
长江三角洲经济区				
上海	6341	2380.4	2347.5	1.4
江苏省	**102600**	**7920.0**	**7898.8**	**0.3**
南京	6587	816.1	810.9	0.6
无锡	4627	646.6	643.2	0.5
常州	4372	468.7	465.0	0.8
苏州	8488	1054.9	1051.9	0.3
南通	8001	729.7	728.9	0.1
扬州	6591	446.7	446.3	0.1
镇江	3847	315.5	313.4	0.7
泰州	5787	463.0	462.6	0.1
浙江省	**101800**	**5477.0**	**5463.0**	**0.3**
杭州	16571	880.2	873.8	0.7
宁波	9816	763.9	762.8	0.1
嘉兴	3915	454.4	453.1	0.3
湖州	5820	290.5	289.9	0.2
绍兴	8256	494.3	493.4	0.2
舟山	1455	114.0	113.7	0.3
台州	9411	600.5	599.9	0.1
珠江三角洲经济区				
广东省	**179612**	**10594.0**	**10505.0**	**0.8**
广州	7249	1283.9	1275.1	0.7
深圳	1997	1054.7	1046.7	0.8
珠海	1724	158.3	156.8	1.0
佛山	3798	726.2	723.1	0.4
惠州	11346	467.4	463.4	0.9
东莞	2460	829.2	825.5	0.5
中山	1784	315.5	314.2	0.4
江门	9505	448.3	446.6	0.4
肇庆	14891	398.2	395.1	0.8

注：土地面积广东省及各市为2012年数据，广东省面积包含“未确定权属岛屿”，全国及其他省市面积为2008年数据。
资料来源：《中国统计年鉴》、《北京统计年鉴》、《天津统计年鉴》、《河北经济年鉴》、《上海统计年鉴》、《江苏统计年鉴》、《浙江统计年鉴》、《广东统计年鉴》、《中国区域经济统计年鉴》。

10-1 续表

城 市	户籍人口(万人)			#非农业人口(万人)		
	2012	2011	增长速度(%)	2012	2011	增长速度(%)
全 国						
京津冀经济区						
北 京	1297.5	1277.9	1.5	1039.3	1013.8	2.5
天 津	993.2	996.4	-0.3	616.4	613.9	0.4
河北省	**7416.6**	**7344.8**	**1.0**			
石家庄	1005.3	997.3	0.8			
唐 山	741.8	737.1	0.6			
廊 坊	433.2	424.9	2.0			
秦皇岛	291.2	289.8	0.5			
承 德	376.9	374.3	0.7			
张家口	468.4	467.4	0.2			
保 定	1172.1	1160.7	1.0			
沧 州	744.4	734.8	1.3			
长江三角洲经济区						
上 海	1426.9	1419.4	0.5	1280.8	1267.8	1.0
江苏省	**7553.5**	**7514.3**	**0.5**			
南 京	638.5	636.4	0.3			
无 锡	470.1	468.0	0.5			
常 州	364.8	362.9	0.5			
苏 州	647.8	642.3	0.9			
南 通	765.2	764.9	0.04			
扬 州	458.4	460.1	-0.4			
镇 江	271.4	271.9	-0.2			
泰 州	506.4	507.1	-0.2			
浙江省	**4799.3**	**4781.3**	**0.4**	**1521.6**	**1501.9**	**1.3**
杭 州	700.5	695.7	0.7	384.1	376.0	2.1
宁 波	577.7	576.4	0.2	211.5	208.2	1.6
嘉 兴	344.5	343.1	0.4	157.6	156.4	0.8
湖 州	261.4	261.1	0.1	89.5	85.2	5.0
绍 兴	440.8	440.0	0.2	156.6	152.1	3.0
舟 山	97.2	97.0	0.2	37.4	36.9	1.4
台 州	591.0	586.8	0.7	107.9	106.8	1.0
珠江三角洲经济区						
广东省	**8635.9**	**8637.2**	**-0.02**	**4505.0**	**4505.7**	**-0.02**
广 州	822.3	814.6	0.9	744.0	732.3	1.6
深 圳	299.2	279.4	7.1	299.2	279.4	7.1
珠 海	106.6	106.0	0.5	106.6	106.0	0.5
佛 山	377.7	374.8	0.8	377.7	374.8	0.8
惠 州	341.9	343.0	-0.3	203.9	203.5	0.2
东 莞	186.1	184.8	0.7	94.7	94.1	0.6
中 山	152.0	150.7	0.8	80.9	80.1	1.0
江 门	391.8	393.7	-0.5	220.1	221.2	-0.5
肇 庆	427.6	426.9	0.2	119.6	119.6	

10-2 中国内地沿海三大都市圈主要城市指标对比
——地区生产总值

单位：亿元

城 市	地区生产总值			第一产业			第二产业		
	2012	2011	增长速度(%)	2012	2011	增长速度(%)	2012	2011	增长速度(%)
全 国	**518942.1**	**473104.0**	**7.7**	**52373.6**	**47486.2**	**4.5**	**235162.0**	**220412.8**	**7.9**
京津冀经济区									
北 京	17879.4	16251.9	7.7	150.2	136.3	3.2	4059.3	3752.5	7.5
天 津	12893.9	11307.3	13.8	171.6	159.7	3.0	6663.8	5928.3	15.2
河北省	**26575.0**	**24515.8**	**9.6**	**3186.7**	**2905.7**	**4.0**	**14003.6**	**13126.9**	**11.5**
石家庄	4500.2	4082.7	10.4	452.2	415.0	3.6	2240.7	2031.9	12.0
唐 山	5861.6	5442.5	10.4	528.6	486.5	4.2	3473.8	3269.9	11.9
廊 坊	1794.3	1611.4	9.7	198.4	174.3	3.0	968.6	875.5	11.4
秦皇岛	1139.4	1070.1	9.1	152.4	139.9	3.0	447.7	419.5	11.3
承 德	1181.9	1104.2	10.5	185.2	165.6	4.6	625.4	605.4	13.0
张家口	1233.6	1118.6	10.0	205.8	180.3	4.6	529.0	494.4	11.9
保 定	2720.9	2449.9	10.5	378.1	343.0	4.2	1495.9	1338.5	12.2
沧 州	2812.4	2585.2	10.6	319.2	295.8	4.2	1479.1	1358.7	12.9
长江三角洲经济区									
上 海	20181.7	19195.7	7.5	127.8	124.9	0.5	7854.8	7927.9	3.1
江苏省	**54058.2**	**49110.3**	**10.1**	**3418.3**	**3064.8**	**4.6**	**27122.0**	**25203.3**	**11.1**
南 京	7201.6	6145.5	11.7	185.1	164.3	4.9	3170.8	2760.8	11.9
无 锡	7568.2	6880.2	10.1	137.2	123.0	4.6	4012.0	3728.1	9.3
常 州	3969.9	3581.0	11.5	126.4	111.8	4.7	2100.8	1950.8	11.7
苏 州	12011.7	10717.0	10.1	195.1	177.8	4.4	6502.3	5957.7	7.8
南 通	4558.7	4080.2	11.8	319.1	287.2	4.6	2414.1	2221.5	12.4
扬 州	2933.2	2630.3	11.7	205.2	184.5	5.2	1554.5	1427.9	12.1
镇 江	2630.4	2311.5	12.8	115.8	100.8	5.2	1419.5	1272.4	13.1
泰 州	2701.7	2422.6	12.5	191.8	175.1	4.4	1434.5	1308.2	13.1
浙江省	**34665.3**	**32318.9**	**8.0**	**1667.9**	**1583.0**	**2.0**	**17316.3**	**16555.6**	**7.3**
杭 州	7802.0	7019.1	9.0	255.1	236.8	2.5	3572.6	3323.8	7.4
宁 波	6582.2	6059.2	7.5	268.5	255.2	-0.3	3516.8	3349.5	4.2
嘉 兴	2890.6	2677.1	8.7	151.4	142.8	1.6	1603.1	1537.3	7.8
湖 州	1664.3	1520.1	9.7	122.7	116.2	2.4	886.4	817.7	10.5
绍 兴	3654.0	3332.0	9.7	184.8	172.1	3.0	1962.4	1834.3	9.7
舟 山	853.2	772.8	10.2	83.1	76.0	5.5	382.9	349.2	11.5
台 州	2911.3	2794.9	7.1	200.9	188.9	2.5	1419.5	1444.0	5.9
珠江三角洲经济区									
广东省	**57067.9**	**53210.3**	**8.2**	**2847.3**	**2665.2**	**3.8**	**27701.0**	**26447.4**	**7.3**
广 州	13551.2	12423.4	10.5	213.8	204.5	3.2	4720.7	4577.0	8.5
深 圳	12950.1	11505.5	10.0	6.3	6.6	0.1	5737.6	5343.3	7.3
珠 海	1503.8	1404.9	7.0	39.0	36.6	4.9	776.4	764.4	3.1
佛 山	6613.0	6210.2	8.2	130.5	118.9	2.3	4113.3	3871.0	9.2
惠 州	2367.6	2093.1	12.6	124.6	116.5	2.9	1377.2	1223.3	14.4
东 莞	5010.2	4735.4	6.1	18.8	17.9		2375.6	2366.2	5.8
中 山	2441.0	2193.2	11.0	62.2	58.5	2.6	1353.6	1223.3	14.1
江 门	1880.4	1830.6	8.1	149.5	138.4	4.2	960.8	997.3	6.0
肇 庆	1462.4	1324.4	11.0	238.6	226.4	4.0	669.3	587.3	18.6

注：地区生产总值及分产业增加值的绝对值按现价计算，增长速度按可比价格计算。

10-2 续表

单位：亿元

城市	#工业			第三产业			人均地区生产总值(元)		
	2012	2011	增长速度(%)	2012	2011	增长速度(%)	2012	2011	增长速度(%)
全　国	**199670.7**	**188470.2**	**7.7**	**231406.5**	**205205.0**	**8.1**	**38420.4**	**35197.8**	**7.1**
京津冀经济区									
北　京	3294.3	3048.8	7.0	13669.9	12363.1	7.9	87475	81658	4.9
天　津	6123.1	5430.8	15.8	6058.5	5219.2	12.6	93173	85213	9.2
河北省	**12511.6**	**11770.4**	**11.8**	**9384.8**	**8483.2**	**8.6**	**36584**	**33969**	**8.9**
石家庄	1993.6	1808.7	12.4	1807.4	1635.8	10.0	43552	39919	9.3
唐　山	3243.8	3057.9	12.0	1859.3	1686.0	9.5	76643	71565	9.8
廊　坊	824.9	744.7	11.5	627.3	561.6	9.0	40598	36773	8.7
秦皇岛	376.5	354.7	12.1	539.3	510.7	8.8	37804	35691	8.5
承　德	553.8	541.8	13.1	371.4	333.2	9.4	33791	31705	10.1
张家口	441.8	415.5	12.3	498.7	444.0	9.9	28139	25649	9.4
保　定	1259.4	1122.9	12.9	846.9	768.4	10.4	24053	21796	9.8
沧　州	1338.4	1229.5	13.4	1014.2	930.7	9.2	38949	36053	9.8
长江三角洲经济区									
上　海	7097.8	7208.6	2.8	12199.2	11142.9	10.6	85373	82560	5.7
江苏省	**23908.5**	**22280.6**	**11.1**	**23518.0**	**20842.2**	**9.7**	**68347**	**62290**	**9.8**
南　京	2748.5	2390.5	11.0	3845.7	3220.4	11.8	88525	76263	10.6
无　锡	3717.9	3463.1	9.0	3418.9	3029.1	11.3	117357	107437	9.3
常　州	1900.6	1768.9	11.7	1742.7	1518.4	11.6	85040	77485	10.3
苏　州	6055.1	5555.3	7.4	5314.3	4581.5	13.5	114029	102129	9.7
南　通	1992.1	1840.4	12.3	1825.5	1571.5	12.3	62506	56005	11.7
扬　州	1344.7	1240.9	11.8	1173.6	1017.9	12.1	65691	58950	11.6
镇　江	1309.5	1175.6	12.7	1095.1	938.3	13.0	83651	73981	12.0
泰　州	1237.1	1132.3	13.2	1075.4	939.3	13.0	58378	52396	12.3
浙江省	**15338.0**	**14683.0**	**7.4**	**15681.1**	**14180.2**	**9.4**	**63374**	**59249**	**7.7**
杭　州	3168.8	2944.0	8.5	3974.3	3458.5	10.9	111758	101370	8.1
宁　波	3170.1	3019.0	4.4	2796.9	2454.5	11.8	114065	105334	6.9
嘉　兴	1443.0	1378.2	8.4	1136.1	997.0	11.2	84080	78202	8.2
湖　州	796.8	729.5	11.3	655.2	586.1	9.9	63714	58349	9.4
绍　兴	1751.8	1632.4	9.9	1506.8	1325.6	10.8	82966	75820	9.5
舟　山	295.8	267.3	12.6	387.2	347.6	9.8	87883	79765	9.8
台　州	1273.6	1306.7	5.8	1290.9	1162.0	9.1	49438	47779	6.4
珠江三角洲经济区									
广东省	**25810.1**	**24649.6**	**7.6**	**26519.7**	**24097.7**	**9.5**	**54095**	**50807**	**7.4**
广　州	4264.2	4140.6	9.1	8616.8	7641.9	12.0	105909	97588	10.0
深　圳	5355.9	4995.1	7.3	7206.1	6155.7	12.3	123247	110421	9.0
珠　海	720.3	714.3	2.7	688.4	604.0	12.1	95471	89794	6.3
佛　山	3976.1	3735.3	9.6	2369.2	2220.4	6.6	91259	86073	7.7
惠　州	1296.4	1147.8	15.0	865.8	753.3	11.1	50873	45331	11.7
东　莞	2297.5	2288.4	6.0	2615.8	2351.3	6.5	60557	57470	5.7
中　山	1291.4	1164.6	14.5	1025.2	911.5	7.1	77527	70014	10.5
江　门	913.8	953.2	6.0	770.1	695.0	12.2	42028	41062	7.7
肇　庆	616.2	535.4	20.4	554.4	510.7	5.3	36864	33642	10.2

注：人均地区生产总值按常住人口计算。

10-3 中国内地沿海三大都市圈主要城市指标对比

——财政、金融

单位：亿元

城市	地方公共财政预算收入			地方公共财政预算支出		
	2012	2011	增长速度(%)	2012	2011	增长速度(%)
全国	**61078.3**	**52547.1**	**16.2**	**107188.3**	**92733.7**	**15.6**
京津冀经济区						
北京	3314.9	3006.3	10.3	3685.3	3245.2	13.6
天津	1760.0	1455.1	21.0	2143.2	1796.3	19.2
河北省	**2084.3**	**1737.8**	**19.9**	**4079.4**	**3537.4**	**15.3**
石家庄	272.3	221.2	23.1	464.1	403.5	15.0
唐山	301.1	255.6	17.8	490.3	441.7	11.0
廊坊	172.1	140.3	22.7	268.0	228.0	17.6
秦皇岛	108.7	86.6	25.4	200.0	168.6	18.6
承德	82.5	71.1	16.1	235.8	192.4	22.6
张家口	106.6	83.0	28.4	266.6	231.5	15.1
保定	159.9	128.6	24.4	383.6	332.7	15.3
沧州	142.6	116.5	22.4	311.6	264.4	17.9
长江三角洲经济区						
上海	3743.7	3429.8	9.2	4184.0	3914.9	6.9
江苏省	**5860.7**	**5148.9**	**13.8**	**7027.7**	**6221.7**	**13.0**
南京	733.0	635.0	15.4	769.7	666.2	15.5
无锡	658.0	615.0	7.0	648.6	592.7	9.4
常州	379.0	350.9	8.0	391.2	361.8	8.1
苏州	1204.3	1100.9	9.4	1113.5	1002.6	11.1
南通	419.7	373.7	12.3	513.0	419.5	22.3
扬州	225.0	218.1	3.2	284.8	264.4	7.7
镇江	215.5	181.9	18.5	235.3	202.9	15.9
泰州	223.6	218.0	2.6	300.9	262.0	14.8
浙江省	**3441.2**	**3150.8**	**9.2**	**4161.9**	**3842.6**	**8.3**
杭州	860.0	785.2	9.5	786.3	747.5	5.2
宁波	725.5	657.6	10.3	828.4	750.7	10.4
嘉兴	257.7	226.4	13.8	260.7	240.6	8.3
湖州	138.6	122.1	13.5	167.5	151.7	10.4
绍兴	265.8	239.7	10.9	278.7	253.3	10.0
舟山	85.6	76.5	11.9	155.2	148.1	4.8
台州	220.4	200.1	10.1	287.9	265.5	8.4
珠江三角洲经济区						
广东省	**6229.2**	**5514.8**	**13.0**	**7387.9**	**6712.4**	**10.1**
广州	1102.4	979.5	12.5	1343.7	1181.3	13.7
深圳	1482.1	1339.6	10.6	1569.0	1590.6	-1.4
珠海	162.6	143.4	13.4	212.2	190.4	11.5
佛山	384.1	341.7	12.4	434.0	388.7	11.6
惠州	200.9	162.8	23.4	274.1	227.2	20.6
东莞	356.3	313.1	13.8	385.6	351.9	9.6
中山	201.9	183.2	10.2	215.3	192.7	11.8
江门	135.0	119.2	13.3	188.1	165.3	13.8
肇庆	103.8	92.2	12.6	176.5	157.0	12.4

注：全国财政收入、支出为31个省市(自治区)公共财政预算收支合计数。

10-3 续表1

单位：亿元

城市	中资金融机构人民币存款余额			中资金融机构人民币贷款余额		
	2012	2011	增长速度(%)	2012	2011	增长速度(%)
全国	**917554.8**	**809368.0**	**13.4**	**629909.6**	**547947.0**	**15.0**
京津冀经济区						
北京	79620.6	70985.1	12.2	35441.7	32434.6	9.3
天津	19356.1	16910.5	14.5	16977.8	14897.7	14.0
河北省	**34013.0**	**29563.8**	**15.0**	**20850.9**	**18144.0**	**14.9**
石家庄	7640.7	6715.3	13.8	3995.1	3659.8	9.2
唐山	5437.5	4748.3	14.5	3527.2	3088.5	14.2
廊坊	2676.4	2267.2	18.0	1811.6	1535.7	18.0
秦皇岛	1878.5	1663.8	12.9	1180.3	1039.4	13.6
承德	1359.1	1193.4	13.9	971.2	853.5	13.8
张家口	1673.9	1459.2	14.7	1192.9	1063.0	12.2
保定	3759.9	3231.7	16.3	1585.0	1344.1	17.9
沧州	2689.9	2300.1	16.9	1264.8	1088.4	16.2
长江三角洲经济区						
上海	55732.1	51315.1	8.6	33814.1	30644.6	10.3
江苏省	**75481.5**	**65723.6**	**14.8**	**54412.3**	**47868.3**	**13.7**
南京	16131.4	13945.9	15.7	12314.4	11132.1	10.6
无锡	10293.4	9372.7	9.8	7467.0	6883.4	8.5
常州	5604.9	4902.2	14.3	3832.8	3406.4	12.5
苏州	17663.5	15180.8	16.4	13626.9	11873.9	14.8
南通	6297.2	5502.1	14.5	3832.1	3285.4	16.6
扬州	3310.8	2818.3	17.5	2006.5	1718.0	16.8
镇江	2850.5	2431.8	17.2	2073.3	1787.4	16.0
泰州	3032.6	2593.0	17.0	2008.0	1725.3	16.4
浙江省	**64886.3**	**59727.9**	**8.6**	**56982.6**	**51276.6**	**11.1**
杭州	20148.8	18244.4	10.4	18090.8	16421.7	10.2
宁波	11980.5	10659.3	12.4	11961.0	10676.8	12.0
嘉兴	4597.3	4168.2	10.3	3670.5	3212.7	14.2
湖州	2285.7	2102.1	8.7	1912.4	1712.2	11.7
绍兴	5923.6	5510.1	7.5	5129.2	4463.1	14.9
舟山	1390.0	1315.0	5.7	1295.8	1162.7	11.5
台州	4509.2	3998.9	12.8	3893.2	3470.8	12.2
珠江三角洲经济区						
广东省	**97463.2**	**86849.3**	**12.2**	**58540.6**	**52167.3**	**12.2**
广州	28270.7	25048.6	12.9	17554.9	15904.7	10.4
深圳	25910.2	22782.4	13.7	17305.5	15719.0	10.1
珠海	2987.4	2734.5	9.2	1651.9	1396.0	18.3
佛山	9734.8	8925.5	9.1	6078.4	5430.9	11.9
惠州	2497.4	2314.9	7.9	1483.7	1289.7	15.0
东莞	7392.2	6568.7	12.5	4157.5	3689.9	12.7
中山	3212.6	2906.2	10.5	1774.5	1528.1	16.1
江门	2800.2	2486.8	12.6	1329.7	1133.2	17.3
肇庆	1319.9	1194.6	10.5	868.6	752.9	15.4

注：全国、河北省及各市、江苏省及各市、浙江省及各市为金融机构人民币存贷款数据。

10-3 续表2

单位：亿元

城市	城乡居民人民币储蓄存款余额		
	2012	2011	增长速度(%)
全　国	**399551.0**	**343635.9**	**16.3**
京津冀经济区			
北　京	21419.3	18924.6	13.2
天　津	6991.1	6072.7	15.1
河北省	**20665.1**	**17824.3**	**15.9**
石家庄	3735.5	3243.6	15.2
唐　山	3265.9	2841.2	14.9
廊　坊	1581.6	1354.6	16.8
秦皇岛	1150.2	992.1	15.9
承　德	888.2	764.6	16.2
张家口	1119.8	965.4	16.0
保　定	2657.0	2282.6	16.4
沧　州	1845.7	1549.7	19.1
长江三角洲经济区			
上　海	18906.0	16727.3	13.0
江苏省	**30057.2**	**25914.7**	**16.0**
南　京	4465.4	3910.2	14.2
无　锡	3731.8	3312.4	12.7
常　州	2473.3	2157.4	14.6
苏　州	5787.8	5078.6	14.0
南　通	3588.1	3052.3	17.6
扬　州	1697.5	1427.9	18.9
镇　江	1301.4	1108.8	17.4
泰　州	1546.5	1307.8	18.3
浙江省	**26406.8**	**23470.3**	**12.5**
杭　州	6090.0	5519.2	10.3
宁　波	4208.8	3696.3	13.9
嘉　兴	2155.5	1880.5	14.6
湖　州	1082.8	954.4	13.4
绍　兴	2503.3	2227.7	12.4
舟　山	508.6	461.3	10.3
台　州	2385.1	2068.8	15.3
珠江三角洲经济区			
广东省	**44803.4**	**39725.2**	**12.8**
广　州	11174.7	9912.0	12.7
深　圳	8132.2	7251.4	12.1
珠　海	1196.3	1066.4	12.2
佛　山	5155.0	4653.7	10.8
惠　州	1349.2	1172.9	15.0
东　莞	4187.7	3697.3	13.3
中　山	1747.9	1582.2	10.5
江　门	1852.5	1644.9	12.6
肇　庆	851.3	744.6	14.3

注：全国、河北省及各市、江苏省及各市、浙江省及各市为金融机构人民币储蓄存款余额；北京、天津、上海、广东省及各市为中资金融机构人民币储蓄存款余额。

10-4 中国内地沿海三大都市圈主要城市指标对比

——投资、消费

单位：亿元

城 市	全社会固定资产投资额			#房地产开发		
	2012	2011	增长速度(%)	2012	2011	增长速度(%)
全 国	**374694.7**	**311485.1**	**20.3**	**71803.8**	**61796.9**	**16.2**
京津冀经济区						
北 京	6462.8	5910.6	9.3	3153.4	3036.3	3.9
天 津	8871.3	7510.7	18.1	1260.0	1080.0	16.7
河北省	**19104.6**	**15780.3**	**21.1**	**3086.5**	**3054.6**	**1.0**
石家庄	3673.3	3106.6	21.4	833.2		
唐 山	3017.2	2545.1	21.1	516.5		
廊 坊	1282.1	1088.7	21.4	243.1		
秦皇岛	723.7	614.7	21.0	213.3		
承 德	996.8	829.6	25.0	120.3		
张家口	1163.1	987.4	20.3	209.1		
保 定	1888.4	1656.8	21.2	347.9		
沧 州	1891.9	1597.8	23.6	150.0		
长江三角洲经济区						
上 海	5254.4	5067.1	3.7	2381.4	2170.3	9.7
江苏省	**31706.6**	**26314.7**	**20.5**	**6206.1**	**5567.9**	**11.5**
南 京	4558.5	3757.3	21.3	972.0	871.4	11.5
无 锡	3618.1	3169.2	14.2	974.4	877.8	11.0
常 州	2621.6	2223.3	17.9	597.0	567.5	5.2
苏 州	5142.5	4280.0	20.2	1263.4	1199.1	5.4
南 通	2886.5	2378.4	21.4	481.7	380.0	26.8
扬 州	1783.7	1475.4	20.9	235.8	197.7	19.3
镇 江	1500.7	1226.9	22.3	205.5	141.5	45.2
泰 州	1454.6	1197.7	21.5	234.5	228.3	2.7
浙江省	**17096.0**	**14077.3**	**21.4**	**5226.3**	**4474.4**	**16.8**
杭 州	3722.8	3100.0	20.1	1597.4	1302.7	22.6
宁 波	2901.4	1630.6	77.9	884.4	754.9	17.1
嘉 兴	1642.3	1488.3	10.4	415.9	383.4	8.5
湖 州	970.7	804.7	20.6	211.2	184.7	14.3
绍 兴	1722.6	1426.3	20.8	467.7	403.2	16.0
舟 山	570.6	476.1	19.9	158.9	116.8	36.1
台 州	1242.6	1007.8	23.3	357.4	319.2	12.0
珠江三角洲经济区						
广东省	**19307.5**	**16843.8**	**14.6**	**5352.8**	**4809.9**	**11.3**
广 州	3758.4	3412.2	10.1	1370.5	1305.4	5.0
深 圳	2314.4	2060.9	12.3	736.8	514.7	43.1
珠 海	787.6	637.4	23.6	242.1	255.6	-5.3
佛 山	2128.3	1934.0	10.1	638.5	596.9	7.0
惠 州	1208.7	1024.2	18.0	482.2	376.5	28.1
东 莞	1180.4	1079.3	9.4	377.3	373.3	1.1
中 山	893.4	767.0	16.5	346.4	310.4	11.6
江 门	850.4	741.8	14.6	144.5	146.9	-1.7
肇 庆	852.6	710.0	20.1	145.5	143.1	1.6

注：1. 从2011年起，根据国家统计局相关规定，固定资产投资起点由50万元调整至500万元(下同)。
2. 河北省及各市、江苏省及各市、浙江省及各市、广东省的各市2011年、2012年为固定资产投资(不含农户)。

10-4 续表

单位：亿元

城市	社会消费品零售总额		
	2012	2011	增长速度(%)
全　国	**210307.0**	**183918.6**	**14.3**
京津冀经济区			
北　京	7702.8	6900.3	11.6
天　津	3921.4	3395.1	15.5
河北省	**9254.0**	**8035.5**	**15.2**
石家庄	1915.8	1663.0	15.2
唐　山	1535.0	1334.8	15.0
廊　坊	568.1	493.1	15.2
秦皇岛	453.8	394.4	15.0
承　德	349.7	303.9	15.1
张家口	439.6	382.0	15.1
保　定	1174.3	1018.5	15.3
沧　州	788.0	683.8	15.2
长江三角洲经济区			
上　海	7412.3	6814.8	8.8
江苏省	**18331.3**	**15988.4**	**14.7**
南　京	3103.8	2697.1	15.1
无　锡	2443.2	2142.0	14.1
常　州	1413.3	1236.1	14.3
苏　州	3241.0	2829.6	14.5
南　通	1719.3	1493.3	15.1
扬　州	974.0	853.7	14.1
镇　江	766.5	664.1	15.4
泰　州	737.6	651.2	13.3
浙江省	**13588.3**	**12028.0**	**13.0**
杭　州	2944.6	2548.4	15.6
宁　波	2329.3	2018.9	15.4
嘉　兴	1083.7	948.6	14.2
湖　州	703.9	609.9	15.4
绍　兴	1158.7	1006.8	15.1
舟　山	290.5	251.7	15.4
台　州	1304.3	1132.4	15.2
珠江三角洲经济区			
广东省	**22677.1**	**20246.7**	**12.0**
广　州	5977.3	5243.0	14.0
深　圳	4008.8	3520.9	13.9
珠　海	635.2	567.9	11.9
佛　山	2019.5	1931.4	4.6
惠　州	754.2	684.7	10.1
东　莞	1354.6	1266.3	7.0
中　山	809.3	756.1	7.0
江　门	807.2	759.2	6.3
肇　庆	433.4	389.7	11.2

10-5 中国内地沿海三大都市圈主要城市指标对比
——对外经济贸易

单位：亿美元

城 市	地方出口值			地方进口值		
	2012	2011	增长速度(%)	2012	2011	增长速度(%)
全 国	**20487.1**	**18983.8**	**7.9**	**18184.1**	**17434.8**	**4.3**
京津冀经济区						
北 京	596.3	590.0	1.1	3484.8	3305.9	5.4
天 津	483.1	445.0	8.6	673.1	588.9	14.3
河北省	**296.0**	**285.8**	**3.6**	**209.4**	**250.2**	**-16.3**
石家庄	73.4	70.8	3.6	56.1	70.9	-20.8
唐 山	43.2	38.9	10.9	61.6	69.7	-11.6
廊 坊	28.8	27.1	6.3	21.4	25.8	-17.0
秦皇岛	24.9	22.2	12.0	19.2	21.3	-9.5
承 德	1.4	1.6	-13.3	0.1	0.3	-54.6
张家口	3.2	2.5	27.1	0.7	0.6	5.4
保 定	47.7	53.6	-11.0	13.2	19.9	-33.6
沧 州	21.0	18.8	11.5	2.4	2.7	-11.3
长江三角洲经济区						
上 海	2068.1	2097.9	-1.4	2299.5	2276.5	1.0
江苏省	**3285.4**	**3126.2**	**5.1**	**2195.6**	**2271.4**	**-3.3**
南 京	319.0	308.7	3.4	233.3	264.8	-11.9
无 锡	413.1	423.1	-2.4	294.6	301.5	-2.3
常 州	199.6	193.6	3.1	90.7	92.7	-2.2
苏 州	1746.9	1672.3	4.5	1310.0	1336.3	-2.0
南 通	187.9	180.1	4.3	75.2	77.6	-3.2
扬 州	81.7	73.2	11.6	20.0	28.2	-29.0
镇 江	77.4	56.2	37.7	36.8	44.6	-17.5
泰 州	69.5	74.8	-7.1	34.2	36.1	-5.2
浙江省	**2245.2**	**2163.5**	**3.8**	**878.8**	**930.3**	**-5.5**
杭 州	412.6	415.2	-0.6	204.2	224.5	-9.0
宁 波	614.5	608.3	1.0	351.3	373.6	-6.0
嘉 兴	196.0	192.7	1.7	91.4	92.1	-0.8
湖 州	74.0	73.6	0.5	13.4	13.1	2.6
绍 兴	255.6	259.9	-1.7	65.4	75.2	-13.0
舟 山	92.2	74.7	23.4	61.3	57.9	5.9
台 州	172.4	170.4	1.2	33.8	34.7	-2.5
珠江三角洲经济区						
广东省	**5740.6**	**5317.9**	**7.9**	**4098.9**	**3815.4**	**7.4**
广 州	589.2	564.7	4.3	582.5	596.9	-2.4
深 圳	2713.6	2454.0	10.6	1954.5	1685.8	15.9
珠 海	216.4	239.8	-9.8	240.4	276.5	-13.1
佛 山	401.5	390.9	2.7	209.1	218.0	-4.1
惠 州	292.0	231.2	26.3	202.9	156.9	29.3
东 莞	850.5	783.3	8.6	594.6	569.1	4.5
中 山	246.4	245.5	0.4	88.8	96.4	-7.9
江 门	129.7	122.5	5.9	58.0	54.4	6.7
肇 庆	37.8	33.1	14.3	25.7	24.0	6.9

注：各地区进出口数据按经营单位所在地统计。

10-5 续表

单位：亿美元

城　市	实际利用外商直接投资		
	2012	2011	增长速度(%)
全　国	**1117.16**	**1160.11**	**-3.7**
京津冀经济区			
北　京	80.42	70.54	14.0
天　津	150.16	130.56	15.0
河北省	**58.05**	**46.81**	**24.0**
石家庄	8.48	3.67	130.9
唐　山	12.14	10.81	12.3
廊　坊	5.28	5.75	-8.2
秦皇岛	6.28	5.99	4.8
承　德	1.20	0.52	129.6
张家口	2.46	1.37	80.0
保　定	5.47	4.34	26.2
沧　州	3.54	2.89	22.5
长江三角洲经济区			
上　海	151.85	126.01	20.5
江苏省	**357.60**	**321.32**	**11.3**
南　京	41.30	35.66	15.8
无　锡	40.10	35.05	14.4
常　州	33.61	30.52	10.1
苏　州	91.65	90.16	1.7
南　通	22.05	21.66	1.8
扬　州	21.38	21.03	1.7
镇　江	22.14	18.08	22.5
泰　州	14.50	14.17	2.3
浙江省	**130.69**	**116.66**	**12.0**
杭　州	49.61	47.22	5.0
宁　波	28.53	28.09	1.5
嘉　兴	17.82	17.21	3.5
湖　州	10.26	9.40	9.1
绍　兴	9.54	8.05	18.6
舟　山	1.83	1.08	70.0
台　州	4.75	1.43	232.3
珠江三角洲经济区			
广东省	**235.49**	**217.98**	**8.0**
广　州	45.75	42.71	7.1
深　圳	52.29	45.99	13.7
珠　海	14.47	13.38	8.2
佛　山	23.50	21.54	9.1
惠　州	17.28	15.68	10.2
东　莞	33.69	30.51	10.5
中　山	8.04	7.30	10.2
江　门	8.70	7.89	10.2
肇　庆	11.52	10.29	11.9

10-6 中国内地沿海三大都市圈主要城市指标对比

——旅 游

城 市	入境旅游者人数(万人次)			旅游创汇(亿美元)		
	2012	2011	增长速度(%)	2012	2011	增长速度(%)
全 国	**13240.5**	**13542.4**	**-2.2**	**500.28**	**484.64**	**3.2**
京津冀经济区						
北 京	500.9	520.4	-3.8	51.49	54.16	-4.9
天 津	234.1	200.4	16.8	22.26	17.56	26.8
河北省	**129.3**	**114.1**	**13.3**	**5.45**	**4.48**	**21.7**
石家庄	15.8	13.6	16.1	0.62	0.49	24.7
唐 山	8.2	6.5	26.1	0.41	0.34	22.0
廊 坊	11.7	10.6	10.6	0.32	0.36	-9.9
秦皇岛	28.6	26.4	8.3	1.95	1.38	41.3
承 德	33.9	31.2	8.8	1.18	1.11	6.4
张家口	8.3	7.5	10.9	0.21	0.17	22.9
保 定	12.8	10.5	22.3	0.43	0.39	11.5
沧 州	2.7	2.2	22.4	0.09	0.07	25.1
长江三角洲经济区						
上 海	800.4	817.6	-2.1	55.82	58.35	-4.3
江苏省	**791.5**	**737.3**	**7.4**	**63.00**	**56.53**	**11.4**
南 京	162.7	150.7	8.0	13.62	12.00	13.6
无 锡	98.2	90.8	8.1	6.81	5.98	13.9
常 州	45.6	41.3	10.3	4.74	4.21	12.6
苏 州	249.2	232.6	7.1	16.47	14.70	12.1
南 通	44.1	40.5	8.9	4.30	3.99	7.7
扬 州	66.0	62.2	6.1	5.59	5.23	6.8
镇 江	66.3	65.0	2.0	5.58	5.22	7.0
泰 州	10.1	9.2	10.6	1.09	0.94	15.0
浙江省	**865.9**	**773.7**	**11.9**	**51.52**	**45.42**	**13.4**
杭 州	331.1	306.3	8.1	22.02	19.87	10.8
宁 波	116.2	107.4	8.2	7.34	6.55	12.2
嘉 兴	78.2	72.1	8.4	2.77	2.59	7.0
湖 州	47.3	39.8	18.8	1.73	1.48	17.3
绍 兴	68.7	60.4	13.8	2.41	2.20	9.6
舟 山	31.0	27.7	11.9	1.59	1.41	12.2
台 州	24.0	12.3	94.6	0.87	0.63	37.8
珠江三角洲经济区						
广东省	**10794.7**	**11085.8**	**-2.6**	**156.23**	**139.06**	**12.3**
广 州	792.2	778.7	1.7	51.45	48.53	6.0
深 圳	1206.5	1104.6	9.2	43.29	37.45	15.6
珠 海	297.6	320.8	-7.2	9.50	10.67	-10.9
佛 山	133.2	125.1	6.5	12.10	9.73	24.4
惠 州	190.6	174.7	9.1	6.78	5.77	17.6
东 莞	303.3	286.1	6.0	12.69	9.10	39.5
中 山	55.9	60.8	-8.2	2.20	2.47	-11.1
江 门	165.1	129.2	27.8	6.99	6.02	16.2
肇 庆	171.7	158.9	8.1	4.87	3.27	48.8

注：广东省的各市入境旅游者人数为入境过夜旅游者人数。

10-7 中国内地沿海三大都市圈主要城市指标对比

——物 价

单位：%

城 市	居民消费价格指数		工业生产者出厂价格指数		工业生产者购进价格指数	
	2012	2011	2012	2011	2012	2011
全 国	**102.6**	**105.4**	**98.3**	**106.0**	**98.2**	**109.1**
京津冀经济区						
北 京	103.3	105.6	98.4	102.3	98.7	108.4
天 津	102.7	104.9	97.0	103.8	97.1	109.7
河北省	**102.6**	**105.7**	**94.7**	**107.7**	**96.2**	**110.9**
石家庄	102.8	105.7				
唐 山	102.2	105.4				
廊 坊	103.3	105.4				
秦皇岛	103.2	106.6				
承 德	101.9	105.1				
张家口	102.4	105.2				
保 定	102.8	105.8				
沧 州	103.4	105.3				
长江三角洲经济区						
上 海	102.8	105.2	98.4	102.9	94.7	107.5
江苏省	**102.6**	**105.3**	**97.1**	**106.2**	**95.8**	**108.9**
南 京						
无 锡						
常 州						
苏 州						
南 通						
扬 州						
镇 江						
泰 州						
浙江省	**102.2**	**105.4**	**97.3**	**105.0**	**96.7**	**108.3**
杭 州	102.5	104.8	97.2	104.7	94.6	110.8
宁 波	101.7	105.3	95.7	105.9	97.1	108.6
嘉 兴	102.2	105.5	97.1	103.9	96.6	106.3
湖 州	102.0	104.8	98.1	104.1	97.8	108.5
绍 兴	102.0	105.4	96.9	106.4	97.8	108.5
舟 山	101.7	105.8	90.1	98.8		
台 州	102.0	106.3				
珠江三角洲经济区						
广东省	**102.8**	**105.3**	**99.5**	**103.7**	**99.5**	**107.3**
广 州	103.0	105.5	99.7	103.1		
深 圳	102.8	105.4	99.9	101.8		
珠 海	102.8	105.0	99.4	103.3		
佛 山	102.6	105.5	99.5	104.0		
惠 州	102.8	104.9	99.4	104.0		
东 莞	102.9	104.9	99.8	102.9		
中 山	102.3	105.4	99.9	103.1		
江 门	102.7	104.8	99.7	104.4		
肇 庆	102.8	105.4	98.4	105.7		

10-8 中国内地沿海三大都市圈主要城市指标对比

——从业人员

单位：万人

城市	从业人员			第一产业		
	2012	2011	增长速度(%)	2012	2011	增长速度(%)
全国	**76704**	**76420**	**0.4**	**25773**	**26594**	**-3.1**
京津冀经济区						
北京	1107.3	1069.7	3.5	57.3	59.1	-3.0
天津	803.1	763.2	5.2	71.2	73.2	-2.7
河北省	**4085.7**	**3962.4**	**3.1**	**1426.3**	**1439.6**	**-0.9**
石家庄	527.6	519.7	1.5	144.2	146.0	-1.2
唐山	449.0	440.2	2.0	124.3	125.3	-0.8
廊坊	256.5	249.3	2.9	81.6	81.7	-0.2
秦皇岛	167.0	161.6	3.4	70.9	70.7	0.3
承德	212.1	217.6	-2.6	96.5	96.8	-0.3
张家口	279.8	269.2	3.9	123.7	124.2	-0.4
保定	643.1	646.2	-0.5	282.7	324.0	-12.8
沧州	417.3	409.6	1.9	104.4	106.7	-2.1
长江三角洲经济区						
上海	1115.5	1104.3	1.0	45.7	37.3	22.6
江苏省	**4759.5**	**4758.2**	**0.03**	**990.0**	**1023.0**	**-3.2**
南京	451.8	446.8	1.1	49.1	48.2	1.9
无锡	389.1	386.0	0.8	18.2	18.4	-1.1
常州	280.9	277.7	1.2	31.7	32.0	-0.9
苏州	694.3	691.0	0.5	25.3	25.6	-1.2
南通	468.9	473.0	-0.9	114.5	121.7	-5.9
扬州	265.8	265.9	-0.04	52.6	53.4	-1.5
镇江	192.0	190.3	0.9	24.4	24.6	-0.8
泰州	284.4	284.7	-0.1	72.8	74.8	-2.7
浙江省	**3691.2**	**3674.1**	**0.5**	**522.0**	**535.3**	**-2.5**
杭州	644.4	637.8	1.0	70.4	72.2	-2.5
宁波	501.6	493.8	1.6	29.7	32.5	-8.6
嘉兴	327.1	321.4	1.8	32.5	33.5	-3.2
湖州	180.3	180.1	0.1	25.8	30.4	-14.9
绍兴	343.9	343.3	0.2	51.4	51.5	-0.3
舟山	72.9	69.0	5.7	10.5	10.9	-3.7
台州	389.3	370.8	5.0	75.5	75.6	-0.2
珠江三角洲经济区						
广东省	**5966.0**	**5960.7**	**0.1**	**1418.4**	**1427.3**	**-0.6**
广州	751.3	743.2	1.1	64.7	62.9	2.8
深圳	771.2	764.5	0.9	0.1	0.3	-59.4
珠海	104.9	104.1	0.8	6.2	6.4	-2.8
佛山	437.3	445.1	-1.8	26.8	26.4	1.3
惠州	270.0	267.9	0.8	52.2	52.6	-0.8
东莞	631.4	628.5	0.5	6.0	5.9	2.2
中山	208.8	208.6	0.1	10.0	10.0	
江门	248.3	253.0	-1.9	76.3	76.5	-0.3
肇庆	215.6	215.1	0.2	116.5	116.8	-0.2

10-8 续表

单位：万人

城市	第二产业			第三产业		
	2012	2011	增长速度(%)	2012	2011	增长速度(%)
全　国	**23241**	**22544**	**3.1**	**27690**	**27282**	**1.5**
京津冀经济区						
北　京	212.6	219.2	-3.0	837.4	791.4	5.8
天　津	330.9	316.0	4.7	401.0	374.0	7.2
河北省	**1400.8**	**1319.8**	**6.1**	**1258.7**	**1203.0**	**4.6**
石家庄	189.9	185.5	2.3	193.5	188.2	2.8
唐　山	184.5	179.9	2.6	140.2	135.0	3.9
廊　坊	101.0	98.1	3.0	73.9	69.5	6.4
秦皇岛	43.6	40.1	8.8	52.6	50.8	3.4
承　德	59.8	59.7	0.1	55.8	61.2	-8.8
张家口	66.9	61.5	8.8	89.1	83.5	6.7
保　定	208.2	206.8	0.6	152.2	115.3	32.0
沧　州	181.2	174.8	3.7	131.7	128.2	2.8
长江三角洲经济区						
上　海	440.0	445.1	-1.2	629.8	622.0	1.3
江苏省	**2032.3**	**2017.5**	**0.7**	**1737.2**	**1717.7**	**1.1**
南　京	151.1	150.0	0.7	251.6	248.6	1.2
无　锡	223.8	223.1	0.3	147.1	144.5	1.8
常　州	148.2	147.5	0.5	101.0	98.2	2.9
苏　州	427.1	427.1		241.9	238.3	1.5
南　通	214.1	212.8	0.6	140.3	138.5	1.3
扬　州	120.8	120.5	0.2	92.4	92.0	0.4
镇　江	92.1	91.7	0.4	75.5	74.0	2.0
泰　州	119.3	119.1	0.2	92.3	90.8	1.7
浙江省	**1880.9**	**1868.8**	**0.6**	**1288.3**	**1270.0**	**1.4**
杭　州	290.0	289.1	0.3	284.0	276.4	2.7
宁　波	275.3	273.7	0.6	196.6	187.6	4.8
嘉　兴	197.8	196.9	0.5	96.9	91.0	6.5
湖　州	92.0	90.9	1.2	62.5	58.9	6.1
绍　兴	180.1	180.8	-0.4	112.4	111.0	1.3
舟　山	25.3	26.4	-4.2	37.2	31.7	17.1
台　州	170.6	161.9	5.4	143.2	133.3	7.4
珠江三角洲经济区						
广东省	**2509.7**	**2526.5**	**-0.7**	**2037.9**	**2006.9**	**1.5**
广　州	282.6	282.9	-0.1	404.1	397.3	1.7
深　圳	373.2	382.9	-2.5	397.8	381.3	4.3
珠　海	48.9	46.3	5.6	49.8	51.4	-3.1
佛　山	258.2	265.2	-2.7	152.3	153.5	-0.8
惠　州	134.1	133.1	0.8	83.8	82.3	1.8
东　莞	481.0	478.9	0.4	144.4	143.8	0.5
中　山	140.8	141.5	-0.5	58.0	57.1	1.5
江　门	104.7	110.4	-5.1	67.4	66.1	1.9
肇　庆	51.9	51.9		47.2	46.4	1.6

10-9 中国内地沿海三大都市圈主要城市指标对比
——生活质量

城市	城镇单位在岗职工年末人数(万人)			城镇单位在岗职工平均工资(元)		
	2012	2011	增长速度(%)	2012	2011	增长速度(%)
全 国	**15236.4**	**14413.3**	**5.7**	**47593**	**42452**	**12.1**
京津冀经济区						
北 京	670.4	640.3	4.7	85307	75834	12.5
天 津	271.7	252.1	7.8	62225	55636	11.8
河北省	**619.9**	**537.9**	**15.3**	**39542**	**36166**	**9.9**
石家庄	86.9			39669	35132	12.9
唐 山	92.1			45838	42029	9.1
廊 坊	41.5			44886	39976	12.3
秦皇岛	32.1			44824	40518	10.6
承 德	24.9			37787	34134	10.7
张家口	37.6			35615	33437	6.5
保 定	89.9			34912	32277	8.2
沧 州	49.1			40114	36201	10.8
长江三角洲经济区						
上 海	555.7	453.3	22.6	80191	77031	4.1
江苏省	**792.6**	**774.4**	**2.4**	**51279**	**45987**	**11.5**
南 京	141.0	133.7	5.4	60404		
无 锡	81.4	80.6	1.0	56883		
常 州	46.8	48.3	-3.1	55764		
苏 州	130.4	129.8	0.4	57622		
南 通	65.0	63.0	3.0	49399		
扬 州	41.3	40.7	1.6	44689		
镇 江	39.0	37.8	3.1	47626		
泰 州	38.7	36.7	5.5	42985		
浙江省	**1022.3**	**882.5**	**15.8**	**50813**	**46660**	**8.9**
杭 州	281.9	264.3	6.7	56417	54408	3.7
宁 波	174.7	171.8	1.7	55031	49755	10.6
嘉 兴	79.2	79.1	0.2	47598	42990	10.7
湖 州	47.1	41.4	13.8	45933	41107	11.7
绍 兴	130.7	125.2	4.4	44609	39810	12.1
舟 山	17.7	16.1	9.6	57294	52915	8.3
台 州	96.8	86.3	12.2	46630	42199	10.5
珠江三角洲经济区						
广东省	**1262.1**	**1206.2**	**4.6**	**50577**	**45152**	**12.0**
广 州	310.2	296.8	4.5	63752	57473	10.9
深 圳	277.9	261.4	6.3	59010	55143	7.0
珠 海	64.0	65.3	-2.0	48486	40925	18.5
佛 山	60.7	58.2	4.4	46203	40663	13.6
惠 州	87.2	83.4	4.6	41506	35719	16.2
东 莞	25.0	24.6	1.7	57007	50398	13.1
中 山	32.0	30.6	4.6	55480	48415	14.6
江 门	50.9	53.5	-4.8	37983	31913	19.0
肇 庆	30.6	29.2	5.0	39151	34113	14.8

注：全国、浙江省的各市在岗职工人数为城镇单位就业人员数。

10-9 续表

单位：元

城市	城镇居民人均可支配收入			农村居民人均纯收入		
	2012	2011	增长速度(%)	2012	2011	增长速度(%)
全　国	**24565**	**21810**	**12.6**	**7917**	**6977**	**13.5**
京津冀经济区						
北　京	36469	32903	10.8	16476	14736	11.8
天　津	29626	26921	10.1	13571	11891	14.1
河北省	**20543**	**18292**	**12.3**	**8081**	**7120**	**13.5**
石家庄	23038	20534	12.2	8993	7822	15.0
唐　山	24358	21785	11.8	10698	9460	13.1
廊　坊	24872	21991	13.1	10447	9102	14.8
秦皇岛	22098	19552	13.0	8315	7365	12.9
承　德	18706	16638	12.4	5546	4935	12.4
张家口	18441	16401	12.4	5564	4854	14.6
保　定	19048	16912	12.6	7696	6656	15.6
沧　州	20805	18375	13.2	7514	6540	14.9
长江三角洲经济区						
上　海	40188	36230	10.9	17401	15644	11.2
江苏省	**29677**	**26341**	**12.7**	**12202**	**10805**	**12.9**
南　京	35092	31100	12.8	14786	13108	12.8
无　锡	35663	31638	12.7	18509	16438	12.6
常　州	33326	29559	12.7	16737	14838	12.8
苏　州	39079	34617	12.9	19396	17226	12.6
南　通	28292	25094	12.7	13231	11730	12.8
扬　州	25712	22835	12.6	12686	11217	13.1
镇　江	30045	26637	12.8	14518	12825	13.2
泰　州	26574	23597	12.6	12493	11046	13.1
浙江省	**34550**	**30971**	**11.6**	**14552**	**13071**	**11.3**
杭　州	35704	32434	10.1	17017	15245	11.6
宁　波	38043	34321	10.8	18475	16518	11.8
嘉　兴	35696	31520	13.2	18636	16707	11.5
湖　州	32987	29367	12.3	17188	15381	11.7
绍　兴	36911	33273	10.9	17706	15861	11.6
舟　山	34224	30496	12.2	18601	16608	12.0
台　州	33979	30490	11.4	14567	13108	11.1
珠江三角洲经济区						
广东省	**30227**	**26897**	**12.4**	**10543**	**9372**	**12.5**
广　州	38054	34438	10.5	16788	14818	13.3
深　圳	40742	36505	11.6			
珠　海	32978	28731	14.8	13399	11858	13.0
佛　山	34580	30718	12.6	15684	13862	13.1
惠　州	29965	26609	12.6	12415	10938	13.5
东　莞	42944	39513	8.7	24944	22842	9.2
中　山	31130	27700	12.4	19347	17182	12.6
江　门	27017	23924	12.9	11345	9996	13.5
肇　庆	21754	19040	14.3	10366	9014	15.0

注：天津、上海的农村居民人均纯收入为农村居民人均可支配收入。

2013 北京区域统计年鉴

第十一篇

BEIJING AREA STATISTICAL YEARBOOK

北京与全国对比

BEIJING YU QUANGUO DUIBI

简要说明

一、本章资料的主要内容

本章资料主要反映北京与全国主要指标数据对比和北京各项指标占全国比重情况。内容涵盖了产业发展、财政、金融、旅游、对外贸易、人口、就业、收入、教育、婚姻、城市建设等领域。

二、本章资料的数据来源

本章资料由北京市统计局、国家统计局北京调查总队根据相关资料整理提供。其中，全国数据摘自 2013 年出版的《中国统计年鉴》。

11-1 北京与全国主要指标对比
——经 济

项 目		2012			2011		
		北 京	全 国	北京占全国(%)	北 京	全 国	北京占全国(%)
地区生产总值	(亿元)	17879.4	518942.1	3.4	16251.9	473104.0	3.4
第一产业	(亿元)	150.2	52373.6	0.3	136.3	47486.2	0.3
第二产业	(亿元)	4059.3	235162.0	1.7	3752.5	220412.8	1.7
第三产业	(亿元)	13669.9	231406.5	5.9	12363.1	205205.0	6.0
人均地区生产总值	(元)	87475	38420		81658	35198	
地方公共财政预算收入	(亿元)	3314.9	61078.3	5.4	3006.3	52547.1	5.7
地方公共财政预算支出	(亿元)	3685.3	107188.3	3.4	3245.2	92733.7	3.5
全社会固定资产投资	(亿元)	6462.8	374694.7	1.7	5910.6	311485.1	1.9
社会消费品零售总额	(亿元)	7702.8	210307.0	3.7	6900.3	183918.6	3.8
海关出口值	(亿美元)	596.3	20487.1	2.9	590.0	18983.8	3.1
海关进口值	(亿美元)	3484.8	18184.1	19.2	3305.9	17434.8	19.0
外商直接投资项目数	(个)	1360	24925	5.5	1345	27712	4.9
实际利用外商直接投资	(亿美元)	80.4	1117.2	7.2	70.5	1160.1	6.1
入境旅游人数	(万人次)	500.9	13240.5	3.8	520.4	13542.4	3.8
金融机构(含外资)人民币存款余额	(亿元)	81389.6	917554.8	8.9	72655.4	809368.0	9.0
#城乡居民储蓄存款余额	(亿元)	21419.3	399551.0	5.4	18924.6	343635.9	5.5
金融机构(含外资)人民币贷款余额	(亿元)	36441.3	629909.6	5.8	33367.0	547947.0	6.1

注:1.部分数据取自《北京统计年鉴》、《中国统计年鉴》。
2.全国地方财政收入和财政支出均为全国31个省市合计数。
3.北京城乡居民储蓄存款余额为中资金融机构人民币储蓄存款余额。

11-2 北京与全国主要指标对比
——社 会

项 目		2012			2011		
		北 京	全 国	北京占全国(%)	北 京	全 国	北京占全国(%)
年底人口数(年末常住人口)	(万人)	2069.3	135404	1.5	2018.6	134735	1.5
城镇人口	(万人)	1783.7	71182	2.5	1740.7	69079	2.5
乡村人口	(万人)	285.6	64222	0.4	277.9	65656	0.4
从业人员	(万人)	1107.3	76704	1.4	1069.7	76420	1.4
城镇居民人均可支配收入	(元)	36469	24565		32903	21810	
农村居民人均纯收入	(元)	16476	7917		14736	6977	
登记结婚对数	(万对)	17.4	1323.6	1.3	17.3	1302.4	1.3
登记离婚对数	(万对)	4.9	310.4	1.6	4.4	287.4	1.5
普通高等学校在校学生数	(万人)	58.2	2391.3	2.4	57.9	2308.5	2.5
普通中学在校学生数	(万人)	49.9	7228.4	0.7	71.1	7519.0	0.9
小学在校学生数	(万人)	71.9	9695.9	0.7	68.0	9926.4	0.7
城市排水管道长度	(万公里)	1.3	43.9	2.9	1.1	41.4	2.7
客运出租小轿车	(万辆)	6.7	102.7	6.5	6.7	100.2	6.6

注：北京登记离婚对数包括在民政部门登记的对数和经法院调离和判离的对数。

2013 北京区域统计年鉴

第十二篇

BEIJING AREA STATISTICAL YEARBOOK

港澳台地区
及世界主要国家
统计资料

GANGAOTAI DIQU
JI SHIJIE ZHUYAO GUOJIA
TONGJIZILIAO

简要说明

一、本章资料的主要内容

本章资料主要反映香港特别行政区、澳门特别行政区、台湾地区、世界主要国家和地区的主要社会、经济发展情况，内容包括土地、人口、就业、工业、能源、建筑、交通、对外贸易、财政金融、教育、房屋、卫生、社会保障等方面。

二、本章资料的数据来源

本章资料由北京市统计局、国家统计局北京调查总队根据相关资料整理提供，全部摘自 2013 年出版的《中国统计年鉴》。

12-1 香港特别行政区主要统计指标

项目		2008	2009	2010	2011	2012
香港陆地面积①	(平方公里)	**1104**	**1104**	**1104**	**1104**	**1104**
香港岛	(平方公里)	80	80	81	81	81
九　龙	(平方公里)	47	47	47	47	47
新　界	(平方公里)	976	976	976	976	976
人　口						
年中人口	(万人)	695.8	697.3	702.4	707.2	715.5
粗出生率	(‰)	11.3	11.8	12.6	13.5	12.8
粗死亡率	(‰)	6.0	5.9	6.0	6.0	6.0
婴儿死亡率	(‰)	1.8	1.7	1.7	1.3	1.4
(按每千名登记活产婴儿计算)						
劳　工						
劳动人口	(万人)	363.7	366.0	363.1	370.3	378.5
劳动人口参与率	(%)	60.9	60.8	59.6	60.1	60.5
失业率	(%)	3.5	5.3	4.3	3.4	3.3
就业人数	(万人)	350.9	346.8	347.4	357.6	366.1
选定行业的就业人数						
制　造	(万人)	16.6	15.0	13.3	13.3	13.4
建　筑	(万人)	26.5	26.2	26.5	27.7	29.1
进出口贸易及批发	(万人)	58.9	56.2	54.7	53.9	56.4
零售、住宿②及餐饮服务	(万人)	55.2	54.5	55.8	57.8	59.1
运输、仓库、邮政及速递服务、资讯及通讯	(万人)	43.4	42.3	42.2	43.4	43.4
金融、保险、地产、专业及商用服务	(万人)	63.9	63.7	64.1	67.6	68.7
公共行政、社会及个人服务	(万人)	84.3	86.7	88.5	91.5	93.5
实际工资指数③ (1992年9月=100)		115.3	113.5	113.5	117.9	118.9
对外贸易						
商品贸易						
进　口	(亿港元)	30253	26924	33648	37646	39122
港产品出口	(亿港元)	908	577	695	657	588
转　口	(亿港元)	27334	24113	29615	32716	33755
服务贸易						
服务出口④	(亿港元)	5444	5013	6262	7061	7512
服务进口④	(亿港元)	5654	4746	5481	5792	5698
国民收入及国际收支平衡						
本地生产总值⑤						
按2011年环比物量计算⑥						
年增长率	(%)	2.1	-2.5	6.8	4.9	1.5
本地生产总值	(亿港元)	17726	17290	18465	19361	19652
人均本地生产总值	(港元)	254770	247970	262878	273783	274670
按当年价格计算						
年增长率	(%)	3.4	-2.8	7.1	9.0	5.5
本地生产总值	(亿港元)	17075	16592	17768	19361	20419
人均本地生产总值	(港元)	245406	237960	252952	273783	285403

12-1 续表1

项　目		2008	2009	2010	2011	2012
本地居民总收入⑦						
按当年价格计算						
本地居民总收入	(亿港元)	18080	17090	18144	19889	20854
人均本地居民总收入	(港元)	259851	245096	258304	281253	291481
对外初次收入流量净值	(亿港元)	1005	498	376	528	435
国际收支平衡⑧						
经常账户	(亿港元)	2558	1577	1165	930	270
资本及金融账户	(亿港元)	-2547	-1445	-888	-1132	-376
净误差及遗漏	(亿港元)	-11	-131	-277	202	106
整体的国际收支	(亿港元)	2240	6125	591	868	1889
		(盈余)	(盈余)	(盈余)	(盈余)	(盈余)
国际投资头寸⑧⑨						
国际投资头寸净值⑩	(亿港元)	49000	57022	51711	55229	56748
对外金融资产	(亿港元)	181928	206797	232300	240620	271377
对外金融负债	(亿港元)	132928	149775	180589	185391	214629
消费价格指数						
(2009年10月至2010年9月=100)						
综合消费价格指数		97.8	98.4	100.7	106.0	110.3
甲类消费价格指数		97.8	98.3	100.8	106.4	110.3
乙类消费价格指数		97.8	98.4	100.6	105.8	110.4
丙类消费价格指数		97.9	98.5	100.6	105.8	110.1
工业生产						
工业生产指数(2008年=100)		100.0	91.7	95.0	95.7	94.9
工业电力消费量	(万亿焦耳)	12182	11143	11080	11104	11282
工业煤气消费量	(万亿焦耳)	905	902	917	1086	1331
房屋及物业						
永久性居住屋宇单位⑪						
公营租住房屋⑫	(万个)	72.16	74.12	74.46	74.71	76.81
资助出售单位⑬	(万个)	39.70	39.58	39.29	39.12	39.09
私人房屋⑬	(万个)	139.87	140.94	142.34	145.49	147.06
总　计	(万个)	251.73	254.64	256.10	259.32	262.96
新落成私人楼宇						
楼宇数目	(栋)	755	669	278	397	601
实用楼面面积						
住　宅	(万平方米)	43.4	44.3	61.2	47.2	55.8
非住宅	(万平方米)	66.3	37.2	52.8	51.9	83.7

12-1 续表2

项　目		2008	2009	2010	2011	2012
获批准可动工兴建私人楼宇						
初次呈交	(栋)	273	403	512	228	266
重大修改	(栋)	111	182	259	186	114
政府收支、金融、保险						
政府储备结余⑭	(亿港元)	4944	5203	5954	6691	7339
政府收入总额⑭⑮	(亿港元)	3166	3184	3765	4377	4422
政府开支总额⑭⑮	(亿港元)	3151	2925	3014	3640	3773
货币供应量M3						
港　元⑯	(亿港元)	32613	36048	38782	40554	45456
外　币⑰	(亿港元)	30394	30220	32781	40257	44248
总　计	(亿港元)	63008	66268	71563	80811	89704
港汇指数(贸易总值(进口及整体出口)加权)	(2010年1月=100)⑱	100.7	101.9	99.5	94.6	94.9
运输、通讯、旅游						
进出香港货物						
总卸下	(万吨)	16571	15567	17282	17519	17214
总装上	(万吨)	12916	11745	12882	13291	12738
集装箱吞吐量	(万标准集装箱)	2449	2104	2370	2438	2312
电话服务	(万条操作线路)	411	419	426	425	425
访港旅客⑲	(万人次)	2950.7	2959.1	3603.0	4192.1	4861.5
教　育						
小学学生人数	(人)	365056	344748	331112	322881	317442
中学学生人数⑳	(人)	489362	481188	458131	472532	422134
大专院校学生人数㉑	(人)	147364	158043	166018	168692	197117
卫　生						
医　生	(人)	12215	12424	12620	12818	13006
注册中医	(人)	5860	6048	6241	6414	6565
病　床	(张)	35048	35062	35522	36121	36579
社会保障						
综合社会保障援助⑭						
个案数目㉒	(个)	289469	287822	282732	275383	267623
发放款项	(亿港元)	186	190	185	195	198
公共福利金⑭						
个案数目㉒	(个)	612128	627816	642979	663237	693389
发放款项	(亿港元)	88	89	91	97	106
交通意外伤亡援助⑭						
获批个案数目	(个)	7224	7350	7203	7139	7430

12-1 续表3

注：①面积为当年 6 月底的数据，包括不在区议会分区内的落马洲河套。

②住宿服务包括酒店、宾馆、旅舍及其他提供短期住宿服务的机构单位。

③实际工资指数是以名义工资指数扣除以 2009—2010 年为基期的甲类消费价格指数而计算出来。工资统计数字是按“香港标准行业分类 2.0 版”编制。

④数字已采纳《2010 年国际服务贸易统计手册》内最新的国际建议，包括服务分类及编制方法，以及采用所有权转移原则来记录货品加工及转手商贸活动。

⑤政府统计处于 2012 年 9 月完成把《2008 年国民经济核算体系》的最新国际标准纳入香港的本地生产总值编制架构的技术性修订工作。政府统计处亦借此机会，把新的数据来源及改良的估计方法纳入本地生产总值的编制系统内。因应这些统计发展，本地生产总值的过往数列已作出相应的修订。

⑥以环比物量计算的本地生产总值及其组成部分的参照年，已由 2009 年重订为 2011 年。重订参照年会影响以环比物量计算的数值，但不会改变其变动率。

⑦根据国际建议及与其他经济体的做法一致，从 2012 年 9 月起香港的“本地居民生产总值”已改称为“本地居民总收入”，“对外初次收入流量”也取代之前的“对外要素收益流动”。

⑧数字已就 2012 年 9 月完成的国际收支平衡统计修订工作作出修订。

⑨期末头寸。

⑩国际投资头寸净值是对外金融资产总值与对外金融负债总值之间的差额。

⑪数字包括所有住宅屋宇单位及通常有人居住的非住宅屋宇单位，但不包括非住宅用途、酒店及院舍内的屋宇单位。

⑫房屋委员会售出的公营租住房屋单位归类为资助出售单位。

⑬资助出售单位包括房屋委员会及香港房屋协会售出但不可在公开市场买卖的屋宇单位，可在公开市场买卖的资助出售单位则归类为私人永久性房屋。

⑭数字是以相应的财政年度为根据，例如 2012 年的数字代表 2012—2013 年财政年度数字。

⑮2012 年的数字有待审计署署长核实。

⑯所列数字已包括外币掉期存款。

⑰所列数字已扣除外币掉期存款。《中华人民共和国香港特别行政区基本法》说明，港元是香港特别行政区的法定货币，外币指港元以外的其他货币，因而人民币亦视作外币。

⑱由 2012 年 1 月 3 日起公布的新系列。

⑲访港旅客数字包括经澳门访港的非澳门居民。

⑳数字涵盖日、夜校。

㉑指香港城市大学、香港浸会大学、岭南大学、香港中文大学、香港教育学院、香港理工大学、香港科技大学和香港大学就读学生。数字包括大学教育资助委员会(教资会)资助课程、教资会资助院校本部和辖下持续进修部门开办的本地经评审自资课程的学生人数。

㉒于财政年度终结时的数字。除特别注明外，财政年度是由 4 月 1 日至翌年 3 月 31 日。

12–2 澳门特别行政区主要统计指标

项 目		2008	2009	2010	2011	2012
人口及生命统计						
年中人口	(万人)	54.1	53.5	53.7	55.0	56.8
出生率	(‰)	8.7	8.9	9.5	10.6	12.9
死亡率	(‰)	3.2	3.1	3.3	3.4	3.2
婴儿死亡率	(‰)	3.2	2.1	2.9	2.9	2.5
(按每千名出生登记活产婴儿计算)						
劳动、就业						
劳动人口	(万人)	32.7	32.3	32.4	33.6	35.0
劳动力参与率	(%)	70.7	72.3	72.0	72.5	72.4
失业率	(%)	3.0	3.5	2.8	2.6	2.0
就业不足率	(%)	1.6	1.8	1.7	1.1	0.8
就业人口	(万人)	31.7	31.2	31.5	32.8	34.3
建筑业	(万人)	3.8	3.2	2.7	2.8	3.2
批发及零售业	(万人)	3.9	4.1	4.1	4.3	4.2
酒店及饮食业	(万人)	4.1	4.3	4.3	4.6	5.3
文娱博彩及其他服务业	(万人)	7.7	7.4	7.5	8.2	9.0
对外商品贸易						
出 口	(亿澳门元)	160	77	70	70	82
本地产品出口	(亿澳门元)	96	30	24	24	23
再出口	(亿澳门元)	64	47	46	46	59
进 口	(亿澳门元)	430	369	441	623	709
贸易价格比率(2011=100)		100.7	100.2	99.3	100.0	97.7
工业生产						
工业电力消耗量	(亿千瓦小时)	2.1	1.6	1.6	1.7	1.8
私人建筑						
新建楼宇						
单位数目	(个)	1177	3251	4527	1387	2558
总建筑面积	(万平方米)	58	141	127	116	157
新动工楼宇						
单位数目	(个)	2046	1547	870	2159	1592
总建筑面积	(万平方米)	53	23	18	37	30
楼宇单位买卖数目	(个)	21516	17310	29617	27624	25419
不动产买卖契约数目	(宗)	9712	9111	12707	10935	12339
不动产按揭贷款数目	(宗)	11847	8965	15127	14447	16427
运输、通讯、旅游						
进出澳门重型货运车	(万次)	56.4	40.3	35.8	33.4	32.5
进出澳门的客船班	(万次)	10.5	13.2	14.7	14.6	14.0
澳门国际机场的商业航班	(万次)	4.6	3.7	3.5	3.5	3.9
登记车辆	(万辆)	18.3	18.9	19.7	20.6	21.7
电话线	(万条)	110.9	120.9	129.1	152.0	177.6
入境旅客	(万人次)	2293	2175	2497	2800	2808
酒店入住率	(%)	74	71	80	84	83

12-2 续表

项目		2008	2009	2010	2011	2012
财政收支、货币、金融						
财政总收入	(亿澳门元)	623	699	885	1230	1295
财政总支出	(亿澳门元)	304	355	384	456	567
货币供应（广义货币供应量M_2）						
总计	(亿澳门元)	1898	2122	2431	2980	3749
澳门元	(亿澳门元)	541	597	680	773	909
港元	(亿澳门元)	992	1138	1328	1623	2094
其他货币	(亿澳门元)	365	387	422	583	746
本地/私人部门贷款及垫款	(亿澳门元)	889	973	1268	1616	1897
消费物价指数						
(2008年4月至2009年3月=100)						
综合消费价格指数		100.2	101.4	104.2	110.3	117.0
甲类消费价格指数		100.7	101.5	103.8	109.5	116.5
乙类消费价格指数		100.1	101.4	104.4	110.6	117.6
房屋(期末)						
公共房屋	(套)	6253	7165	8174	8376	8267
教育						
幼儿教育学生	(人)	9127	9776	10804	11787	12669
小学生	(人)	27483	25326	23785	22646	22231
中学生	(人)	39328	38222	37224	35726	33921
高等教育学生	(人)	22156	23562	25539	26217	27776
医疗						
医生	(人)	1261	1292	1330	1438	1482
护士	(人)	1415	1491	1536	1606	1751
病床		1030	1109	1173	1222	1354
社会保障						
受益人数目	(人)	250476	259280	276348	337115	343634
供款单位数目	(个)	17175	34260	34294	19373	19885
总发放援助次数	(万次)	40.8	45.4	52.3	60.7	88.2
总发放金额	(万澳门元)	43616	66815	74840	110225	130563
治安						
罪案数目	(宗)	13864	12406	11649	12512	12685
囚犯数目	(期末)	912	930	929	1030	1112
本地生产总值						
按以环比物量(2011年)计算						
实际增长率	(%)	3.4	1.7	27.5	21.8	9.9
本地生产总值	(亿澳门元)	1867.7	1899.7	2422.1	2950.5	3244.0
人均本地生产总值	(万澳门元)	34.6	35.5	45.1	53.7	57.0
当年价格						
名义增长率	(%)	14.6	2.3	33.4	30.0	18.0
本地生产总值	(亿澳门元)	1662.7	1701.7	2269.4	2950.5	3482.2
人均本地生产总值	(万澳门元)	30.8	31.8	42.3	53.7	61.2

12-3 台湾省面积和人口主要指标

项 目		2008	2009	2010	2011	2012
土地面积	(万平方公里)	3.6	3.6	3.6	3.6	3.6
户籍登记人口数	(万人)	2303.7	2312.0	2316.2	2322.5	2331.6
男	(万人)	1162.6	1163.7	1163.5	1164.6	1167.3
女	(万人)	1141.1	1148.3	1152.7	1157.9	1164.3
粗出生率	(‰)	8.64	8.29	7.21	8.48	9.86
粗死亡率	(‰)	6.25	6.22	6.30	6.59	6.63
人口自然增长率	(‰)	2.40	2.07	0.91	1.88	3.23
一般生育率	(‰)	31	31	27	32	
结婚率	(对/千人)	6.73	5.07	6.00	7.13	6.16
离婚率	(对/千人)	2.43	2.48	2.51	2.46	2.41
期望寿命						
男	(岁)	75.59	76.03	76.13	75.98	
女	(岁)	81.94	82.34	82.55	82.65	
人口的年龄分布						
0—14岁	(%)	16.95	16.34	15.65	15.08	14.63
15—64岁	(%)	72.62	73.03	73.61	74.04	74.22
65岁及以上	(%)	10.43	10.63	10.74	10.89	11.15
性别比	(女=100)	101.89	101.34	100.94	100.57	100.26
人口密度	(人/平方公里)	636.6	638.8	640.0	641.7	644.2

资源来源：台湾省《统计月报》(以下各表同)。

12-4 台湾省劳动力和就业状况

项　目		2008	2009	2010	2011	2012
劳动力总计	（万人）	1085.3	1091.7	1107.0	1120.0	1134.1
男	（万人）	617.3	618.0	624.2	630.4	636.9
女	（万人）	468.0	473.7	482.8	489.6	497.2
就业人数	（万人）	1040.3	1027.9	1049.3	1070.9	1086.0
男	（万人）	590.2	577.6	588.0	600.6	608.3
女	（万人）	450.1	450.2	461.3	470.2	477.7
就业者行业构成	（%）	100.0	100.0	100.0	100.0	100.0
农、林、渔、牧业	（%）	5.1	5.3	5.2	5.1	5.0
工　业	（%）	36.8	35.8	35.9	36.3	36.2
矿业及土石采取业	（%）	0.06	0.05	0.04	0.04	0.04
制造业	（%）	27.7	27.1	27.3	27.5	27.4
电力及燃气供应业	（%）	0.3	0.3	0.3	0.3	0.3
用水供应及污染整治业	（%）	0.7	0.7	0.7	0.7	0.8
建筑业	（%）	8.1	7.7	7.6	7.8	7.8
服务业	（%）	58.0	58.9	58.8	58.6	58.8
批发及零售业	（%）	17.0	16.9	16.6	16.5	16.6
运输及仓储业	（%）	4.0	3.9	3.9	3.8	3.8
金融及保险业	（%）	4.0	4.0	4.1	4.0	3.9
咨讯及通讯传播	（%）	2.0	2.0	2.0	2.0	2.1
住宿及餐饮业	（%）	6.6	6.7	6.9	6.8	6.9
教育服务业	（%）	5.8	6.0	5.9	5.9	5.8
公共行政	（%）	3.3	3.7	3.7	3.6	3.5
失业人数	（万人）	45.0	63.8	57.7	49.1	48.1
失业率	（%）	4.1	5.8	5.2	4.4	4.2

12-5 台湾省本地居民生产总值

年 份	本地居民生产总值			人均本地居民生产总值	
	新台币亿元	实际年增长率(%)	亿美元①	新台币元	美 元①
2004	117374	6.4	3511	518280	15503
2005	120311	3.8	3739	529313	16449
2006	125552	5.5	3860	550099	16911
2007	132433	6.0	4033	577869	17596
2008	129348	0.5	4101	562439	17833
2009	128951	-1.1	3901	558751	16901
2010	139817	10.5	4418	604199	19090
2011	140627	3.6	4772	606321	20574
2012	144892	1.6	4894	622814	21035

注：①按当年汇率折算。

12-6 中国与世界主要国家(地区)对比资料
——2011年国土面积和人口

国家和地区	国土面积 (万平方公里)	年中人口数 (万人)	人口增长率 (%)	人口密度 (人/平方公里)
世　界	**13427.2**	**697374**	**1.16**	**54**
中　国	960.0	134735	0.48	140
中国香港	0.1	707	0.05	6787
中国澳门		56	2.20	19848
孟加拉国	14.4	15049	1.20	1156
文　莱	0.6	41	1.74	77
柬埔寨	18.1	1431	1.17	81
印　度	328.7	124149	1.37	418
印度尼西亚	190.5	24233	1.02	134
伊　朗	174.5	7480	1.11	46
以色列	2.2	777	1.85	359
日　本	37.8	12782	0.29	351
哈萨克斯坦	272.5	1656	1.43	6
韩　国	10.0	4978	0.74	513
老　挝	23.7	629	1.40	27
马来西亚	33.1	2886	1.60	88
蒙　古	156.4	280	1.59	2
缅　甸	67.7	4834	0.78	74
巴基斯坦	79.6	17675	1.80	229
菲律宾	30.0	9485	1.69	318
新加坡	0.1	518	2.09	7405
斯里兰卡	6.6	2087	1.04	333
泰　国	51.3	6952	0.57	136
越　南	33.1	8784	1.04	283
埃　及	100.2	8254	1.73	83
尼日利亚	92.4	16247	2.52	178
南　非	121.9	5059	1.18	42
加拿大	998.5	3448	1.04	4
墨西哥	196.4	11479	1.20	59
美　国	983.2	31159	0.72	34
阿根廷	278.0	4076	0.87	15
巴　西	851.5	19666	0.87	23
委内瑞拉	91.2	2928	1.53	33
捷　克	7.9	1050	-0.23	136
法　国	54.9	6543	0.55	119
德　国	35.7	8180	0.03	235
意大利	30.1	6072	0.40	206
荷　兰	4.2	1669	0.47	495
波　兰	31.3	3853	0.91	127
俄罗斯联邦	1709.8	14296	0.40	9
西班牙	50.6	4617	0.23	93
土耳其	78.4	7364	1.21	96
乌克兰	60.4	4571	-0.36	79
英　国	24.4	6274	0.77	259
澳大利亚	774.1	2232	1.17	3
新西兰	26.8	441	0.85	17

资料来源：世界银行数据库。

12-7 中国与世界主要国家(地区)对比资料
——按三次产业分就业人员构成

单位：%

国家和地区	第一产业		第二产业		第三产业	
	2005	2010	2005	2010	2005	2010
中　　国	44.8	36.7	23.8	28.7	31.4	34.6
中国香港	0.3	0.2①	15.1	12.4①	84.7	87.4①
中国澳门	0.1		25.0	16.0①	74.7	84.0①
孟加拉国	48.1		14.5		37.4	
柬 埔 寨		54.2		16.2		29.6
印　　度	55.8	51.1	19.0	22.4	25.2	26.6
印度尼西亚	44.0	38.3	18.7	19.3	37.2	42.3
伊　　朗	24.7	21.2②	30.3	32.2②	44.8	46.5②
以 色 列	2.0	1.7①	21.4	20.4①	75.7	77.1①
日　　本	4.4	3.7	27.9	25.3	66.4	69.7
哈萨克斯坦	32.4	28.3	18.0	18.7	49.6	53.0
韩　　国	7.9	6.6	26.8	17.0	65.2	76.4
马来西亚	14.6	13.3	29.7	27.6	55.6	59.2
蒙　　古	39.9	40.0①	16.8	14.9①	43.3	45.0①
巴基斯坦	43.0	44.7②	20.3	20.1②	36.6	35.2②
菲 律 宾	36.0	33.2	15.6	15.0	48.5	51.8
新 加 坡	1.1	1.1①	21.7	21.8①	77.3	77.1①
斯里兰卡	30.7	32.7	25.6	24.2	38.4	40.4
泰　　国	42.6	38.2	20.2	20.6	37.1	41.0
埃　　及	30.9	28.2	21.5	25.3	47.5	46.3
南　　非	7.5	4.9	25.6	24.5	66.6	61.9
加 拿 大	2.7	2.4②	22.0	21.5②	75.3	76.5②
墨 西 哥	14.9	13.1	25.5	25.5	59.0	60.6
美　　国	1.6	1.6	20.6	16.7	77.8	81.2
阿 根 廷	1.1	1.3	23.5	23.2	75.1	75.0
巴　　西	20.5	17.0①	21.4	22.1①	57.9	60.7①
委内瑞拉	9.7	8.7	20.8	22.1	68.7	68.9
捷　　克	4.0	3.1	39.5	38.0	56.5	58.9
法　　国	3.6	2.9	23.7	22.2	72.3	74.4
德　　国	2.4	1.6	29.8	28.4	67.8	70.0
意 大 利	4.2	3.8	30.8	28.8	65.0	67.5
荷　　兰	3.2	2.8	19.6	15.9	72.4	71.6
波　　兰	17.4	12.8	29.2	30.2	53.4	56.9
俄罗斯联邦	10.2	9.7①	29.8	27.9①	60.0	62.3①
西 班 牙	5.3	4.3	29.7	23.1	65.0	72.6
土 耳 其	29.5	23.7	24.8	26.2	45.8	50.1
乌 克 兰	19.4	15.8②	24.2	23.4②	56.4	60.7②
英　　国	1.3	1.2	22.2	19.1	76.3	78.9
澳大利亚	3.6	3.3①	21.3	21.1①	75.1	75.5①
新 西 兰	7.1	6.6①	22.0	20.9①	70.7	72.5①

注：①2009年数据。②2008年数据。

资料来源：世界银行数据库。

12-8 中国与世界主要国家(地区)对比资料
——国内生产总值及其增长率

国家和地区	2012 国内生产总值①(亿美元)	国内生产总值增长率 (%)				
		2005	2009	2010	2011	2012
世　界	**717073**	**4.58②**	**-0.59②**	**5.22②**	**3.95②**	**3.15②**
中　国	82270	11.31	9.21	10.45	9.30	7.80
中国香港	2630	7.39	-2.46	6.79	4.85	1.44
孟加拉国	1227	6.30	5.91	6.40	6.51	6.05
文　莱	166	0.39	-1.76	2.60	2.21	1.30
柬埔寨	142	13.25	0.09	6.10	7.08	6.45
印　度	18248	9.05	5.04	11.23	7.75	3.99
印度尼西亚	8782	5.69	4.63	6.22	6.49	6.23
伊　朗	5489	4.66	3.95	5.90	3.03	-1.87
以色列	2409	4.73	1.11	4.98	4.61	3.10
日　本	59640	1.30	-5.53	4.65	-0.57	2.00
哈萨克斯坦	1964	9.70	1.18	7.25	7.50	5.04
韩　国	11559	3.96	0.32	6.32	3.63	2.02
老　挝	92	6.77	7.50	8.10	8.00	8.30
马来西亚	3035	4.98	-1.51	7.15	5.08	5.61
蒙　古	103	7.25	-1.27	6.37	17.51	12.28
缅　甸	531	13.57	5.14	5.35	5.46	6.30
巴基斯坦	2319	8.96	1.72	3.07	3.04	3.68
菲律宾	2504	4.78	1.15	7.63	3.91	6.59
新加坡	2765	7.37	-0.79	14.78	5.16	1.32
斯里兰卡	594	6.24	3.54	8.02	8.25	6.41
泰　国	3656	4.64	-2.33	7.81	0.08	6.44
越　南	1381	8.44	5.32	6.78	5.89	5.02
埃　及	2567	4.47	4.67	5.15	1.78	2.22
尼日利亚	2687	5.39	6.96	7.98	7.36	6.33
南　非	3843	5.28	-1.53	3.09	3.46	2.55
加拿大	18191	3.11	-2.80	3.17	2.57	1.84
墨西哥	11771	3.18	-5.99	5.31	3.92	3.95
美　国	156848	3.07	-3.07	2.39	1.81	2.21
阿根廷	4750	9.18	0.85	9.16	8.87	1.90
巴　西	23960	3.16	-0.33	7.53	2.73	0.87
委内瑞拉	3824	10.32	-3.20	-1.49	4.18	5.54
捷　克	1961	6.75	-4.51	2.49	1.89	-1.25
法　国	26087	1.83	-3.15	1.66	1.69	0.03
德　国	34006	0.84	-5.07	4.02	3.10	0.87
意大利	20141	0.93	-5.49	1.72	0.37	-2.37
荷　兰	7731	2.05	-3.67	1.63	0.99	-0.88
波　兰	4877	3.62	1.63	3.88	4.32	2.05
俄罗斯联邦	20220	6.39	-7.80	4.50	4.30	3.40
西班牙	13521	3.59	-3.74	-0.32	0.42	-1.42
土耳其	7945	8.40	-4.83	9.16	8.50	2.62
乌克兰	1762	3.00	-14.80	4.10	5.17	0.15
英　国	24405	2.77	-3.97	1.80	0.92	0.17
澳大利亚	15418	3.11	1.42	2.62	2.44	3.58
新西兰	1697	3.12	-1.64	1.75	1.42	2.54

注：①按汇率法计算。②按购买力平价法加权。

资料来源：国际货币基金组织WEO数据库。

12-9 中国与世界主要国家(地区)对比资料
——居民消费价格指数

(2005年=100)

国家和地区	2007	2008	2009	2010	2011	2012
中　　国	106.4	112.6	111.9	115.6	121.8	125.0
中国香港	104.1	108.5	109.2	111.8	117.6	122.4
中国澳门	111.0	120.6	122.0	125.4	132.7	140.8
孟加拉国	116.5	126.9	133.7	144.6	160.1	174.1
文　　莱	101.1	103.2	104.3	104.7	106.8	
柬 埔 寨	114.3	142.9	141.9	147.6	155.7	160.2
印　　度	112.9	122.3	135.6	151.9	165.4	180.8
印度尼西亚	120.4	132.1	138.5	145.6	153.4	160.0
伊　　朗	131.2	164.7	187.0	205.9	248.4	316.3
以 色 列	102.6	107.4	110.9	113.9	117.9	119.9
日　　本	100.3	101.7	100.3	99.6	99.3	99.3
韩　　国	104.8	109.7	112.8	116.1	120.7	123.4
老　　挝	111.6	120.1	120.2	127.4	137.0	142.9
马来西亚	105.7	111.5	112.1	114.0	117.7	119.6
蒙　　古	114.6	143.3	152.3	167.8	183.7	
缅　　甸	162.0	205.4	208.5	224.6	235.8	
巴基斯坦	116.1	139.7	158.7	180.8	202.3	221.9
菲 律 宾	108.5	117.5	122.4	127.1	133.0	137.2
新 加 坡	103.1	109.9	110.5	113.6	119.6	125.0
斯里兰卡	127.4	156.2	161.6	171.7	183.2	195.7
泰　　国	107.0	112.8	111.8	115.5	119.9	123.6
埃　　及	117.7	139.2	155.6	173.1	190.5	204.1
尼日利亚	114.1	127.3	142.0	161.4	178.9	200.8
南　　非	112.1	125.0	133.9	139.6	146.6	154.9
加 拿 大	104.2	106.7	107.0	108.9	112.0	113.7
墨 西 哥	107.7	113.3	119.3	124.2	128.5	133.7
美　　国	106.2	110.2	109.9	111.7	115.2	117.6
阿 根 廷	120.7	131.1	139.3	154.3	168.9	185.9
巴　　西	108.0	114.1	119.7	125.7	134.0	141.3
捷　　克	105.5	112.2	113.4	115.0	117.2	121.1
法　　国	103.2	106.1	106.2	107.8	110.1	112.3
德　　国	103.9	106.6	107.0	108.2	110.4	112.6
意 大 利	103.9	107.4	108.2	109.9	112.9	116.4
荷　　兰	102.8	105.4	106.6	108.0	110.5	113.2
波　　兰	103.5	108.0	112.2	115.2	120.1	124.6
俄罗斯联邦	119.6	136.4	152.3	162.8	176.5	185.4
西 班 牙	106.4	110.7	110.4	112.4	116.0	118.8
土 耳 其	120.2	132.7	141.0	153.1	163.0	177.5
乌 克 兰	123.1	154.1	178.6	195.4	210.9	212.1
英　　国	104.7	108.5	110.8	114.5	119.6	123.0
澳大利亚	106.0	110.6	112.6	115.8	119.7	
新 西 兰	105.8	110.0	112.3	114.9	120.0	120.8

资料来源：国际货币基金组织数据库。

12-10 中国与世界主要国家(地区)对比资料

——货物进出口额

单位：亿美元

国家和地区	2011		2012	
	出口	进口	出口	进口
世界	**182910**	**184870**	**183230**	**185670**
中国	18984	17435	20488	18181
中国香港	4556	5109	4934	5542
中国澳门	9	79	10	91
孟加拉国	244	362	251	341
文莱	124	29	135	35
柬埔寨	70	93	82	110
印度	3029	4645	2932	4894
印度尼西亚	2008	1762	1881	1902
伊朗	1305	618	955	565
以色列	678	758	632	755
日本	8232	8554	7986	8858
哈萨克斯坦	876	371	923	445
韩国	5552	5244	5479	5196
老挝	22	24	24	27
马来西亚	2281	1875	2274	1966
蒙古	48	66	44	67
缅甸	92	90	94	110
巴基斯坦	254	440	246	442
菲律宾	483	637	520	654
新加坡	4095	3658	4084	3797
斯里兰卡	102	203	95	191
泰国	2226	2288	2295	2476
越南	969	1068	1146	1138
埃及	305	589	294	698
尼日利亚	1145	560	1140	510
南非	980	1216	873	1228
加拿大	4521	4634	4548	4749
墨西哥	3496	3611	3709	3805
美国	14804	22659	15473	23354
阿根廷	840	739	812	685
巴西	2560	2370	2426	2333
委内瑞拉	928	482	973	600
捷克	1629	1521	1565	1406
法国	5965	7200	5691	6737
德国	14740	12549	14071	11674
意大利	5233	5588	5002	4859
荷兰	6671	5990	6558	5907
波兰	1887	2106	1834	1960
俄罗斯联邦	5220	3238	5293	3354
西班牙	3066	3766	2922	3322
土耳其	1349	2408	1525	2365
乌克兰	685	826	685	846
英国	5025	6737	4684	6804
澳大利亚	2704	2437	2568	2609
新西兰	377	371	373	383

资料来源：世界贸易组织数据库。

2013
北京区域统计年鉴

附录篇

BEIJING AREA
STATISTICAL YEARBOOK

指标解释

ZHIBIAOJIESHI

附录：指标解释

（一）法人情况

法人单位 指有权拥有资产、承担负债，并独立从事社会经济活动（或与其他单位进行交易）的组织。法人单位应同时具备以下条件：（1）依法成立，有自己的名称、组织机构和场所，能够独立承担民事责任；（2）独立拥有（或授权使用）资产或者经费，承担负债，有权与其他单位签订合同；（3）具有包括资产负债表在内的账户，或者能够根据需要编制账户。

单产业法人 指仅包含一个产业活动单位的法人单位，该法人单位同时也是一个产业活动单位。

多产业法人 指由两个及以上产业活动单位组成的法人单位，这些产业活动单位接受法人单位的管理和控制。

登记注册类型 企业法人或企业产业活动单位的登记注册类型，按其在工商行政管理机关登记注册的类型填写。如企业登记注册类型发生变化，但未及时到工商部门变更登记，企业应根据变化后的实际情况填写。其他法人和产业活动单位的登记注册类型，按其主要经费来源和管理方式，根据实际情况，比照《企业登记注册类型与代码》填写。

国有企业 指企业全部资产归国家所有，并按《中华人民共和国企业法人登记管理条例》规定登记注册的非公司制的经济组织。不包括有限责任公司中的国有独资公司。

集体企业 指企业资产归集体所有，并按《中华人民共和国企业法人登记管理条例》规定登记注册的经济组织。

股份合作企业 指以合作制为基础，由企业职工共同出资入股，吸收一定比例的社会资产投资组建，实行自主经营，自负盈亏，共同劳动，民主管理，按劳分配与按股分红相结合的一种集体经济组织。

联营企业 指两个及两个以上相同或不同所有制性质的企业法人或事业单位法人，按自愿、平等、互利的原则，共同投资组成的经济组织称为联营企业。联营企业包括国有联营企业、集体联营企业、国有与集体联营企业和其他联营企业。

有限责任公司 指根据《中华人民共和国公司登记管理条例》规定登记注册，由 2 个以上，50 个以下的股东共同出资，每个股东以其所认缴的出资额对公司承担有限责任，公司以其全部资产对其债务承担责任的经济组织。有限责任公司包括国有独资公司、其他有限责任公司。

私营企业 指由自然人投资设立或由自然人控股，以雇佣劳动为基础的营利性经济组织。包括按照《公司法》、《合伙企业法》、《私营企业暂行条例》、《个人独资企业法》规定登记注册的私营独资企业、私营合伙企业、私营有限责任公司、私营股份有限公司和个人独资企业。

其他企业 指上述类型之外的其他内资经济组织。

港澳台商投资企业 指港澳台地区投资者依照中华人民共和国有关涉外经济的法律、法规成立的企业，包括与港澳台商合资经营企业、与港澳台商合作经营企业、港澳台商独资经营企业、港澳台商投资股份有限公司、其他港澳台商投资企业。

外商投资企业 指外国企业或外国人依照中华人民共和国有关涉外经济的法律、法规成立的企业，包括中外合资经营企业、中外合作经营企业、外资企业、外商投资股份有限公司、其他外商投资企业。

（二）人口和就业

户籍人口 指公民依照《中华人民共和国户口登记条例》已在其经常居住地的公安户籍管理机关登记了常住户口的人。

暂住人口 公安机关掌握的本市行政区域内，无本市常住户口，来自外省（市），在京暂住三日以上，并向公安机关申报暂住登记以及领取暂住证的人员。

常住人口 指在某地区实际居住半年以上的人口。

常住外来人口 指不具有本市户籍户口，来自北京市行政区划以外的省、自治区、直辖市，且在京居住半年以上的人口。

从业人员 指在各级国家机关、党政机关、社会团体及企业、事业单位中工作，取得工资或其他形式的劳动报酬的全部人员。包括：在岗职工、聘用的离退休人员以及在单位中工作的港澳台及外籍人员、兼职人员、借用的外单位人员和第二职业者。不包括本单位的不在岗职工。

在岗职工 指在本单位工作并由单位支付工资的人员，以及有工作岗位，但由于学习、病伤产假（6个月以内）等原因暂未工作，仍由单位支付工资的人员。

在岗职工工资总额 与“在岗职工”指标相对应，根据1990年1月1日的国家统计局令（一号）修订，指单位在报告期内直接支付给本单位在岗职工的劳动报酬总额。包括基础工资、职务工资、级别工资、工龄工资、计件工资、奖金、各种津贴和补贴、交通补贴、洗理费、书报费、旅游费、过节费、伙食补助、住房补贴、住房提租补贴、由单位从个人工资中直接为其代扣或代缴的个人所得税、房水电费以及住房公积金和社会保险基金个人缴纳部分等。

在岗职工平均工资 指企业、事业、机关等单位的在岗职工在一定时期内的人均劳动报酬。它表明一定时期在岗职工工资收入的高低程度，是反映在岗职工工资水平的主要指标。

城镇登记失业人员 指年末实有的城镇登记失业人员数（包括全部正在领取失业保险金的失业人员）。

（三）国民经济核算

地区生产总值 是按市场价格计算的地区生产总值的简称。它是一个地区所有常住单位在一定时期内生产活动的最终成果。地区生产总值有三种表现形式，即价值形态、收入形态和产品形态。从价值形态看，它是所有常住单位在一定时期内所生产的全部货物和服务价值超过同期投入的全部非固定资产货物和服务价值的差额，即所有常住单位的增加值之和；从收入形态看，它是所有常住单位在一定时期内所创造并分配给常住单位和非常住单位的初次分配收入之和；从产品形态看，它是最终使用的货物和服务减去进口货物和服务。在实际核算中，地区生产总值的三种表现形态表现为三种计算方法，即生产法、收入法和支出法。三种方法分别从不同的方面反映地区生产总值及其构成。

三次产业 根据社会生产活动历史发展的顺序对产业结构的划分，产品直接取自自然界的部门称为第一产业，对初级产品进行再加工的部门称为第二产业，为生产和消费提供各种服务的部门称为第三产业。这是世界上通用的产业结构分类，但各国的划分不尽一致。我国2002年版国民经济行业分类标准：

第一产业：农、林、牧、渔业（包括农业、林业、畜牧业、渔业及农、林、牧、渔服务业）。

第二产业：工业（包括采矿业、制造业、电力、燃气及水的生产及供应业）和建筑业。

第三产业：除第一、第二产业以外的其他各业。

（四）财政和税收

地方财政收入 指国家财政参与社会产品分配所得的收入，是实现国家职能的财力保证。包括地方公共财政预算收入和基金预算收入。

地方公共财政预算收入 通过一定的形式和程序，由各级财政部门组织并纳入预算管理的各项收入。

基金预算收入 按规定收取，转入或通过当年财政安排，由财政管理并具有指定用途的政府性基金预算收入等。

税收收入 包括增值税、营业税、企业所得税、个人所得税、资源税、城市维护建设税、房产税、印花税、城镇土地使用税、土地增值税、车船税、耕地占用税、契税等。

地方财政支出 指以国家为主体，以财政的事权为依据进行的一种财政资金分配活动，集中反映了国家的职能活动范围及其所发生的耗费，包括地方公共财政预算支出和基金预算支出。

地方公共财政预算支出 指各级财政部门对集中的一般预算收入有计划地分配和使用而安排的支出。

一般公共服务支出 指政府提供基本公共管理与服务的支出，包括人大事务、政协事务、政府办公厅（室）及相关机构事务、发展与改革事务、统计信息事务、财政事务、税收事务、审计事务、海关事务、人力资源事务、纪检监察事务、人口与计划生育事务、 商贸事务、知识产权事务、工商行政管理事务、国土资源事务、 海洋管理事务、 测绘事务、地震事务、气象事务、民族事务、宗教事务、港澳台侨事务、档案事务、共产党事务、民主党派事务及工商联事务、群众团体事务、彩票事务等。

教育支出 指政府教育事务支出，包括教育行政管理、学前教育、小学教育、初中教育、普通高中教育、普通高等教育、初等职业教育、中专教育、技校教育、职业高中教育、高等职业教育、广播电视教育、留学生教育、特殊教育、干部继续教育、教育机关服务等。

社会保障和就业支出 指政府在社会保障与就业方面的支出，包括社会保障和就业管理事务、民政管理事务、财政对社会保险基金的补助、补充全国社会保障基金、行政事业单位离退休、企业改革补助、就业补助、抚恤、退役安置、社会福利、残疾人事业、城市居民最低生活保障、其他城镇社会救济、农村社会救济、自然灾害生活救助、红十字事务等。

医疗卫生支出 指政府医疗卫生方面的支出，包括医疗卫生管理事务支出、医疗服务支出、医疗保障支出、疾病预防控制支出、卫生监督支出、妇幼保健支出、农村卫生支出等。

节能环保支出 指政府环境保护支出，包括环境保护管理事务支出、环境监测与监察支出、污染治理支出、自然生态保护支出、天然林保护工程支出、退耕还林支出、风沙荒漠治理支出、退牧还草支出、已垦草原退耕还草、能源节约利用、污染减排、可再生能源和资源综合利用等支出。

交通运输支出 指政府交通运输和邮政业方面的支出，包括公路运输支出、水路运输支出、铁路运输支出、民用航空运输支出、邮政业支出等。

城乡社区事务支出 指政府城乡社区事务支出，包括城乡社区管理事务支出、城乡社区规划与管理支出、城乡社区公共设施支出、城乡社区住宅支出、城乡社区环境卫生支出、建设市场管理与监督支出等。

农林水事务支出 指政府农林水事务支出，包括农业支出、林业支出、水利支出、扶贫支出、农业综合开发支出等。

税费收入 指由各级地方税务局征缴的各项税收收入和罚没收入。包括营业税、企业所得税、个人所得税、资源税、房产税、契税、城市维护建设税等。

营业税 是对在中华人民共和国境内提供应税劳务、转让无形资产或者销售不动产的单位和个人，就其取得营业额征收的一种税。

（五）投资和建筑业

全社会固定资产投资 包括城镇固定资产投资（含房地产开发投资）和农村固定资产投资。

城镇固定资产投资 指城镇各种登记注册类型的企业、事业、行政单位及个体户进行的计划总投资在 500 万元及以上的建设项目投资。镇及镇以上各级政府及主管部门直接领导、管理的建设项目和企事业单位的投资均为城镇固定资产投资。

农村固定资产投资 农村投资统计以投资项目建设地址所在的地域为界定农村投资统计的范围，即农村投资是指各种投资主体建设的建设项目地址在农村区域范围内的、以满足农村居民生产、生活需要为主要目的的各种投资活动。农村固定资产投资包括农户和非农户固定资产投资。

房地产开发投资 指从本年1月1日起至本年最后一天止完成的全部用于房屋建设工程和土地开发工程的投资额，以及公益性建筑和土地购置费等投资。

房屋建筑施工面积 指报告期内施工的全部房屋建筑面积。包括本期新开工的面积和上年开工跨入本期继续施工房屋面积，以及上期已停建在本期恢复施工的房屋面积。本期竣工和本期施工后又停建、缓建的房屋面积仍包括在施工面积中，多层建筑应填各层建筑面积之和。

房屋建筑竣工面积 指报告期内房屋建筑按照设计要求已全部完工，达到住人和使用条件，经验收鉴定合格（或达到竣工验收标准），可正式移交使用的各栋房屋建筑面积的总和。

商品房销售面积 指在报告期内出售商品房屋的合同总面积（即双方签署的正式买卖合同中所确定的建筑面积）。由现房销售建筑面积和期房销售建筑面积两部分组成。

建筑业总产值 以货币表现的建筑业企业在一定时期内生产的建筑产品和服务的总和。它包括建筑工程产值、设备安装工程产值、其他产值三部分内容。

年末从业人员 指年末最后一日24小时在本单位工作，并取得工资或其他形式劳动报酬的人员数。该指标为时点指标，不包括最后一日当天及以前与单位解除劳动合同关系的人员，是在岗职工、劳务派遣人员及其他从业人员之和。

利润总额 指企业在一定会计期间的经营成果，是生产经营过程中各种收入扣除各种耗费后的盈余，反映企业在报告期内实现的亏盈总额。

（六）能源、环境、城市公用

能源消费总量 指一定地域（行政或地理区域）内，国民经济各行业和居民家庭在一定时期所消费的各种能源的总和。能源消费总量包括终端能源消费量、能源加工转换损失量、能源运输和管理过程的损失量三部分。

生活垃圾无害化处理量 指报告期内简易处理场和各种垃圾无害化处理场（厂）处理垃圾的总量。垃圾简易处理量指垃圾简易填埋场所处理的垃圾总量。垃圾无害化处理量指垃圾无害化处理场（厂）所处理的垃圾总量。

生活垃圾无害化处理量 指报告期内简易处理场和各种垃圾无害化处理场（厂）处理垃圾的总量。垃圾简易处理量指垃圾简易填埋场所处理的垃圾总量。垃圾无害化处理量指垃圾无害化处理场（厂）所处理的垃圾总量

生活垃圾无害化处理率 指报告期垃圾无害化处理量与垃圾产生量的比率。在统计时，如果生活垃圾产生量不易取得，可用清运量代替。

污水处理量 指污水处理厂和处理装置实际处理的污水量。包括物理处理量、生物处理量和化学处理量。

（七）农　　业

农林牧渔业总产值 以货币表现的农林牧渔业的全部产品总量和对农林牧渔业生产活动进行的各种支持性服务活动的价值。

农作物播种面积 指实际播种或移植有农作物的面积。凡是实际种植有农作物的面积，不论种植在耕地上还是种植在非耕地上，均包括在农作物播种面积中。在播种季节基本结束后，因遭灾而重新改种和补种的农作物面积，也包括在内。

有效灌溉面积 指具有一定的水源，地块比较平整，灌溉工程或设备已经配套，在一般年景下当年能够进行正常灌溉的耕地面积。

设施农业 指以工厂化生产方式，建造人工设施，改变气候条件，提高农作物抵御自然灾害的能力，改良生物特性，

使作物实现错季或反季节生产，达到农作物均衡生产的目的。

农业机械总动力 指主要用于农、林、牧、渔业的各种动力机械的动力总和。包括耕作机械、排灌机械、收获机械、农用运输机械、植物保护机械、牧业机械、渔业机械和其他农用机械[内燃机按引擎马力折成瓦（特）计算，电动机按功率折成瓦（特）计算]。不包括专门用于乡、镇、村、组办工业、基本建设、非农业运输、科学实验和教学等非农业生产方面用的动力机械与作业机械。

农村用电量 指本年度内，扣除在农村中的国有经济工业交通、基建等单位的用电量以后的农村生产和生活的全年用电总量（计量单位千瓦小时，按全年累计数统计），即包括国家电网供电，也包括农村自办电站供电量。

农用化肥施用量 指本年度内实际用于农业生产的化学肥料数量，包括氮肥、磷肥、钾肥和复合肥。施用量要求按折纯量计算数量，即各类化学肥料的实际施用数量按其含氮、含五氧化二磷、含氧化钾的比例折成百分之百计算。

乡镇及行政村常住户数 指长期（一年以上）居住在乡镇（不包括城关镇）行政管理区域内的住户，还包括居住在城关镇所辖行政村范围内的农村住户。户口不在本地而在本地居住一年及以上的住户也包括在本地农村住户内；有本地户口，但举家外出谋生一年以上的住户，无论是否保留承包耕地都不包括在本地农村住户范围内。不包括乡村地区内的国有经济的机关、团体、学校、企业、事业单位的集体户及集中连片的商品住宅小区居民户。

乡镇及行政村常住人口 指乡村地区常住居民户数中的常住人口数，即经常在家或在家居住6个月以上，而且经济和生活与本户连成一体的人口。外出从业人员在外居住时间虽然在6个月以上，但收入主要带回家中，经济与本户连为一体，仍视为家庭常住人口；在家居住，生活和本户连成一体的国家职工、退休人员也为家庭常住人口。但是现役军人、中专及以上（走读生除外）的在校学生、常年在外（不包括探亲、看病等）且已有稳定的职业与居住场所的外出从业人员，不应当作家庭常住人口。

乡镇及行政村从业人员 指全部乡镇及行政村人口中 16 岁以上实际参加生产经营活动并取得实物或货币收入的人员，既包括劳动年龄内经常参加劳动的人员，也包括超过劳动年龄（男 16—60 岁；女 16—55 岁）但经常参加劳动的人员。但不包括户口在家的在外学生、现役军人和丧失劳动能力的人，也不包括待业人员和家务劳动者。从业人员按从事主业时间最长（时间相同按收入）分为农业从业人员、工业从业人员、建筑业从业人员、交运仓储及邮电通讯业从业人员、批零贸易及餐饮业从业人员、其他从业人员。

（八）工　　业

工业总产值 指工业企业在报告期内生产的以货币形式表现的工业最终产品和提供工业劳务活动的总价值量。它包括：在本企业内不再进行加工，经检验、包装入库（规定不需包装的产品除外）的成品价值，对外加工费收入，自制半成品、在制品期末期初差额价值。工业总产值采用“工厂法”计算，即以工业企业作为一个整体，按企业生产活动的最终成果来计算，企业内部不允许重复计算，不能把企业内部各个车间（分厂）生产的成果相加。但在企业之间、行业之间、地区之间存在着重复计算。

轻工业 指主要提供生活消费品和制作手工工具的工业。按其所使用的原料不同，可分为两大类：（1）以农业为原料的轻工业，是指直接或间接以农产品为基本原料的轻工业。主要包括食品制造、饮料制造、烟草加工、纺织、缝纫、皮革和毛皮制作、造纸以及印刷等工业；（2）以非农产品为原料的轻工业，是指以工业品为原料的轻工业。主要包括文教体育用品、化学药品制造、合成纤维制造、日用化学制品、日用玻璃制品、日用金属制品、手工工具制造、医疗器械制造、文化和办公用机械制造等工业。

重工业 指为国民经济各部门提供物质技术基础的主要生产资料的工业。按其生产性质和产品用途，可以分为下列三类：（1）采掘（伐）工业。是指对自然资源的开采，包括石油开采、煤炭开采、金属矿开采、非金属矿开采和木材采伐等工业。（2）原材料工业。指向国民经济各部门提供基本材料、动力和燃料的工业，包括金属冶炼及加工、炼焦及焦炭化学、化工原料、水泥、人造板以及电力、石油和煤炭加工等工业。(3) 加工工业。指对工业原材料进行再加工制造的工业，包括装备国民经济各部门的机械设备制造工业、金属结构、水泥制品等工业，以及为农业提供的生产资料如化肥、农药等工业。

工业销售产值 以货币形式表现的，工业企业在报告期内销售的本企业生产的工业产品或提供工业性劳务价值的总价值量，包括企业在报告期内实际销售（包括本期生产和非本期生产）的全部成品、半成品的总价值，报告期内完成的对外承接的工业品加工的加工费收入，对外工业品修理作业可获取的加工费收入和对内非工业部门提供的加工修理、设备安装等收入。已销售的成品、半成品不论是本期生产的、还是非本期生产的，只要是本期销售出去的均包括在内。企业为本单位基本建设部门、生活福利部门等提供的产品和工业性作业及自制设备也应视同销售，这部分也应作为销售统计。

资产总计 指企业过去的交易或者事项形成的、由企业拥有或者控制的、预期会给企业带来经济利益的资源。资产一般按流动性分为流动资产和非流动资产。其中流动资产可分为货币资金、交易性金融资产、应收票据、应收账款、预付款项、其他应收款、存货等；非流动资产可分为长期股权投资、固定资产、无形资产及其他非流动资产等。

负债合计 指企业过去的交易或者事项形成的，预期会导致经济利益流出企业的现时义务。负债一般按偿还期长短分为流动负债和非流动负债。

所有者权益合计 指企业资产扣除负债后由所有者享有的剩余权益。公司的所有者权益又称股东权益。包括实收资本、资本公积、盈余公积、未分配利润等。

主营业务收入 指企业确认的销售商品、提供劳务等主营业务的收入。

利润总额 指企业在一定会计期间的经营成果，是生产经营过程中各种收入扣除各种耗费后的盈余，反映企业在报告期内实现的亏盈总额。

应交增值税 指企业按税法规定，从事货物销售或提供加工、修理修配劳务等增加货物价值的活动本期应交纳的税金。

（九）商　　业

社会消费品零售总额 指企业（单位、个体户）通过交易直接售给个人、社会集团非生产、非经营用的实物商品金额，以及提供餐饮服务所取得的收入金额。个人包括城乡居民和入境人员，社会集团包括机关、社会团体、部队、学校、企事业单位、居委会或村委会等。

批发和零售业单位 指在流通环节主要从事商品批发活动和零售活动的单位。

商品购进额 指从本企业（单位）以外的单位和个人购进(包括从国外直接进口)作为转卖或加工后转卖的商品金额（含增值税）。本指标反映批发和零售从国内外市场上购进商品的总价。

商品销售额 指对本企业以外的单位和个人出售的商品金额（包括售给本单位消费用的商品，含增值税）。在批发和零售业中，本指标反映在国内市场上销售商品以及出口商品的总量。

餐饮业企业 指在一定场所，专门从事对食物进行现场烹饪、调制，并出售给顾客主要供现场消费服务活动的企业。如各种饭馆、中西餐厅、酒馆、茶馆和火车餐车、车站食堂、飞机场餐厅等。

住宿业企业 指有偿为顾客提供临时住宿服务活动的单位，如旅游饭店、宾馆、酒店和旅馆、旅店等。

（十）对外贸易

进出口总值 海关进出口总值指实际进、出我国海关并能引起我国境内物质资源增加或减少的进出口货物总金额。包括我国境内法人和其他组织以一般贸易、易货贸易、加工贸易、补偿贸易、寄售代销贸易等方式进出口的货物、租赁期一年及以上的租赁进出口货物、边境小额贸易货物、国际援助物资或捐赠品、保税区和保税仓库进出口货物等的金额合计。进出口总值用以观察一个国家在对外贸易方面的总规模。我国规定出口货物按离岸价格统计，进口货物按到岸价格统计。

实际使用外商直接投资额 指批准的合同外资金额的实际执行数，外国投资者根据批准外商投资企业的合同（章程）的规定实际缴付的出资额和企业投资总额内外国投资者以自己的境外自有资金实际直接向企业提供的贷款。

（十一）旅　　游

入境旅游者 指来中国（大陆）观光、度假、探亲访友、就医疗养、购物、参加会议或从事经济、文化、体育、宗教活动，且在中国（大陆）的旅游住宿设施内至少停留一夜的外国人、港澳台同胞等游客。入境旅游者不包括以下人员：（1）应邀来华访问的政府部长以上官员及其随行人员；（2）外国驻华使领馆官员、外交人员以及随行的家庭服务人员和受赡养者；（3）常住我国一年以上的外国专家、留学生、记者、商务机构人员等；（4）乘坐国际航班过境不需要通过护照检查进入我国口岸的中转旅客；（5）边境地区往来的边民；（6）回大陆定居的港澳台同胞。

（十二）价格指数

居民消费价格指数 指度量消费商品及服务项目价格水平随着时间而变动的相对数，反映居民家庭购买的消费品及服务价格水平的变动情况。居民消费价格指数变动率通常被用来作为反映通货膨胀（或紧缩）程度的指标。

工业生产者出厂价格指数 指反映全部工业产品出厂价格总水平变动程度的相对数。其中包括工业企业售给商业、外贸、物资部门的产品，还包括售给工业和其他部门的生产资料以及直接售给居民的生活消费品。通过工业生产价格指数能观察工业产品出厂价格变动对工业总产值的影响。

工业生产者购进价格指数 指反映全部工业原材料、燃料、动力购进价格总水平变动程度的相对数。用其可以观察和研究工业企业原材料价格变动对生产的影响，以及企业对原材料涨价的消化能力和承受能力，为制定价格政策提供依据。

（十三）城乡居民收支

城镇居民可支配收入 指调查户可用于最终消费支出和其他非义务性支出以及储蓄的总和，即居民家庭可以用来自由支配的收入。它是家庭总收入扣除交纳的个人所得税、个人交纳的社会保障支出以及调查户的记账补贴后的收入。

城镇居民消费性支出 指调查户用于满足家庭日常生活消费需要的全部支出，包括食品、衣着、居住、家庭设备用品及服务、医疗保健、交通和通信、教育文化娱乐服务、其他商品和服务等八大类。包括用于赠送的商品或服务。消费性支出构成是按照商品或服务的用途进行分类，如果消费支出的目的与用途不一致时，必须按照用途归入相应类内。

农村居民纯收入 指农村住户当年从各个来源得到的总收入相应地扣除所发生的费用后的收入总和。纯收入主要用于再生产投入和当年生活消费支出，也可用于储蓄和各种非义务性支出。“农民人均纯收入”是按人口平均的纯收入水平，反映的是一个地区或一个农户农村居民的平均收入水平。

农村居民家庭生活消费支出 指农村住户用于物质生活和精神生活方面的支出。包括食品、衣着、居住、家庭设备用品及服务、医疗保健、交通和通讯、文化教育娱乐用品及服务、其他商品和服务等消费支出。

（十四）教　　育

毕业生数　指上学年度内，具有学籍的学生学完教学计划规定的全部课程，考试及格，取得毕业证书，实际毕业的学生数。不包括结业生和肄业生数。

招生数　指新学年开始时，按照国家计划实际招收入学的新生数。不包括留级生和复读学生数。

在校学生数　指学年初开学以后，具有学籍的注册学生数。

教职工数　指在学校(机构)工作并由学校(机构)支付工资的教职工人数。教职工数包括校本部教职工、科研机构人员、校办企业职工、其他附设机构人员。

专任教师　指主要从事教育工作的人员。包括临时（一年以内）调去帮助做其他工作的教学人员。不包括调离教学岗位，担任行政领导工作或其他工作的原教学人员；不包括兼任教师和代课教师。

（十五）文化、科技

公共图书馆藏书　指各级文化部门举办的面向社会服务的独立的图书馆（不包括文化馆的图书室，也不包括文化系统以外的图书馆）藏书数量。

专利　是专利权的简称，是对发明人的发明创造经审查合格后，由专利局依据专利法授予发明人和设计人对该项发明创造享有的专有权。包括发明、实用新型和外观设计。

发明专利　指专利法及其实施细则所称的发明，指对产品、方法或者改进所提出的新的技术方案。

实用新型专利　指专利法及其实施细则所称的实用新型，指对产品的形状、构造或者其结合所提出的适于实用的新的技术方案。

外观设计专利　指专利法及其实施细则所称的外观设计，指对产品的形状、图案、色彩或者其结合所做出的富有美感并适于工业上应用的新设计。

（十六）卫生、体育

卫生机构　指从卫生行政部门取得《医疗机构执业许可证》，或从民政、工商行政、机构编制管理部门取得法人单位登记证书，为社会提供医疗保健、疾病控制、卫生监督服务或从事医学科研和教育等工作的单位。

卫生技术人员　指由卫生机构支付工资的全部固定职工和合同制职工中现任职务为卫生技术工作的专业人员，不包括从事管理工作的人员。

执业医师和注册护士　指领取医师执业证书和注册护士证书的人员，不包括从事管理工作的医师和护士。与2002年以前年鉴中的医生和护（师）士口径基本相同。

体育场地　指专门用于体育训练、比赛和健身活动的，有一定投资的公益性或经营性体育建筑设施。

（十七）社会福利

优抚对象　依照法律和政策的规定，享受国家、社会和群众抚恤优待的人员，包括中国人民解放军（包括中国人民武装警察部队）现役军人、革命伤残人员、复员退伍军人、革命烈士家属、因公牺牲军人家属、病故军人家属、现役军人家属。

社会救助对象总人数　指在报告期末生活在当地规定的最低生活保障线以下的家庭人员、国家规定由民政部门救济的特殊人员和上世纪60年代精简退职老职工救济人员等。

城市居民最低生活保障人数 指报告期末家庭平均收入在当地规定的最低生活保障线以下的城镇居民数。包括“三无”对象、失业人员和在职、下岗、退休人员等。

农村最低生活保障人数 指报告期末在建立农村最低生活保障制度的地区，得到当地政府或集体给予最低生活保障的农业人口家庭人数。

参加基本养老保险人数 指报告期末按照国家法律、法规和有关政策规定参加基本养老保险并在社保经办机构已建立缴费记录档案的职工人数，包括中断缴费但未终止养老保险关系的职工人数和参加基本养老保险的离休、退休和退职人员的人数，不包括只登记未建立缴费记录档案的人数。

参加基本医疗保险人数 指报告期末按国家有关规定参加基本医疗保险的人数，包括参加保险的职工人数和退休人员数。

参加失业保险人数 指报告期末按照国家法律、法规和有关政策规定参加了失业保险的城镇企业事业单位的职工及地方政府规定参加失业保险的其他人员的人数，参加失业保险人数为参加失业保险的人数。

参加农村新型合作医疗人数 指截止报告期末乡镇已参加农村新型合作医疗的总人数。农村新型合作医疗制度是由政府组织、引导、支持，农民自愿参加，集体、个人和政府多方筹资，以大病统筹为主的农民医疗互助共济制度。

社区服务设施数 指报告期末城镇(街道办事处、居委会）设立的以非盈利为目的，为本社区居民服务，特别是为老年人、残疾人、儿童服务的社区服务中心、活动站、服务站、养老院、老年公寓（托老所)、残疾儿童日托所、家务服务站、婚姻介绍所等福利性设施以及职工社会保险管理服务的机构数。几种不同类型的社区服务单位，共用一个场所的，只能统计为一个社区服务设施。成为社区服务设施的条件：(1)独立核算单位；(2)有固定的从业人员；(3)有一定的服务项目；(4)有一定的服务场所。

（十八）开发区

累计土地开发施工面积 指自开始至报告期末累计进行“七通”(道路、上水、供电、供气、供热、电信、下水)“一平”(场地平整—进行地上物拆除）施工的土地开发面积。

累计土地开发完工面积 指自开始至报告期末累计已具备“七通一平”条件的土地开发面积。

总收入 指企业全年的生产产品销售收入、技术性收入和与本企业产品相关的商品的销售收入、其它收入等各种收入的总和，总收入等于主营业务收入加上其他业务收入。总收入应按不含增值税的价格计算，不包括补贴收入、营业外收入、投资收益。

总投资 指批准的合同（章程）规定的投资总额。

注册资本 指为设立经营企业在工商行政管理机关注册的资本总额。

合同外资金额 指批准的合同（章程）中，外商和港、澳、台商的出资额。

外商实际投资 指按合同规定的外方和港、澳、台方以现金、实物、工业产权及专有技术的计价实缴资本投资额。

工业总产值 指工业企业在报告期内生产的以货币形式表现的工业最终产品和提供工业劳务活动的总价值量。

工业销售产值 指以货币形式表现的，工业企业在报告期内销售的本企业生产的工业产品或提供工业性劳务价值的总价值量。

出口交货值 指工业企业交给外贸部门或自营(委托)出口(包括销往香港、澳门、台湾)，用外汇价格结算的产品价值，以及外商来样、来料加工、来件装配和补偿贸易等生产的产品价值。在计算出口交货值时，要把外汇价格按交易时的汇率折成人民币计算。如果企业承接外商来料加工或来件装配，则按加工费计算出口交货值。

应缴税金总额 指企业按国家规定应向税务机关缴纳各种税金的总额。主要包括应交增值税、应交所得税、营业税金及附加、管理费用中的税金等。